AMÉRICA DEL SUR

BELICE
HONDURAS
NICARAGUA
Lago de Nicaragua
EL SALVADOR
GUATEMALA
PANAMÁ
COSTA RICA

MAR CARIBE

Barranquilla
Cartagena
Maracaibo
Caracas
Lago de Maracaibo
San Cristóbal
Río Orinoco
VENEZUELA
Río Magdalena
Medellín
Bogotá
Cali
COLOMBIA
Boa Vista

Georgetown
GUAYANA
Paramaribo
Cayena
SURINAM
GUAYANA FRANCESA

Quito
ECUADOR
Guayaquil
Cuenca
Iquitos
ISLAS GALÁPAGOS (Ecuador)

ECUADOR

Río Amazonas

PERÚ

AMAZONAS

BRASIL

LOS ANDES

Machu Picchu
Lima
Ayacucho
Cuzco
BOLIVIA
La Paz
Santa Cruz
Lago Titicaca
Sucre
Potosí

Brasilia

OCÉANO PACÍFICO

PARAGUAY
Río Paraná
São Paulo
Río de Janeiro

TRÓPICO DE CAPRICORNIO

CHILE

Asunción
Iguazú

OCÉANO ATLÁNTICO

LOS ANDES

Córdoba
Río Uruguay
URUGUAY

Viña del Mar
Valparaíso
Santiago
Buenos Aires
Montevideo
Río de la Plata

Concepción
ARGENTINA
Bahía Blanca

Viedma

Elevación en metros

4.000+
2.000–4.000
500–2.000
200–500
0–200
Nivel del mar

0   250   500   750 MILLAS

0   500   1.000 KILÓMETROS

ISLAS MALVINAS (Br.)

Estrecho de Magallanes
TIERRA DEL FUEGO

ÁFRICA

NIGERIA
CAMERÚN
Malabo
GUINEA ECUATORIAL
GABÓN
ÁFRICA

0   MILLAS   250
0   KILÓMETROS   500

80°   70°   60°   ECUADOR   110°   100°   90°   80°   70°   60°   50°   40°   30°   10°   0°

10°   20°   30°

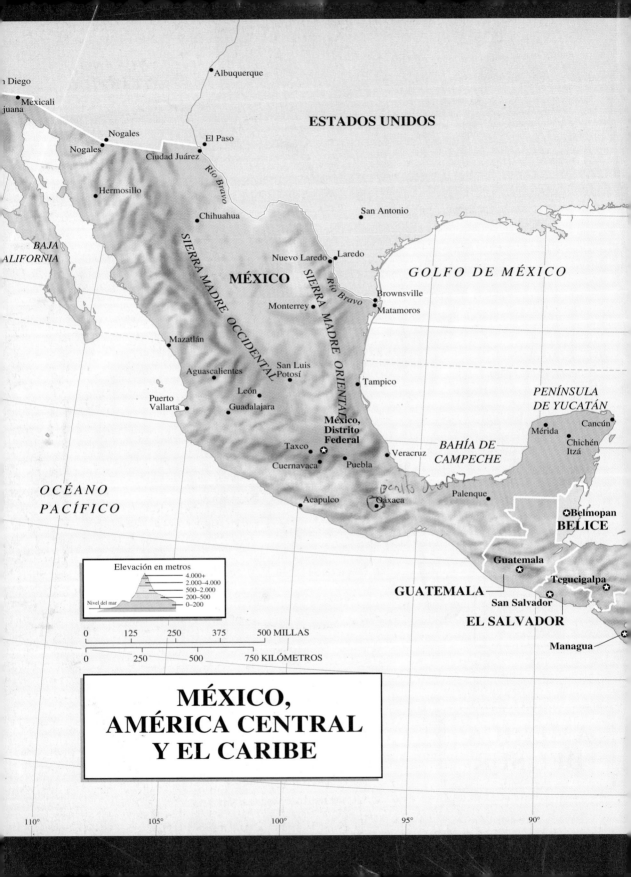

MÉXICO, AMÉRICA CENTRAL Y EL CARIBE

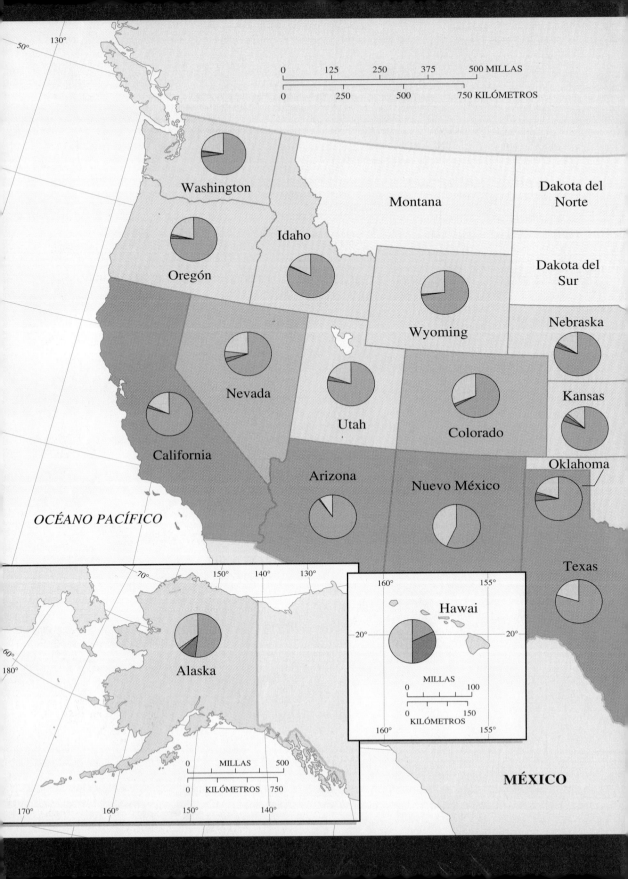

LOS HISPANOHABLANTES EN LOS ESTADOS UNIDOS

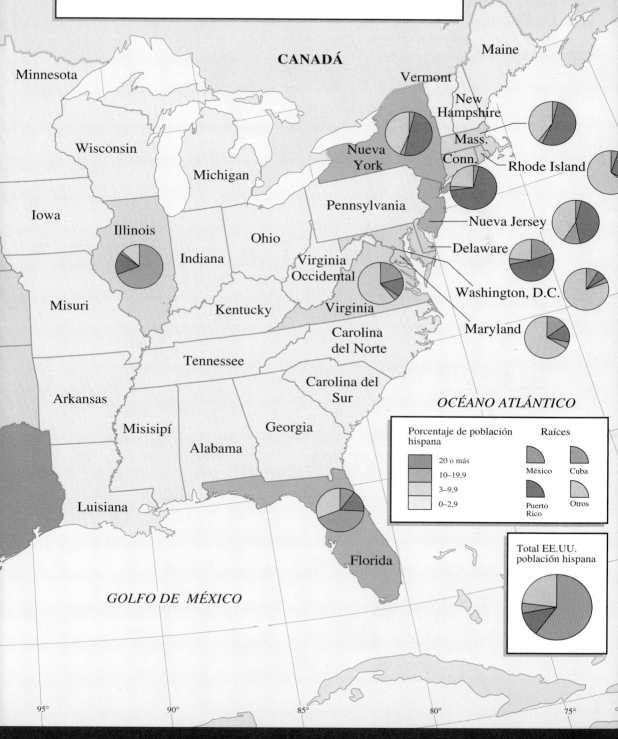

CANADÁ

Maine

Minnesota

Vermont

New Hampshire

Wisconsin

Michigan

Nueva York

Mass.

Conn.

Rhode Island

Iowa

Pennsylvania

Illinois

Ohio

Indiana

Nueva Jersey

Delaware

Misuri

Kentucky

Virginia Occidental

Virginia

Washington, D.C.

Maryland

Arkansas

Tennessee

Carolina del Norte

Carolina del Sur

OCÉANO ATLÁNTICO

Misisipí

Georgia

Porcentaje de población hispana

Raíces

Alabama

20 o más

10–19,9

3–9,9

0–2,9

México

Cuba

Puerto Rico

Otros

Luisiana

Florida

Total EE.UU. población hispana

GOLFO DE MÉXICO

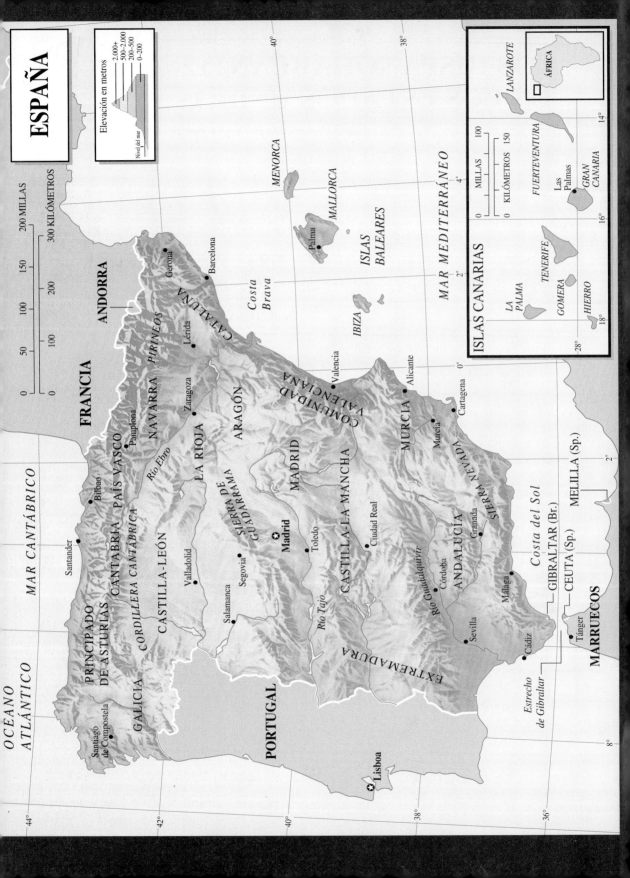

ESPAÑA

Elevación en metros

2.000+
500–2.000
200–500
0–200

Nivel del mar

200 MILLAS

300 KILÓMETROS

OCÉANO ATLÁNTICO

MAR CANTÁBRICO

FRANCIA

ANDORRA

Santander

Bilbao

PRINCIPADO DE ASTURIAS

CANTABRIA

PAÍS VASCO

CORDILLERA CANTÁBRICA

GALICIA

Santiago de Compostela

CASTILLA-LEÓN

Valladolid

Salamanca

Segovia

PORTUGAL

Lisboa

EXTREMADURA

Río Tajo

Río Guadalquivir

ANDALUCÍA

Sevilla

Córdoba

Cádiz

Tánger

MARRUECOS

Estrecho de Gibraltar

GIBRALTAR (Br.)

CEUTA (Sp.)

MELILLA (Sp.)

Costa del Sol

Málaga

Granada

SIERRA NEVADA

CASTILLA-LA MANCHA

Ciudad Real

Toledo

MADRID

Madrid

SIERRA DE GUADARRAMA

LA RIOJA

NAVARRA

Pamplona

Zaragoza

PIRINEOS

Río Ebro

ARAGÓN

CATALUÑA

Lérida

Gerona

Barcelona

Costa Brava

COMUNIDAD VALENCIANA

Valencia

MURCIA

Murcia

Alicante

Cartagena

MAR MEDITERRÁNEO

IBIZA

ISLAS BALEARES

MALLORCA

Palma

MENORCA

ISLAS CANARIAS

MILLAS

KILÓMETROS

LANZAROTE

FUERTEVENTURA

GRAN CANARIA

Las Palmas

TENERIFE

GOMERA

LA PALMA

HIERRO

ÁFRICA

Vistas comerciales y culturales

Danielle Cahill
Christopher Newport University

Sandra de los Ríos

HEINLE & HEINLE
✦
THOMSON LEARNING

Australia • Canada • Mexico • Singapore • Spain
United Kingdom • United States

HEINLE & HEINLE

™

THOMSON LEARNING

Acquisitions Editor: Ken Kasee
Development Editor: Jeff Gilbreath
Marketing Manager: Jill Yuen
Project Manager, Editorial Production: Andrea Archer
Print/Media Buyer: Stacy Caudle
Permissions Editor: Shirley Webster
Production Service: Techbooks Production Services
Text Designer: Ellen Pettengell
Art Editor: Ophelia Chambliss
Copy Editor: Aztech Publishing Services
Illustrator: Ross Jones
Cover Designer: Ophelia Chambliss
Cover Image: José Ortega/Stock Illustration Source
Cover Printer: Lehigh Press
Compositor: TechBooks
Printer: Courier Kendallville

Printed in the United States of America
1 2 3 4 5 6 7 05 04 03 02 01

For more information about our products, contact us at:
Thomson Learning Academic Resource Center
1-800-423-0563

For permission to use material from this text, contact us by:
Phone: 1-800-730-2214
Fax: 1-800-730-2215
Web: http://www.thomsonrights.com

ISBN: 0-03-031606-5
Library of Congress Control Number: 2001094152

Asia
Thomson Learning
60 Albert Street, #15-01
Albert Complex
Singapore 189969

Canada
Nelson Thomson Learning
1120 Birchmount Road
Toronto, Ontario M1K 5G4
Canada

Australia
Nelson Thomson Learning
102 Dodds Street
South Melbourne, Victoria 3205
Australia

Europe/Middle East/Africa
Thomson Learning
Berkshire House
168-173 High Holborn
London WC1 V7AA
United Kingdom

Dedication:

There is nothing like the love and encouragement of friends and family to help you achieve your highest potential. To Susan, Rafa, Alejandro, Katie, Briana, and Sal and to our parents Margo and Bill and Elke and Larry.

PREFACE

Vistas comerciales y culturales is a one-or two-semester intermediate Spanish instructional program with a focus on business and culture. It addresses the language functions needed for students to carry out real-life transactions. This program is designed to prepare students for a broad range of upper-level courses using advanced Business Spanish textbooks such as *Éxito comercial*.

FEATURES

The *Vistas comerciales y culturales* program retains grammar instruction which is critical at the intermediate level, but it implements a functional approach which is incorporated as a tool for performance in Spanish in a business-related context. By learning to apply what they learn in real-life situations and to carry out realistic tasks, students will acquire the language competence needed to communicate in the target language. The textbook has the following features:

- A communicative approach is emphasized throughout. Pair work, role playing, guided dialogues and conversations in contextualized, practical, business, and real-life situations form the major part of each chapter.
- The majority of the readings in the textbook are based on authentic documents, such as ads, magazine articles, charts, newspaper columns, etc.
- The text focuses on the structures that commonly need to be addressed at the intermediate level such as: Preterite versus Imperfect, the Subjunctive, Commands, Future and Conditional, the Perfect tenses, and advanced vocabulary.
- Culture is strongly emphasized throughout the program and is integrated into exercises and activities. Students learn not only business-related culture but also the salient points of Hispanic culture in general. The importance of developing a multicultural perspective is highlighted.
- A four-skills approach (listening, speaking, reading, writing) is featured. Practical strategies for developing these skills are provided in the text.
- Highly relevant vocabulary precedes structured readings and video segments and is accompanied by pre-reading vocabulary activities. The lists are long enough to be comprehensive, but short enough to be manageable for students.
- Practical reading and writing skills are developed through exercises which require students to read and respond to letters, memos, faxes, e-mails, resumes, etc.–topics of interest in the business environment.
- Each chapter also presents conversational topics that deal with contemporary issues, business etiquette, culture, and major historical events and figures in the Hispanic world. Through these activities students are prompted to draw intercultural comparisons.
- An in-text video strand, *¡Exploremos por video!*, correlated with the text-specific video, explores the culture of the Spanish-speaking world, provides additional listening practice, and gives students the opportunity to make cross-cultural observations via activities in the textbook itself.
- Each chapter contains a section with web-based activities to complement the information presented. In addition, web-based activities on the *Vistas comerciales y cultu-*

rales web site give students further insight into the Spanish-speaking world and its culture as well as thorough practice in the grammatical concepts presented.

Organization of the Student Textbook

The core text is composed of eight chapters. Each chapter focuses on a business-related topic and a country or region of the Spanish-speaking world. Each chapter is divided into four sections: **Pasos de iniciación**, **Estructuras fundamentales**, **Actividades comunicativas** y **Panorama cultural**.

Pasos de iniciación. Each chapter begins with the **Pasos de iniciación** section which includes pre-reading exercises followed by a reading, an active vocabulary list, and exercises and activities that enable the student to utilize new vocabulary and information to complete activities ranging from structured to open-ended. A shorter, more functional vocabulary list is then presented which contains a selection of words and expressions that are useful in carrying out the tasks relating to the theme of the chapter. Exercises and activities follow which allow students the opportunity to use these new expressions in realistic contexts. This section ends with a video segment that contains a short useful vocabulary list and cultural note followed by exercises and activities designed to promote students' cross-cultural awareness.

Estructuras fundamentales. Several grammar points are presented in Spanish in each chapter with clear and concise explanations followed by examples and a wide array of exercises such as cloze, fill-in-the-blank, clusters, open-ended, pair-work, and charts, which are designed to become progressively more open-ended as students master a given function. A contextualized approach is prominent. Grammatical structures have been carefully chosen to relate to the theme of the unit. This section is completed by **Palabras que engañan** which presents vocabulary words that are often confused by American students learning Spanish such as *tener buen tiempo / pasarlo bien; asistir / atender; realizar / darse cuenta de* or the different ways to say "to become," "to ask," "to take."

Actividades comunicativas. This section gives students the opportunity to gain written and aural competency by using the new concepts, vocabulary, and functions to carry out authentic tasks and express their opinions on a variety of relevant issues. The **¡Escuchemos!** section consists of several audio recordings which simulate radio programs, advertisements, interviews, telephone conversations, and dialogues, all of which contextualize the unit's vocabulary, theme, and grammatical functions. These recordings are included on the complimentary audio CD which is packaged with each student textbook. Each listening activity is followed by a comprehension exercise. The **Prácticas orales** section requires students to work in pairs or groups to prepare presentations, create videos and recordings, role play, and participate in debates. In the **¡Escribamos!** section students refine their writing skills by preparing a variety of business documentation including brochures, advertisements, letters, faxes, forms, shipping documents, resumes, invoices, etc. These practical exercises are complemented by a short authentic reading and related written activities.

Panorama cultural. In this section students are exposed to authentic readings on contemporary cultural topics taken from leading magazines and newspapers of the Spanish-speaking world. To assist students in this task, pre-reading strategies are first presented, followed by pre-reading exercises which facilitate and improve students' reading comprehension. An array of post-reading exercises evaluates student comprehension and provides the setting for class discussion and debate. This section concludes with **Actividades de expansión en la Red electrónica** which encourages students to expand on the cultural theme of the chapter using the latest information and technology to complete a wide variety of assignments at their own pace.

Other components in the Vistas comerciales y culturales program

Workbook / Lab Manual. The *Cuaderno de ejercicios y manual de laboratorio* is an essential component of the *Vistas* program and includes a wide variety of exercises, which afford students the necessary practice to master the vocabulary, business and cultural information, and grammatical functions presented in each chapter. Sections include: **Vocabulario práctico, ¡Repasemos un poco!, ¡Póngase al día!,** and **Manos a la masa**. Exercises include vocabulary clusters, crossword puzzles, personal interview question completion, extended writing on cultural topics, and completion of business-related documents, as well as many other activities. Variety and relevancy serve to motivate students to practice what they have learned in class.

The laboratory program includes listening comprehension activities beginning with highly structured function-based exercises and concluding with an extended listening session on a cultural topic. Exercises requiring students to repeat and modify grammatical structures progress to more complex dialogues, interviews, advertisements, telephone conversations, and lectures. The lab component is designed to enhance students' confidence and fluency in both business and social settings.

Audio CDs (for lab or home use). Two audio CD's are packaged free with the Workbook/Lab Manual and include all recordings featured in the *Cuaderno de ejercicios y manual de laboratorio*, permitting students to gain valuable practice on their own time and at their own pace.

Web site (http://www.harcourtcollege.com/spanish/vistas). An innovative and comprehensive web-site accompanies the *Vistas* program and has two components: a student site and an instructor site. The *Vistas* student site includes web-based activities with links to "real life" sites, numerous self-quizzes, and other useful activities. The site will include links to useful web-based references and resources. The instructor's site includes a testing program, tapescripts, textbook answer key, sample lesson plans and teaching suggestions, sample syllabi, and video transcriptions.

Videocassette. The *Vistas comerciales y culturales* video component accompanies the *Vistas* textbook and features authentic video segments on interesting topics relating to each chapter. The variety of accents and natural speech patterns presented in these segments expose students to the richness and complexity of the Spanish language. Segments focus upon historical, business, cultural, and social topics and issues. These videos are correlated with a special section in the main textbook, which provides pre- and post-viewing activities, exercises, and other activities.

ACKNOWLEDGMENTS

We would like to extend our appreciation to the many people who collaborated on the development and publication of *Vistas comerciales y culturales*. Special thanks to the following people at Thomson Learning: Vice-President and Publisher Phyllis Dobbins and Acquisitions Editor Ken Kasee for their enthusiastic support of our proposal and to our developmental editor Jeffry E. Gilbreath for his continual guidance and creative input. In addition, this project would not have been possible without the efforts of Andrea Archer, Project Manager at Thomson Learning, Gretchen Miller and E. Gail Downey at Techbooks Production Services, and Steven-Michael Patterson for his editorial guidance. We would also like to thank the many authors, publishers, and individuals who so generously granted us permission to use their work in our book.

Finally, we would like to acknowledge the work of the following reviewers whose experience and feedback assisted us in the development of *Vistas comerciales y culturales*.

Beth W. Bauer, Brown University
Josebe Bilbao-Henry, The George Washington University
Roberto Bravo, Texas Tech University
Donald C. Buck, Auburn University
María Antonia Cowles, University of Pennsylvania
María Dorantes, University of Michigan
Ralph Escandon, Pacific Union College
Gerry Fisher, Delaware County Community College
Barbara González Pino, University of Texas at San Antonio
María Luisa Guardiola, Swarthmore College
John M. Hall, University of Montevallo
Mary R. McKinney, Texas Christian University
Paul B. Mandell, University of Houston
Robert B. Modee, Northeastern University
Nanette R. Pascal, Richland College
Joseph Schraibman, Washington University
Joseph Tyler, State University of West Georgia

PROCOMER

THE FOREIGN TRADE CORPORATION
OF COSTA RICA

HEINLE & HEINLE

THOMSON LEARNING™

Z A D O R

escuela de español

Cercas Bajas, 15
01001 VITORIA (ESPAÑA)
Tfno: 34 945 234895
Fax: 34 945 234910
E-mail: zador@sea.es
www.sea.es/zador

language centre Z A D O R   **Vitoria**
escuela de español   Santander

TABLE OF CONTENTS

SCOPE AND SEQUENCE

CULTURE
- Traveling in Mexico

STRUCTURES
- The simple present indicative of stem-changing verbs
- Formal commands
- Direct object pronouns
- Reflexive verbs
- Adverbs

VIDEO
- *México colonial*

LISTENING
- Financial news
- An ad for Bancomax
- Financial advice

LECCIÓN 3 La empresa nacional y multinacional   91

BUSINESS TOPICS
- National and multinational companies
- The telecommunications industry
- Doing an internship abroad

THEMATIC VOCABULARY
- Telephone conversations
- Telephone services
- Work benefits

CULTURE
- Time and vacations in Spain
- The history of Spain
- Business protocol
- The cultural evolution of Spain

STRUCTURES
- Expressions of time with **hace**
- The preterite and the imperfect
- Direct and indirect object pronouns
- Expressions with **tener** and **ponerse**

VIDEO
- *Los paradores de España*

LISTENING
- Job offers
- An ad for a web-based job database
- A conversation about the differences between working in the U.S. and Spain

LECCIÓN 4 Las importaciones y las exportaciones   137

BUSINESS TOPICS
- Imports and exports
- Some important industries in Central America
- Business relations between Central America and Europe

THEMATIC VOCABULARY
- Maritime transportation
- Customs
- Imports and exports

CULTURE
- The countries of Central America
- The ancient pre-Columbian civilizations

STRUCTURES
- The present perfect and the past perfect
- Past participles as adjectives and nouns
- Affirmative and negative expressions
- **Gustar** and similar verbs
- **Lo** and **lo que**
- Expressions with **dar**, **estar**, **hacer**, **ir**, and **poner**

VIDEO
- *Programa de intérpretes en el Hospital Massachusetts General*

LISTENING
- An ad for a Guatemalan travel agency
- An ad for a Costa Rican travel agency
- A radio game show

LECCIÓN 5 El comercio electrónico y la tecnología   181

BUSINESS TOPICS
- E-commerce

- The Internet and technology
- Doing business in Argentina

THEMATIC VOCABULARY
- Computers
- The Internet

CULTURE
- The countries of the Southern Cone

STRUCTURES
- The simple future and the future perfect
- Informal commands
- Comparatives, superlatives, and expressions of equality
- The uses of **por** and **para**

VIDEO
- *Las Madres de la Plaza de Mayo*

LISTENING
- An interview with a dot-com executive
- An ad for a virtual store
- An announcement for the upcoming cultural events of Jujuy, Argentina

LECCIÓN 6 El mercadeo y la publicidad

BUSINESS TOPICS
- Strategies for marketing products abroad
- The growth of the Hispanic market and advertising in Spanish
- Commercial and regional blocs

THEMATIC VOCABULARY
- Advertising campaigns and marketing
- The distribution, advertising, and consumption of products

CULTURE
- The Andean Bloc
- Regional economic integration in the Americas
- Cultural identity and immigration

STRUCTURES
- The present subjunctive and the present perfect subjunctive
- The passive voice
- The uses of **se**

VIDEO
- *Univisión*

LISTENING
- A telephone conversation with a telemarketer
- A telephone conversation with a travel agency
- A tour guide talks about Machu Picchu

BUSINESS TOPICS
- Business trips
- The tourism and hotel industries
- Ecotourism

THEMATIC VOCABULARY
- Lodging
- The tourism industry
- Environmental problems
- Weather

CULTURE
- Tourism in Puerto Rico, the Dominican Republic, and Cuba
- The Caribbean culture
- Puerto Rican independence
- The music and dance of the Dominican Republic

STRUCTURES
- The simple conditional and the conditional perfect
- The imperfect subjunctive
- The past perfect subjunctive
- Clauses with **si**

VIDEO
- *Puerto Rico*

LISTENING
- An ad for a travel agency
- Announcements in the airport and on the airplane
- A weather forecast

LECCIÓN 8 El comercio internacional y el futuro 319

BUSINESS TOPICS
- Regional economic integration in the Americas
- World economic blocs
- Duty-free zones

THEMATIC VOCABULARY
- International commerce

CULTURE
- The role of women in the corporate world
- The influences of English on the Spanish language

STRUCTURES
- Other uses of the subjunctive
- A general review

VIDEO
- *El papel de la mujer*

LISTENING
- Final interview

Bienvenidos al mundo profesional

En este capítulo se presentará información muy útil sobre los campos de trabajo más solicitados hoy en día, los cursos y las titulaciones universitarios y lo que buscan los empleadores al contratar a un nuevo candidato de trabajo. Aprenderá cómo solicitar un puesto de trabajo.

Temas relacionados con los negocios

- El mundo laboral
- La universidad
- Las entrevistas de trabajo

Vocabulario temático

- La carrera universitaria
- Las condiciones laborales

Temas culturales

- Los hispanos en los Estados Unidos

Gramática esencial

- Los verbos **ser, estar y haber** en el presente simple
- Presente simple de indicativo
- Interrogativos
- El verbo **gustar**

¡Exploremos por video!

- «Algunas equivocaciones culturales»

¡Escuchemos!

- Una entrevista con una estudiante hispana
- Cómo conseguir un buen trabajo
- Haciendo prácticas en México

PASOS DE INICIACIÓN

Antes de leer

El artículo a continuación describe la situación laboral actual en España. ¿Es similar a la de los Estados Unidos? ¿Qué carrera sigue Ud.? ¿Qué buscan los empleadores en su campo? ¿Dónde se puede encontrar las ofertas de empleo? ¿Qué cree Ud. que son los requisitos más importantes para encontrar un trabajo en el mundo de hoy? ¿Cuáles son las titulaciones y carreras más demandadas? ¿Es importante sacar un título de posgrado o un MBA hoy en día? ¿Tiene Ud. un currículum vitae? ¿En qué tipo de trabajo son importantes los idiomas? ¿Es más importante la experiencia o la formación académica?

Estrategias de comprensión

Existen algunas palabras en español que se escriben igual que en inglés: industrial, actor, sector... Hay otras palabras que son muy similares. Las siguientes terminaciones pueden ayudarle a reconocer otros cognados.

La presencia hispana está creciendo en las universidades estadounidenses.

Español	Inglés	Ejemplos
-ado, -ido	-ed	relacionado, vivido
-ario	-ary	contrario, funcionario
-ción	-tion	formación, preparación
-ico, -ica	-ic	académico, económico
-ío, -ía	-y	economía, categoría
-mente	-ly	especialmente, igualmente
-mento	-ment	departamento, apartamento
-tad, -dad	-ty	flexibilidad, libertad

¿Puede adivinar lo que significan los siguientes departamentos de una empresa?

1. Departamento de Atención al Cliente
2. Departamento de Calidad
3. Departamento de Publicidad
4. Departamento de Ventas
5. Departamento de Recursos Humanos
6. Departamento de Exportación
7. Departamento de Administración y Finanzas
8. Departamento de Importación

Mientras lee. Apunte (*write down*) todas las carreras mencionadas mientras lee la lectura.

I. Lectura

Aquí tienes tu oportunidad

Tener **entre** 25 y 30 años, con dos de experiencia, **dominar varios idiomas, estar licenciado en** económicas o en alguna ingeniería y **haber realizado** cursos de **posgrado** o máster es, hoy por hoy, garantía de éxito profesional.

O, al menos, son los **datos** que **se desprenden** del **informe** *Infoempleo Oferta y Demanda de Empleo Cualificado en España*, que ha elaborado por tercer año consecutivo el Círculo de Progreso. En él se ofrece una completa información sobre el trabajo en España. Estudia la situación por **comunidades**, las **titulaciones** más demandadas, la distribución del empleo por regiones, los requisitos académicos, etcétera.

¿Qué estudiar?

La edad, la experiencia y el conocimiento de idiomas son las principales características que han de poseer los candidatos a un puesto de trabajo. Los **licen-**

ciados representan, cada día más, el **perfil** común que requieren las **empresas, lo que a su vez** muestra una **creciente** profesionalización en la selección de **personal.**

En la demanda de titulados se **destaca** el predominio de la Ingeniería Técnica Industrial (5,74%), seguida de Economía (5,64%), Administración y Dirección de Empresas (5,61%), Ingeniería Informática (5,34%) e Ingeniería Industrial (4,99%).

Pero no hay que olvidar que las perspectivas laborales de cada titulación están determinadas por **la oferta y la demanda** que existen en el mercado. En ciertas carreras hay más licenciados que puestos de trabajo, **lo que se traduce** en el **incremento** del **paro.** Y también ocurre lo contrario, carreras con poca demanda por parte de los alumnos y mucha oferta de empleo.

Como ejemplo se puede **destacar** que más de la **mitad** de la oferta de empleo está orientada a titulaciones técnicas, mientras que en las **aulas universitarias** estas carreras suponen tan sólo el 20%.

La experiencia

El elemento **clave** para un profesional es la experiencia, muy relacionada con la edad del candidato: personas de entre 25 y 30 años y con dos o tres de práctica. Para Fernando de Salas, director general de *DBM Outplacement*, "la formación académica no te enseña **ni** a tomar decisiones **ni** a **dirigir** tu propio equipo. Para ellos, hay que tener intuición y conocimiento de la propia empresa".

Y es la experiencia la que te **aporta** ciertos conocimientos que no están en los libros. Pero **no te desanimes** porque "un máster, como el MBA, puede sustituir la ausencia de experiencia y se valora casi tanto como tres o cuatro años de trabajo", **puntualiza** Ignacio de la Vega, director del Centro Internacional de Creación de Empresas.

Las áreas de una compañía determinan el grado de experiencia requerido. La más amplia será la de los departamentos de producción, comercial, **informática,** o recursos humanos, mientras que por sectores, las ingenierías informática, técnica industrial y de telecomunicaciones ocupan los primeros puestos en el *ranking* de licenciados sin experiencia. **A pesar de** no ser los más solicitados, representan cerca del 20% de las ofertas de empleo.

¿Tienes algún máster?

Ésta es quizá una de las preguntas más repetidas en las entrevistas de trabajo. Y es cierto que las empresas aprecian, cada vez más, la formación de posgrado, sobre todo, cuando se tiene menos de cinco años de experiencia o se eleva la categoría profesional. Dentro de los cursos de posgrado, los que más valoran las empresas son los de Administración y Dirección de Empresas —MBA.

Idiomas

Otro de los criterios decisivos en el proceso de selección es el nivel de conocimiento de idiomas, **aunque** no es uniforme en todos los sectores. Entre los que **exigen** una mayor internacionalización destacan el del automóvil, industrial electrónico y de telecomunicaciones.

Por áreas funcionales, el departamento comercial y el de exportación obligan a dominar el inglés, idioma por excelencia en los **negocios**, y **en segundo término** el francés y el alemán, seguidos a gran distancia por el italiano o el portugués. **Este último** es muy demandado, por ejemplo, en Madrid.

No hay que olvidar que, al **solicitar un puesto de trabajo**, aparte del currículum hay que tener otras cualidades muy apreciadas. Para Fernando de Salas, "es necesario saber adaptarse a cualquier tipo de trabajo dentro de la misma empresa, tener disponibilidad para viajar, flexibilidad laboral y de horarios, **dotes de comunicación** e **involucrarse** en la empresa".

Extraído de *Ideas & Negocios*, 1999 y escrito por Rosa Herranz.

II. Vocabulario activo

UNIVERSIDAD DE MONTERREY: HORARIO

Nombre: Marta **Apellidos: Gómez Mateos**

Carrera: Administración y dirección de empresas

horario	lunes	martes	miércoles	jueves	viernes
8.00	contabilidad		contabilidad		contabilidad
9.00		economía		economía	
10.00	estadística		estadística		estadística
11.00	alemán empresarial		alemán empresarial		alemán empresarial
12.00					
13.00		inglés avanzado		inglés avanzado	
14.00					
15.00	derecho internacional		derecho internacional		derecho internacional

Sustantivos

el **aula universitaria** (f) *university classroom*
las **comunidades** *Spanish regional autonomies, similar to U.S. states*
los **cursos de posgrado/subgrado** *graduate/ undergraduate courses*
los **datos** *facts*
las **dotes de comunicación** *good communication skills*
el/la **empleado/a** *employee*
la **empresa,** la **compañía** *company*
el **éxito** *success*
el **horario** *schedule*
el **incremento** *increase*
la **informática** *computer science*
el **informe** *report*

los/las **licenciados/as** *college graduates*
la **licenciatura,** el **título,** la **titulación** *college degree*
el **mando,** la **administración,** la **gerencia,** la **dirección** *management*
la **mitad (de)** *half (of)*
los **negocios** *business*
el **nivel** *level*
los/las **obreros/as** *blue-collar workers, manual laborers*
la **oferta y la demanda** *supply and demand*
el **paro,** el **desempleo** *unemployment*
el **perfil** *profile*
el **personal** *personnel*
la **reunión** *meeting*

Verbos

aportar *to bring*
ayudar *to help*
contratar *to hire*
desprenderse (de) *to be released (from)*
destacar *to stick out; to point out*
dirigir *to manage; to direct*
dominar un idioma *to speak a language fluently*
emplear *to hire; to employ; to use*
estar licenciado/a en *to have a degree in*
exigir *to demand*
haber realizado *to have done, carried out*

han de poseer *they have to have*
involucrarse en *to get involved with*
mejorar *to improve*
mostrar (ue) *to show*
puntualizar *to point out; to give a detailed account*
sacar una carrera *to get a degree*
solicitar un puesto de trabajo *to apply for a job*
suponer *to account for*
trabajar en equipo *to work in a team*
tener éxito *to be successful*

Adjetivos y preposiciones

clave *key, major*
creciente *growing*
cualquier *any*

laboral *pertaining to work or labor*
propio *one's own*

Expresiones

a pesar de *in spite of*
aunque *although, even though*
casi tanto como *almost as much as*
de hoy *of today*
en segundo término *in second place*
este último *the latter*

lo que a su vez *which in turn*
lo que se traduce en *which translates into*
ni...ni *neither . . . nor*
no hay que olvidar *one mustn't forget*
no te desanimes *don't get discouraged*
por ciento *percent*

PRÁCTICAS

A Marta acaba de recibir su horario para el próximo semestre. Determine si las oraciones siguientes son verdaderas o falsas según el horario de la Universidad de Monterrey.

1. Marta sólo estudia un idioma extranjero.
2. Tiene una hora libre a las doce.
3. Para estudiar Administración y Dirección de Empresas no es necesario estudiar las leyes.
4. Marta tiene una asignatura de matemáticas.
5. Tiene la clase de economía tres horas a la semana.

B **Comprensión de lectura.** Según la lectura, escoja la respuesta apropiada para completar cada oración.

1. Más de la mitad de la oferta de empleo está orientada a
   a. titulaciones de letras.
   b. titulaciones técnicas.
2. Cuando se tiene menos de cinco años de experiencia las empresas aprecian
   a. la formación de posgrado.
   b. las dotes de comunicación.
3. Los sectores del automóvil, industrial electrónico y de telecomunicaciones exigen
   a. menos conocimiento de idiomas.
   b. una mayor internacionalización.
4. Los departamentos de producción, comercial, informática y recursos humanos exigen
   a. más experiencia.
   b. menos experiencia.
5. Los sectores de telecomunicaciones, ingenierías informática y de técnica industrial exigen
   a. más experiencia.
   b. menos experiencia.
6. Un máster, como el MBA, puede sustituir la ausencia de
   a. una formación académica.
   b. experiencia.

C **Sinónimos.** Dé algunos sinónimos de estas palabras en español.

1. aportar
2. la preparación
3. tener
4. los títulos
5. el puesto
6. el personal
7. las lenguas
8. las áreas
9. la práctica
10. la información

D **Antónimos.** Dé algunos antónimos de estas palabras en español.

1. la oferta
2. la exportación
3. el empleado
4. primero
5. mantener
6. el paro
7. no esencial
8. título de subgrado

E **¿Verdadero o falso?** Basándose en la lectura, determine si las siguientes oraciones son verdaderas o falsas. Corrija la oración si es falsa.

1. Las titulaciones más demandadas son las de Filosofía y Letras.
2. Dominar varios idiomas ayuda al candidato a un trabajo.
3. Las carreras universitarias más populares son las técnicas.
4. Existe una creciente profesionalización en la selección de personal.
5. Un máster, como el MBA, puede sustituir el dominio de idiomas.
6. Al solicitar un puesto de trabajo es necesario ser inflexible.
7. Las dotes de comunicación y la flexibilidad laboral ayudan al candidato de trabajo.
8. El español es el idioma por excelencia en los negocios.
9. Las perspectivas laborales de cada titulación están determinadas por la oferta y la demanda que existen en el mercado.

F **Impresiones personales.** Conteste las siguientes preguntas.

1. ¿Cuáles carreras son las más populares en su universidad, las de letras o las de ciencias? ¿Por qué?
2. ¿En cuáles carreras hay más licenciados que puestos de trabajo en los Estados Unidos?
3. En España y Latinoamérica la mayoría de las universidades se dividen en facultades que no forman un recinto como el *campus* de EE.UU. y cada facultad se encuentra por diferentes puntos de la ciudad. Explique cómo es una universidad típica estadounidense.
4. ¿Cómo se puede comparar la situación profesional en España con la de los Estados Unidos?
5. ¿Es importante la formación académica en el mundo profesional de este país? ¿Y en el sector técnico? Explique.
6. ¿Cree Ud. que hay una creciente profesionalización en la selección de personal también en los Estados Unidos? Explique.
7. Según el artículo, ¿cómo puede un candidato al trabajo mejorar su formación profesional y su currículum vitae?
8. ¿Cuáles salidas (*outlets*) tiene una persona sin formación técnica ni académica en los Estados Unidos?

G **¿Cómo está su memoria?** Sin mirar la lista de vocabulario, ¿cuántas palabras <u>nuevas</u> relacionadas con cada categoría puede Ud. recordar? ¡No haga trampas!

1. las carreras

_____

_____

_____

_____

_____

3. los departamentos

_____

_____

_____

_____

_____

2. el trabajo

_____

_____

_____

_____

4. las actividades

_____

_____

_____

_____

H **En su opinión.** En la primera columna, determine la importancia de los siguientes elementos a la hora de solicitar un trabajo en su propia carrera. Determine si es **muy** importante (3), **poco** importante (2) o **no** importante (1). Luego, compárelos con la clase.

_____ dominar varios idiomas
_____ tener un título de posgrado
_____ tener experiencia
_____ tener disponibilidad para viajar
_____ tener flexibilidad laboral y de horarios
_____ tener dotes de comunicación
_____ estar licenciado/a en letras
_____ estar licenciado/a en ciencias
_____ involucrarse en la empresa
_____ saber adaptarse
_____ saber trabajar con computadoras
_____ vestirse bien
_____ llegar a la hora (_on time_)
_____ conocer a alguien en la empresa
_____ ser paciente

I **¿Qué piensa Ud.?** En sus propias palabras termine las siguientes oraciones.

1. Es más fácil obtener un trabajo profesional en los Estados Unidos si...
2. Dominar varios idiomas es importante porque...
3. Las principales características que debe tener un candidato a un puesto de trabajo son...

4. Las titulaciones y carreras más demandadas son...
5. Un máster, como el MBA, puede...
6. No hay que olvidar que las perspectivas laborales de cada titulación están determinadas por...
7. El elemento clave para un profesional es...
8. Entre los sectores que exigen una mayor internacionalización se destacan...

Las ganancias de las empresas hispanas de EE.UU. están creciendo más rápido que el Producto Interior Bruto del país.

III. Más terminología comercial

cobrar a finales de mes o cada dos semanas
to get paid at the end of the month or every two weeks
concertar (ie) una entrevista de trabajo con el jefe/la jefa, el patrón/la patrona
to set up a job interview with the boss
conseguir (i) un trabajo con vacaciones retribuidas
to get a job with paid vacation(s)
contratar y despedir (i) a un/a funcionario/a, un/a oficinista
to hire and fire an office worker
darle a uno su tarjeta de visita
to give someone your business card
discutir el sueldo y los beneficios con el/la empresario/a, el/la gerente
to discuss the salary and the benefits with the manager
hacerse un hombre de negocios o una mujer de negocios
to become a businessman or a businesswoman
negociar un contrato de tiempo parcial/de media jornada o de tiempo completo/de jornada completa
to negotiate a part-time or full-time contract
pedir (i), (re)llenar y entregar una solicitud
to request, to fill out and to hand in an application
responder a un anuncio de trabajo
to respond to a job advertisement

trabajar el turno diurno, el turno nocturno u horas extras
to work the day shift, the night shift or overtime
trabajar en bajo mando, medio mando o alto mando
to work in lower management, middle management or upper management

Modismos y refranes

No te des por vencido/a. No se dé Ud. por vencido/a.
Don't give up.
Dime con quién andas y te diré quién eres.
Birds of a feather flock together.

Rafael Méndez Jiménez
Ingeniero Industrial
EMPRESA BIMAL S.A.
C/ Fernando el Católico 37, 2^{ndo} Izq.
08034 Barcelona, España
Tel. (93) 203 29 84
E-Mail: rafamene@bimal.es

El uso de la tarjeta de presentación es menos común en el mundo hispano.

A **Conversación dirigida.** Ud. entra en la cafetería de su universidad y se encuentra con un/a compañero/a de clase que está rellenando una solicitud de trabajo. Dramaticen los papeles con su pareja.

PRÁCTICAS

Estudiante A	Estudiante B
Greets student and asks what he/she is doing	Explains that he/she is filling out a job application
Asks how he/she found out about the job and if he/she has a job interview	Says that he/she is responding to a job advertisement in the paper and has an interview on Friday
Asks what kind of benefits the job offers	Answers that the job offers paid vacations, in a middle management position with a full-time contract
Asks if the salary is good	Gives the salary
Asks how often he/she will get paid	Says every two weeks
Ask if he/she has a business card	Says no but has a résumé and cover letter
Wishes him/her good luck on the interview	Thanks student and says goodbye

B **El contrato laboral.** Utilice la información del contrato y el vocabulario nuevo para crear un diálogo entre un/a empleador/a y un/a aspirante al trabajo.

CLAUSULAS:

Primera. — El trabajador contratado prestará sus servicios como...PROFESORA DE INGLES......con la categoría profesional de...PROFESORA.......................en el centro de trabajo ubicado en.....TRES CANTOS....

Segunda.—La jornada será de..40...horas semanales prestadas de.....LUNES..a...VIERNES...con los descansos que establece la Ley.

Tercera. — La cuantía de la retribución, por todos los conceptos, será de..1.450.800......................pesetas brutas (5)....ANUALES...................que se distribuye entre los siguientes conceptos salariales (6).....SALARIO BASE Y COMPLEMENTO DE PAGAS EXTRAS...

Cuarta. — La duración de las vacaciones anuales será de (7)....LEGALES.............

Quinta. — Se establece un período de prueba de (8)..........TRES MESES............

Sexta. — La duración del contrato será de (9)....UN AÑO..............y se extenderá desde....1º de Enero 1992 hasta..27 de Diciembre 1992 , Vencimiento fijado en su permiso de trabajo.

Séptima.—El contrato se extinguirá a la expiración del tiempo convenido, previa denuncia de cualquiera de las partes, en la forma prevista en el artículo 4.1 del Real Decreto1989/84.............., salvo que éstas acuerden prorrogarlo o se produzca la prórroga prevista en el artículo 15, número 3 del Estatuto de los Trabajadores (10).

Octava. — El trabajador a la terminación del presente contrato percibirá la compensación económica prevista en el artículo 3.4 del Real Decreto (11)..1989/84....................... .

Novena.—En lo no previsto en el presente contrato, se estará a lo dispuesto en la legislación vigente que resulta de aplicación y, particularmente, en los artículos 15.2 y 17.3 del Estatuto de los Trabajadores y en el Real Decreto 1989/84.............. .

Décima. — El presente contrato se registrará en la Oficina de Empleo de...GOYA 2 (Gral. Pardiñas).........

CLAUSULAS ADICIONALES:

En el sueldo concertado está comprendido el Plus de Transporte o de Distancia para la incorporación al Centro de Trabajo reseñado en el presente contrato, así como cualquier otro devengo creado o por crear, sea cual fuere la naturaleza de éste.

¡EXPLOREMOS POR VIDEO!

La creciente influencia hispana en los EE.UU.: "Algunas equivocaciones culturales"

Vocabulario útil del video

ancho *wide*
a partir de *from*
el bigote *moustache*
la costumbre *custom, habit*

el dicho *saying*
la equivocación *mistake, error*
flojo *lazy*
los frijoles *beans*

el **hecho** *fact*
lucir (luzco) *to look, appear*
los **medios** *media*
la **mentira** *lie*
el **nopal** *cactus*

el **pelotero** *baseball player*
el **sentido** *sense*
la **tortilla** *thin flat corn cake*
vago *lazy*
la **zona** *area*

Nota cultural

El béisbol es el pasatiempo nacional de Cuba y una obsesión nacional de la República Dominicana. ¿Sabía Ud. que muchos peloteros caribeños juegan en las ligas estadounidenses?

A Termine la frase con palabras o ideas expuestas en el video.

1. Tony Peña, Tony Fossas y Juan González son...
2. Un estereotipo de los latinos que mencionan los entrevistados es que...
3. Amalia Barreda y Carlos Santana no dan crédito al estereotipo del mexicano como persona que...
4. Según Tony Peña el estereotipo negativo de los latinos tiene que ver con...
5. _____ habla del estereotipo del mexicano que duerme la siesta con un sombrero grande.
6. Un pelotero dice que en Cuba se come...

B Empareje las citas que Ud. oyó en el video que están en la primera columna con las personas que las dijeron.

_____ 1. Nosotros no somos iguales a la cultura de Guatemala, a la cultura de Venezuela.

_____ 2. Son estereotipos que se han creado a través de los años.

_____ 3. Yo no conozco a ningún mexicano ni mexicana que se duerma en el día.

_____ 4. Yo creo que tal vez es las drogas.

_____ 5. O que todos debemos lucir igual.

_____ 6. Nosotros sabemos que nosotros venimos de afuera.

_____ 7. Los mexicanos son flojos... Y claro es mentira eso.

a. Juan González
b. Carlos Santana
c. Tony Fossas
d. José Massó
e. Amalia Barreda
f. Tony Peña
g. Waldert Rivera

C Escriba un ensayo de 10–15 oraciones contestando lo siguiente: Según las personas entrevistadas, ¿cuáles son los estereotipos negativos más comunes que se hacen de la cultura latina? ¿Comparte Ud. algunos de esos estereotipos? ¿Cuáles son los estereotipos más comunes que se hacen de los estadounidenses? ¿Por qué? ¿Por qué cree Ud. que los seres humanos tenemos esa tendencia a clasificar a la gente así? Por último, ¿podría pensar en una respuesta, sugerencia o forma de contrarrestar *(counterattack)* la discriminación?

ESTRUCTURAS FUNDAMENTALES

Repaso gramatical
■ ■ ■

I. Presente simple de indicativo de los verbos ser y estar.

A. Formación.

En este tiempo los verbos *ser* y *estar* son irregulares. Las formas son:

	SER (to be)	ESTAR (to be)
(yo)	soy	estoy
(tú)	eres	estás
(Ud., él, ella)	es	está
(nosotros/as)	somos	estamos
(vosotros/as)	sois	estáis
(Uds., ellos, ellas)	son	están

B. Algunos usos de ser y estar.

SER	ESTAR
1. Cualidad, definición	**1. Estado de ánimo o estado físico en un momento dado**
La profesora es una persona alegre.	La profesora está cansada hoy.
Todas mis clases son grandes.	¡El aula está llena!
San Salvador es la capital de El Salvador.	La planta está muerta.
La clase no es aburrida.	Los estudiantes no están aburridos.
Mi coche es azul clarito.	Las manzanas están verdes todavía.
2. Origen, dónde/cuándo toma lugar una actividad	**2. Lugar, posición**
El profesor es de México.	Dos profesores están en España este año.
Esos estudiantes son de Guatemala.	Mi equipo de fútbol está en primer lugar.
El examen final es el tres de mayo.	
3. Posesión, pertenencia	**3. Estar + adjetivo puede significar**
Este diccionario es de un compañero mío.	*to look*: Estás muy guapa hoy.
¿De quién es este libro?	*to feel*: Estoy enfermo.
¡Estas flores son para ti!	*to taste*: La sopa está riquísima.

4. Equivalencia

¡Trabajar no es vivir!
¡El tiempo es oro!
Es invierno.

5. La hora, la estación

Son las dos de la tarde.

A Con un/a compañero/a de clase, decida si los siguientes adjetivos requieren el uso de **ser** o **estar**. Luego, hágale preguntas sobre su carácter y personalidad.

PRÁCTICAS

__Es__ ambicioso   __Es__ animado   __Es__ original
__Es__ paciente   __Es__ observador   __es__ astuto
__Está__ satisfecho   __Está__ cansado   __Es__ impulsivo
__Es__ fiel   __está__ contento   __está__ capacitado

B Ud. trabaja en una oficina muy grande. Tiene la responsabilidad de enseñarle la empresa a un empleado nuevo. Explique qué ocurre y cómo son sus nuevos compañeros de trabajo. Use los verbos **ser** y/o **estar** y las palabras entre paréntesis para completar cada oración. Modifique las palabras necesarias.

> **Ejemplo:** La nueva secretaria siempre trabaja hasta tarde. A su jefe le gusta mucho. (trabajador/contento)
> La secretaria *es muy trabajadora* y por eso su jefe *está muy contento*.

1. Al director general no le gusta que su secretaria llegue tarde al trabajo. (enfadado/puntual)

   El director __está enfadado__

   porque la secretaria __no es puntual__

2. La jefa de contabilidad tiene una oferta de trabajo muy buena de otra empresa. El nuevo puesto tiene mejor sueldo. (contento/alto)

   La jefa __está contenta__

   porque el sueldo __de su nuevo puesto es más alto que el ot__

3. Una colega tiene una entrevista importante para un nuevo puesto en la empresa, pero hay muchas personas que quieren el trabajo también. (nervioso/demandado)

   Mi colega __está muy nerviosa__

   porque el trabajo que quiere __es demandado__

4. El jefe de recursos humanos no viene hoy porque tiene la gripe (*flu*). Los miembros de su departamento tienen que hacer su trabajo. (enfermo/ocupado)

El jefe _____

y por eso los miembros del departamento _____

5. La directora de exportación habla inglés y español perfectamente. Estudió derecho internacional en la universidad. (bilingüe, licenciado)

La directora _____

y ella _____

C Ud. tiene una entrevista importante mañana y tiene que prepararse. Conteste las siguientes preguntas típicas con oraciones completas. Después, entreviste a un/a compañero/a de clase.

1. ¿Cuál es su mejor cualidad? ¿Y su peor?
2. ¿Cómo describiría Ud. su personalidad?
3. ¿Cuál es su formación académica?
4. ¿Prefiere trabajar sólo/a o en equipo? ¿Por qué?
5. ¿Cuáles son sus aspiraciones profesionales?

II. Otros usos de ser/estar y el verbo haber.

A. Ser/estar + adjetivo.

Existen muchas diferencias importantes de significado según si el adjetivo se usa con **ser** o **estar**. Algunos ejemplos son:

Adjetivo	Con **ser**	Con **estar**
abierto	direct, open personality	open
aburrido	boring	bored
bueno	of good character	healthy
cerrado	closed personality	closed
listo	clever, intelligent	ready
malo	of bad character	ill
triste	lamentable	sad
vivo	lively	alive

B. Ser/estar + preposición.

También existen diferencias importantes de significado según si la preposición se usa con **ser** o **estar**. Algunos ejemplos son:

Preposición	Con **ser**	Con **estar**
de	material, origin, class	acting as
para	destination, use	purpose, (+ inf.) about to occur

C. La forma progresiva.

El verbo **estar** también se usa junto al participio presente para describir las acciones que están ocurriendo en el momento. El participio se forma añadiendo -**ando** a los verbos -**ar** y -**iendo** a las raíces de los verbos -**er/-ir.**

> **Ejemplos:** Ella está estudiando para el examen de mercadotecnia.
> El equipo está haciendo un cuadro de la oferta y demanda laboral.

Los verbos -**ir** que cambian en la tercera persona del pretérito tienen el mismo cambio en el participio presente.

> **Ejemplos: competir:** compitiendo
> **decir:** diciendo
> **dormir:** durmiendo
> **pedir:** pidiendo
> **servir:** sirviendo

Algunos participios presentes tienen cambios ortográficos.

> **Ejemplos: contribuir:** contribuyendo
> **leer:** leyendo
> **traer:** trayendo

El profesor está presentando un tema difícil y los estudiantes están aburridos.

D. El verbo haber.

Hay es una forma especial del verbo **haber** que significa *there is, there are* en inglés. Se usa la misma forma con cosas singulares y plurales. Se usa **hay** en lugar de **estar** cuando se habla de una persona o cosa no definida (usando el artículo indefinido) o si la existencia de la persona o cosa no es cierta.

> **Ejemplos:** ¿Cuántas personas hay en su clase de español?
> Hay mucha demanda en el mercado laboral para ejecutivos bilingües.
> No sé si hay una oficina de correos cerca de la universidad.

A Complete las oraciones con la forma correcta de **ser** o **estar**.   **PRÁCTICAS**

Me encanta la clase de español. Nuestro profesor es de México y _____ una persona muy abierta. Nunca he conocido a una persona como él. Mis compañeros de clase dicen lo mismo. Nosotros nunca _____ aburridos durante una clase con él porque _____ tan vivo. ¡Parece que tiene la energía de tres personas! Cuando no viene a clase porque _____ malo, tenemos una sustituta que _____ muy mala profesora. Bueno, _____ bastante cerrada. Entonces la clase _____ un poco aburrida. Hacemos las actividades y punto. Ella sólo _____ de sustituta mientras termina el doctorado. No le gusta ser profesora. Nuestro profesor _____ tan listo que siempre tiene una anécdota o un chiste para cada situación. Por eso, nosotros escuchamos atentamente. ¡No queremos perder ni uno de sus chistes! En fin, él _____ un profesor buenísimo y la verdad es que yo _____ un poco triste porque la clase de conversación que él va a enseñar el próximo semestre ya _____ cerrada. Él _____ un profesor tan bueno que todas sus clases tienen lista de espera.

"La exportación…"

"Exporting…"

"Exportación"

B Explique las diferencias de significado en una oración siguiendo el modelo.

Ejemplo: Soy lista.   *Soy una persona inteligente.*
Estoy lista.   *Estoy preparada.*

1. Es abierta.
   Está abierta.
2. Es rico.
   Está rico.
3. Es aburrido.
   Está aburrido.

4. Son bonitas.
   Están bonitas.
5. Son vivos.
   Están vivos.

C Mire el dibujo y escriba por lo menos diez oraciones originales. Utilice el verbo **hay** y/o el progresivo para describir la escena y lo que está pasando.

Ejemplo: *El jefe está mirando el reloj.*

D Usando el tiempo progresivo, forme preguntas con las siguientes palabras de vocabulario. Después, hágale una entrevista a su compañero/a.

Ejemplo: hablar español/esta clase
¿Está Ud. hablando mucho español en esta clase?

1. seguir/carrera universitaria difícil
2. sacar buenas notas/este semestre
3. leer artículos interesantes/otras clases
4. hacer actividades prácticas/clase de español
5. vivir/cerca de la universidad
6. pensar en/sacar un máster
7. cuántas materias/estudiar este semestre
8. mejorar/dotes de comunicación

III. Presente simple de indicativo

Los verbos infinitivos en español están divididos en tres grupos dependiendo de su terminación: **ar/er/ir**: **trabajar, comer** y **escribir.**

Antes de conjugar los verbos, es necesario quitar **ar/er/ir**

trabajar → trabaj   comer → com   escribir → escrib

y a la raíz añadirle las terminaciones siguientes.

	-ar: trabajar *(to work)*	-er: comer *(to eat)*	-ir: escribir *(to write)*
(yo)	trabaj**o**	com**o**	escrib**o**
(tú)	trabaj**as**	com**es**	escrib**es**
(Ud., él, ella)	trabaj**a**	com**e**	escrib**e**
(nosotros/as)	trabaj**amos**	com**emos**	escrib**imos**
(vosotros/as)	trabaj**áis**	com**éis**	escrib**ís**
(Uds., ellos, ellas)	trabaj**an**	com**en**	escrib**en**

A Termine la frase explicando lo que hace cada miembro de la familia Gómez usando el presente simple de indicativo.

PRÁCTICAS

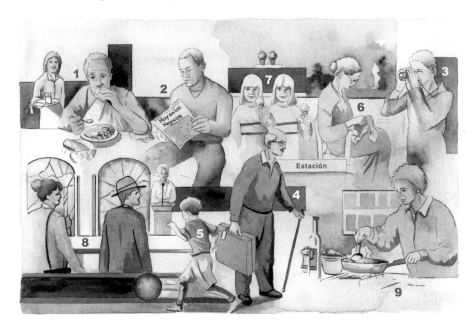

1. El padre...
2. El hermano mayor...
3. La hermana mayor...
4. El abuelo...
5. El hermanito...
6. La abuela...
7. Las gemelas (*twins*)...
8. Los tíos...
9. La madre...

B Su compañero/a de trabajo está mirando las fotos que Ud. tiene en su escritorio. Explíquele tres pasatiempos favoritos de sus familiares. A continuación hay algunos ejemplos. Si no tiene los familiares mencionados, puede sustituirlos con otros miembros de la familia o amigos.

tocar un instrumento	nadar	asistir a misa
hablar por teléfono	comer fuera	escribir poemas
escuchar música	leer revistas	viajar
tomar clases de baile	de negocios	bailar
practicar el alpinismo	correr	cocinar
(*to mountain climb*)	coser (*to sew*)	sacar fotos

1. Mi hermano mayor...
2. Mi hermana menor...
3. Mis hermanas gemelas...
4. Mis padres...
5. Mi madre...
6. Mi padre...
7. Mis abuelos...
8. Mi sobrina (*niece*)...
9. Mis primos...
10. Yo...

C ¿Cuánto tiene Ud. en común con su compañero/a? Para cada actividad, explíquele a su compañero/a con qué frecuencia lo hace y por qué. Después, su compañero/a tiene que explicarle lo mismo. Usen las expresiones adverbiales **poco, de vez en cuando** y **muy a menudo** en sus respuestas.

Ejemplo: nadar   Ud.: *Yo nado poco porque tengo miedo.*
  Su compañero/a: *Yo nado en el gimnasio muy a menudo*
  porque es buen ejercicio.

1. sacar malas notas
2. estudiar en la biblioteca
3. hablar con los compañeros después de clase
4. trabajar en equipo en los proyectos
5. practicar deportes
6. comer en el comedor de la universidad
7. usar las computadoras del laboratorio
8. escribir correo electrónico
9. preguntarle algo al/a la profesor/a después de clase
10. terminar todos los deberes (*homework*) para sus clases

IV. Presente simple de indicativo: verbos irregulares

A. En español existen verbos que son irregulares solamente en la primera persona singular. Las otras formas siguen el modelo de los verbos regulares.

conocer (*to know*)   **conozco**, conoces, conoce, conocemos, conocéis, conocen
dar (*to give*)   **doy,** das, da, damos, dais, dan
hacer (*to do, to make*)   **hago**, haces, hace, hacemos, hacéis, hacen

poner *(to put)*	**pongo**, pones, pone, ponemos, ponéis, ponen
saber *(to know)*	**sé**, sabes, sabe, sabemos, sabéis, saben
salir *(to leave)*	**salgo**, sales, sale, salimos, salís, salen
traer *(to bring)*	**traigo**, traes, trae, traemos, traéis, traen
valer *(to be worth)*	**valgo**, vales, vale, valemos, valéis, valen
ver *(to see)*	**veo**, ves, ve, vemos, veis, ven

B. Generalmente, los verbos que acaban en **ger**/**gir** cambian **g** a **j** sólo en la forma de **yo** para mantener el mismo sonido.

coger* *(to take)*	**cojo**, coges, coge, cogemos, cogéis, cogen
dirigir *(to direct)*	**dirijo**, diriges, dirige, dirigimos, dirigís, dirigen
exigir *(to demand)*	**exijo**, exiges, exige, exigimos, exigís, exigen

C. Muchos verbos terminados en **acer**, **ecer**, **ocer** y **ducir** toman una **z** delante de la **c** en la primera persona singular del presente de indicativo. Las otras formas del verbo son regulares.

-ACER	-ECER	-OCER	-DUCIR
nacer (to be born)	*crecer (to grow)*	*conocer (to know)*	*traducir (to translate)*
nazco	**crezco**	**conozco**	**traduzco**
naces	creces	conoces	traduces
nace	crece	conoce	traduce
nacemos	crecemos	conocemos	traducimos
nacéis	crecéis	conocéis	traducís
nacen	crecen	conocen	traducen

Algunos verbos comunes con estos cambios son:

-ECER	-OCER	-DUCIR
agradecer *(to be grateful, to appreciate)*	reconocer *(to recognize)*	conducir *(to drive)*
aparecer *(to appear)*		deducir *(to deduce)*
desaparecer *(to disappear)*		introducir *(to introduce)*
merecer *(to deserve)*		producir *(to produce)*
obedecer *(to obey)*		reducir *(to reduce)*
ofrecer *(to offer)*		traducir *(to translate)*
permanecer *(to stay)*		
pertenecer (a) *(to belong [to], to pertain)*		

*Este verbo se usa mucho en España pero puede tener una conotación negativa en algunos países hispanos.

D. El verbo **ir** es irregular en todas las formas del presente de indicativo.

ir *(to go)*

voy	vamos
vas	vais
va	van

La construcción **ir + a + infinitivo** se usa para hablar de los planes del futuro.

Ejemplos: ¿Qué va a hacer Ud. esta noche?
What are you going to do tonight?
Voy a traducir la carta esta noche.
I am going to translate the letter tonight.

PRÁCTICAS

A Ud. se presenta para un trabajo en la sección internacional de ventas. Conteste las preguntas del/de la entrevistador/a de trabajo. Luego, con un/a compañero/a dramaticen los papeles de los personajes.

Entrevistador/a: ¿Con qué frecuencia sale al extranjero?

Yo: _Salgo dos veces cada año_

Entrevistador/a: ¿Qué países conoce?

Yo: _Conozco todos los países del mundo_

Entrevistador/a: ¿Qué idiomas sabe hablar?

Yo: _Sé hablar ingles y español_

Entrevistador/a: ¿Qué tipo de recuerdos (*souvenirs*) trae de sus viajes?

Yo: _he comprado tapices, brazeletes, y comida_

Entrevistador/a: ¿Qué monumentos y sitios de interés ve durante sus viajes?

Yo: _Me voy a los museos y los parques_

Entrevistador/a: ¿Adónde hace excursiones?

Yo: _hago excursiones a lugares disimulados_

Entrevistador/a: ¿Qué importancia da Ud. a viajar al extranjero?

Yo: _____

Entrevistador/a: Por último, ¿por qué quiere Ud. trabajar en nuestra empresa?

Yo: _Esta empresa es un líder de su industria. Me gusta las cosas que haga._

B Últimamente Ud. tiene un horario muy ocupado. Su compañero/a de clase quiere saber lo que Ud. necesita hacer. Use los verbos entre paréntesis y la información de su agenda para contestar sus preguntas.

Ejemplo: —¿Qué hace a las nueve?
—A las nueve leo los proyectos nuevos.

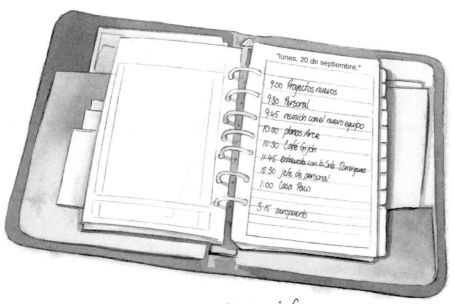

"lunes, 20 de septiembre."

9:00 Proyectos nuevos
9:30 Personal
9:45 reunión con el nuevo equipo
10:00 planos Arce
10:30 Café Gijón
11:45 entrevista con la Srta. Domínguez
12:30 jefe de personal
1:00 casa Paco

3:15 aeropuerto

Tengo que leer un libro de negocios

1. 9:00 (leer)
2. 9:30 (dirigir) *Dirijo una película*
3. 9:45 (conocer) *conozco*
4. 10:00 (repasar)
5. 10:30 (salir)

6. 11:45 (entrevistar)
7. 12:30 (ver)
8. 1:00 (comer) *como frijoles con queso oaxac*
9. 3:15 (recoger) *recojo mis hijos*

C Todos tenemos sueños de lo que vamos a hacer en el futuro. Con un/a compañero/a de clase, averigüe sus planes para el futuro. Luego comparta la información con la clase. Las categorías a continuación pueden servir de guía.

Ejemplo: *Después de graduarte, ¿vas a trabajar o seguir estudiando?*
Después de graduarme, voy a sacar un máster.

1. vida profesional *Quisiera trabajar en una profession donde tuviera mu beni*
2. vida académica *Quiero llegar a ser ducho de algo.*
3. vida personal *Necesito casarme con una latina o alguien que sepa es*
4. aspiraciones personales *Voy a seguir viviendo la revolucción.*
5. viajes ideales *Me gustaría ir a Iran, Turkey, y India.*

D José acaba de llegar a su universidad y está en su primer año. Ayúdele a explicarles a sus padres cómo es el sistema universitario. Complete las frases con la forma correcta del verbo y la información sobre su universidad.

1. La universidad (ofrecer)... *ofrece muchas actividades extra curiculares.*
2. Muchos estudiantes (pertenecer)... *pertenecen estos clubs stupidos.*
3. Yo siempre (obedecer)... *obedezco mis própias reglas.*
4. Yo (conocer)... *Yo conozco a poca gente en esta universidad.*

5. Muchos estudiantes no (conducir)...
6. Los profesores (introducir)...
7. Yo (traducir)...
8. Yo (agradecer)...
9. La población universitaria (crecer)...
10. Los estudiantes perezosos (desaparecer)...
11. Yo (merecer)...
12. Mi compañero de cuarto (permanecer)...

E ¿Conoce Ud. a su nuevo/a compañero/a de clase? Hágale una entrevista a su compañero/a, usando el presente simple para conseguir la siguiente información.

nombre completo   *cual es tu nombre completo*
domicilio
nacionalidad
especialización en la universidad
número de hermanos
estado civil
otras clases
edad
pasatiempos favoritos

V. Pronombres interrogativos

Los pronombres interrogativos se usan para hacer preguntas. Todos llevan acento en español.

A. Los pronombres interrogativos

¿Qué?	¿Qué estudia Ud. en la universidad?
¿Cuál(es)?	¿Cuáles de sus materias son fáciles?
¿Cuánto(s)/a(s)?	¿Cuánto cuestan los libros de esta clase?
¿Quién(es)?	¿Quién es el director del departamento?

B. Los adjetivos interrogativos

¿Qué?	¿Qué carreras ofrece esta universidad?
¿Cuál(es)?	¿Cuáles carreras son las más populares?
¿Cuánto(s)/a(s)?	¿Cuánto tiempo libre tiene Ud. para estudiar?

¿**Cuál(es)?** nos indica que hay un número limitado de posibilidades.
¿**Qué?** requiere una definición o explicación.

¿Cuál es tu número de teléfono?

¿Para qué necesitas mi número de teléfono?

C. Otros interrogativos

¿Cómo?	¿Cómo se dice eso en inglés?
¿Cuándo?	¿Cuándo empieza el segundo semestre?
¿A qué hora?	¿A qué hora termina esta clase?
¿Por qué?	¿Por qué no hace Ud. el máster después de graduarse?
¿Dónde?	¿Dónde está el departamento de recursos humanos?
¿Adónde?	¿Adónde va Ud. después de la clase de español?

 ¡OJO!

Normalmente, el sujeto se coloca después del verbo en una pregunta.

Ejemplo: ¿De dónde es *la profesora* de español?

¿Por qué no va *Ud.* a la biblioteca con nosotros?

A Use las palabras interrogativas para completar las preguntas. Se puede repetir. Después, escriba una **J** en el espacio si es una pregunta que hace el/la jefe/a normalmente y una **S** si la hace el/la solicitante de trabajo.   **PRÁCTICAS**

Cuántos	Cómo	Por qué	Quién	Adónde	Cuántas
Qué	Cuál	Cuáles	Dónde	A qué hora	Cuánta

Ejemplo: __J__ ¿Cómo se llama Ud.?

¿J o S?

_____ 1. ¿ _____ se llama Ud.?

_____ 2. ¿ _____ es el sueldo del puesto?

_____ 3. ¿ _____ es el jefe del departamento?

_____ 4. ¿ _____ empiezan Uds. a trabajar por la mañana?

_____ 5. ¿ _____ años de experiencia tiene Ud. en este campo?

_____ 6. ¿ _____ quiere Ud. trabajar aquí?

_____ 7. ¿ _____ es su especialización?

_____ 8. ¿ _____ vacaciones tienen los empleados el primer año?

_____ 9. ¿ _____ son las responsabilidades del puesto?

_____ 10. ¿ _____ idiomas habla Ud.?

Más y más mujeres latinas están entrando al mercado laboral cada año.

B Ud. es el/la solicitante de trabajo. Conteste las preguntas de la jefa del ejercicio **A** en oraciones completas.

Ejemplo: *¿Cómo se llama Ud.?*
Me llamo Cristina Martínez.

1. _____

2. _____

3. _____

4. _____

5. _____

C Ud. sólo escucha una parte de una entrevista de trabajo entre la directora de recursos humanos y un candidato de trabajo. Rellene los espacios con las preguntas lógicas de la entrevistadora. Luego, practique el diálogo con su pareja.

ENTREVISTADORA: ¿_____?

CANDIDATO: Me llamo Alejandro Álvarez Rodríguez.

ENTREVISTADORA: ¿_____?

CANDIDATO: Soy de Los Ángeles, pero nací en México.

ENTREVISTADORA: ¿————————————————————?

CANDIDATO: Mi especialización es en finanzas.

ENTREVISTADORA: ¿————————————————————?

CANDIDATO: Tengo un año de experiencia como internado.

ENTREVISTADORA: ¿————————————————————?

CANDIDATO: Domino el español y el inglés.

ENTREVISTADORA: ¿————————————————————?

CANDIDATO: Me gradúo en mayo.

ENTREVISTADORA: ————————————————————

CANDIDATO: No tengo preguntas. Gracias por su tiempo.

VI. El verbo gustar

Recuerde que **gustar** es un verbo especial que requiere el uso de los complementos indirectos (me, te, le, nos, os, les). En inglés significa *to be pleasing to*. Entonces el verbo concuerda con lo que gusta.

Ejemplo: Me gusta el trabajo pero no me gustan las horas.

 ¡OJO!

*Since something is pleasing TO someone, you need to use the **preposición a** when clarifying or stressing who likes something or someone.*

Ejemplos: **A mí** no me gusta trabajar los fines de semana.
¿**A ti** te gusta vivir en el centro?
A Pablo le gustas mucho.
Al director le gusta jugar al golf y nadar.

Gustaría es la forma condicional de **gustar**. Expresa *would like* en inglés y es la forma más cortés *(more polite)*.

Ejemplos: Al Sr. Fermín le gustaría contratar a un programador bilingüe.
A nosotros nos gustaría trabajar en equipo.

PRÁCTICAS

A La secretaria de la empresa tiene mucha ambición. Está sacando la carrera por la noche y espera tener un futuro mejor. Mire el dibujo y escriba oraciones con la forma condicional de **gustar.**

B Pregunte a su pareja lo que a estas personas les gusta o gustaría hacer. Escoja la forma correcta de **gustar** y traduzca la frase entre paréntesis del inglés al español.

Ejemplo: ¿Qué te gustaría hacer ahora? *(work full-time)*
(A mí) me gustaría trabajar de tiempo completo.

1. ¿Qué te gustaría hacer en el futuro? *(speak several languages fluently)*
2. ¿Qué te gustaría hacer un día? *(direct a company and be successful)*
3. ¿Qué le gustaría a Ana hacer para su autoestima *(self-esteem)*? *(improve her communication skills)*   Publicidad
4. ¿Qué os gustaría hacer este viernes? *(apply for a job in advertising)*
5. ¿Qué les gusta a Uds. hacer? *(work as a team)*
6. ¿Qué les gustaría hacer a Carlos y a Pilar después de graduarse? *(get a Masters)*
7. ¿Qué os gusta hacer los fines de semana? *(mountain climb and swim)*

send.

C **Los gustos laborales.** Pregunte a su pareja sobre las siguientes preferencias laborales.

1. ¿Le gusta a Ud. trabajar en equipo o solo?
2. ¿Le gusta trabajar con la gente o prefiere no tratar con el público?
3. ¿Le gustaría ganar mucho dinero o cree más en el valor del trabajo mismo?
4. ¿Le gustan las entrevistas de trabajo? ¿Hace una buena primera impresión?
5. ¿Le gustaría tener un trabajo que requiera viajar mucho? ¿Por qué?
6. ¿Cuáles son algunas cosas que no le gustan hacer?

VII. Palabras que engañan.

Existen varias palabras que nos confunden (*confuse*) fácilmente. Para dominar el español, es importante entender sus significados. A continuación tiene los usos de cada una.

saber: *to know facts, information, how to do something*
conocer: *to know someone; to be familiar with people, places, and things*

llevar: *to carry; to take along; to transport; to wear*
tomar: *to take (bus, train, etc); to drink*

dejar: *to leave (behind)*
salir (de): *to leave*

salir (con): *to go out (with)*
ir (a): *to go (to)*

pasar: *to spend (time)*
gastar: *to spend (money)*

Ana pasa muchas horas de compras
gastando mucho dinero.

PRÁCTICAS Escoja el verbo correcto y conjúguelo en el presente simple si es necesario.

Saber/conocer

1. _____Saber_____ varios idiomas y _____Conocer_____ otras

culturas es una gran ventaja.

2. Yo ___Conozco___ a la directora de publicidad pero no
___sé___ de dónde es.

3. Pablo ___Conoce___ muchas capitales europeas y
_____ dónde están los mejores hoteles.

4. Mis compañeros ___Saben___ que tenemos una reunión pero
no ___Saben___ dónde es.

Llevar/tomar

5. Cuando mi jefe se va de vacaciones siempre ___lleva___ su
computadora portátil porque cuando ___toma___ el avión, le
gusta trabajar en el vuelo (*flight*).

6. ¿Qué ropa ___llevas___ (tú) para una entrevista de trabajo?
Yo ___llevo___ un traje, por supuesto, y no
___tomo___ café porque me pongo muy nervioso.

Salir (de)/ir (a)/dejar

7. A las once de la mañana, los obreros ___Salen___ la fábrica
(*factory*) y ___Van___ a tomar un café.

8. Nosotros ___Salimos / Vamos___ Chichén Itzá de excursión. El autobús
___Sale___ la plaza central a las 10:15 y
___Va___ directamente de Mérida a Cancún.

9. Desgraciadamente yo siempre ___dejo___ mi carnet de
identidad en casa y no puedo sacar el descuento en el cine.

Gastar/pasar

10. Los jefes ___pasan___ mucho tiempo en reuniones, incluso
los fines de semana. Cuando hacen viajes de negocios
___gastan___ mucho en las ferias profesionales (*trade shows*).

11. ¿Cómo ___pasan___ Uds. las vacaciones normalmente?

ACTIVIDADES COMUNICATIVAS

I. ¡Escuchemos!

A Un periodista del periódico de la universidad está entrevistando a una estudiante hispana que está sacando el título de posgrado en los EE.UU. Complete la tabla según la información que escucha. Recuerde que Ud. sólo necesita obtener la información más pertinente de la conversación. ¡No se preocupe si no entiende cada palabra!

NOMBRE COMPLETO	
LICENCIATURA EN MÉXICO	
ESPECIALIZACIÓN AQUÍ	
CIUDAD Y PAÍS DE ORIGEN	
COSAS QUE LE GUSTAN AQUÍ	
COSAS QUE NO LE GUSTAN AQUÍ	
PASATIEMPOS FAVORITOS	
FAMILIA	

B **Consejos para conseguir un buen trabajo.** Escuche el siguiente anuncio de la emisora de radio de la universidad y complete las frases con la información correspondiente.

1. Los estudiantes deben ir a...
2. Es importante preparar...
3. Durante los veranos es buena idea...
4. Por lo menos un semestre antes de graduarse, hay que...
5. Si quieres más información...

C Una empresa hispana va a ofrecer prácticas para estudiantes estadounidenses durante el verano y está haciendo una presentación en la universidad para estudiantes interesados. Escuche a la directora de recursos humanos que explica las características del trabajo y ponga una X al lado de cada oración verdadera.

_____ 1. Las prácticas son pagadas.

_____ 2. El horario es de lunes a jueves de ocho a cinco.

_____ 3. Sólo necesitan contratar a una persona.

_____ 4. El becario necesita saber usar la computadora.

_____ 5. Prefieren personas bilingües.

_____ 6. El becario va a trabajar en varios departamentos de la empresa.

_____ 7. El becario va a vivir con una familia hispana durante las prácticas.

II. Prácticas orales

En pareja y luego a dramatizar.

Haga el papel con otro/a estudiante para luego hacer presentaciones a la clase.

A Ud. no sabe a cuál trabajo quiere presentarse. Pregúntele a su pareja sobre diferentes trabajos. Pregúntele sobre los varios requisitos, responsabilidades, sueldos, ventajas y desventajas para llegar a una decisión profesional.

B Ahora que Ud. sabe qué puesto de trabajo le interesa, concierte una entrevista por teléfono. Después, su pareja le entrevistará en su oficina.

C Ud. trabaja en la oficina de admisiones de su universidad. Su pareja es un/a estudiante extranjero/a que quiere estudiar la carrera aquí. Conteste sus preguntas, explicándole nuestro sistema universitario, las carreras que hay, el coste de estudiar, la vivienda y otros aspectos de la vida universitaria.

III. ¡Escribamos!

A El currículum. El buen currículum incluye su nombre y apellido, dirección, teléfono, objetivo, formación académica, experiencia laboral, habilidades, honores y referencias. En papel de buena calidad, redacte su propio currículum vitae.

B **Una solicitud.** Rellene la solicitud de trabajo.

Solicitud de Trabajo

VISTAS, S.A.

DATOS PERSONALES

Nombre: _____   Apellido(s): _____

Dirección: _____   Teléfono: _____

Fecha de nacimiento: _____

ESTUDIOS

	Nombre de la escuela	Año de graduación
Bachillerato:	_____	_____
Título universitario:	_____	_____
Especialización:	_____	

EXPERIENCIA LABORAL

	Fechas	Responsabilidades
Puesto:	_____	_____
Puesto:	_____	_____
Puesto:	_____	_____

Habilidades:

_____

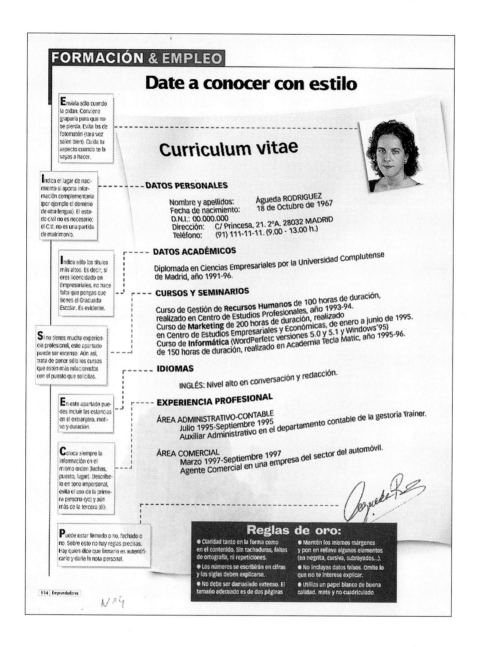

FORMACIÓN & EMPLEO

Date a conocer con estilo

Envíala sólo cuando la pidan. Conviene graparla para que no se pierda. Evita las de fotomatón (rara vez salen bien). Cuida tu aspecto cuando te la vayas a hacer.

Indica el lugar de nacimiento si aporta información complementaria (por ejemplo el dominio de otra lengua). El estado civil no es necesario; el C.V. no es una partida de matrimonio.

Indica sólo los títulos más altos. Es decir, si eres licenciado en Empresariales, no hace falta que pongas que tienes el Graduado Escolar. Es evidente.

Si no tienes mucha experiencia profesional, este apartado puede ser extenso. Aún así, trata de poner sólo los cursos que estén más relacionados con el puesto que solicitas.

En este apartado puedes incluir las estancias en el extranjero, motivo y duración.

Coloca siempre la información en el mismo orden (fechas, puesto, lugar). Descríbelo en tono impersonal, evita el uso de la primera persona (yo) y aún más de la tercera (él).

Puede estar firmado o no, fechado o no. Sobre esto no hay reglas precisas. Hay quien dice que firmarlo es autentificarlo y darle la nota personal.

Curriculum vitae

DATOS PERSONALES

Nombre y apellidos: Águeda RODRIGUEZ
Fecha de nacimiento: 18 de Octubre de 1967
D.N.I.: 00.000.000
Dirección: C/ Princesa, 21. 2ºA. 28032 MADRID
Teléfono: (91) 111-11-11. (9.00 - 13.00 h.)

DATOS ACADÉMICOS

Diplomada en Ciencias Empresariales por la Universidad Complutense de Madrid, año 1991-96.

CURSOS Y SEMINARIOS

Curso de Gestión de **Recursos Humanos** de 100 horas de duración, realizado en Centro de Estudios Profesionales, año 1993-94.
Curso de **Marketing** de 200 horas de duración, de enero a junio de 1995. en Centro de Estudios Empresariales y Económicas.
Curso de **Informática** (WordPerfetc versiones 5.0 y 5.1 y Windows'95) de 150 horas de duración, realizado en Academia Tecla Matic, año 1995-96.

IDIOMAS

INGLÉS: Nivel alto en conversación y redacción.

EXPERIENCIA PROFESIONAL

ÁREA ADMINISTRATIVO-CONTABLE
Julio 1995-Septiembre 1995
Auxiliar Administrativo en el departamento contable de la gestoría Trainer.

ÁREA COMERCIAL
Marzo 1997-Septiembre 1997
Agente Comercial en una empresa del sector del automóvil.

Reglas de oro:

● Claridad tanto en la forma como en el contenido. Sin tachaduras, faltas de ortografía, ni repeticiones.
● Los números se escribirán en cifras y las siglas deben explicarse.
● No debe ser damasiado extenso. El tamaño adecuado es de dos páginas.

● Mantén los mismos márgenes y pon en relieve algunos elementos (en negrita, cursiva, subrayados...).
● No incluyas datos falsos. Omite lo que no te interese explicar.
● Utiliza un papel blanco de buena calidad, mate y no cuadriculado.

114 | Emprendedores

C Marque las características que son importantes para Ud. en cuanto al trabajo. Luego, pensando en su trabajo ideal, cree un esquema como el que está a continuación.

Yo prefiero un trabajo que me permita...

_____ contribuir algo al mundo
_____ tratar con el público
_____ trabajar independientemente
_____ trabajar en equipo
_____ tomar decisiones importantes
_____ tener poder y autoridad
_____ ser creativo/a
_____ tener seguridad
_____ viajar mucho
_____ ganar mucho dinero
_____ ayudar a los menos afortunados

_____ ser un/a experto/a reconocido/a
_____ aprender cosas nuevas
_____ supervisar a los demás
_____ tomar riesgos
_____ no sufrir mucho estrés
_____ trabajar en cosas técnicas
_____ tener mucho tiempo libre
_____ tener muchas oportunidades para
subir de puesto
_____ tener una rutina
_____ no tener una rutina fija

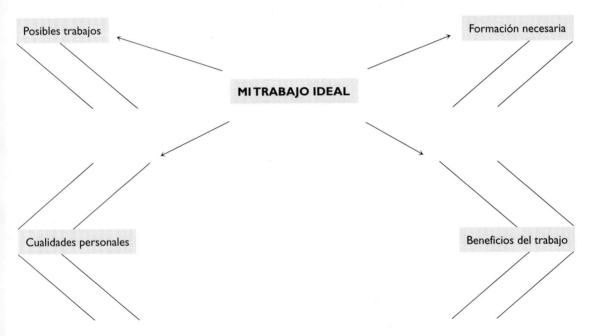

Posibles trabajos

Formación necesaria

MI TRABAJO IDEAL

Cualidades personales

Beneficios del trabajo

D **Explorando el mundo hispano.** Ud. trabaja para una empresa multinacional de transportes que transporta mercancías entre los Estados Unidos y Latinoamérica. Su jefe necesita saber lo siguiente. Redacte toda la información necesaria utilizando los mapas de nuestro texto.

1. ¿Cuáles son los países de habla hispana y su capital?
2. ¿Cuál país es el más grande de área? ¿Cuál es el más pequeño? ¿Cuál ciudad capital tiene la mayor población?
3. ¿Cuál ciudad capital se encuentra a mayor altitud?
4. ¿Cuáles países no tienen costa?
5. ¿Cuáles ríos y montañas atraviesan Sudamérica y por dónde pasan?

Unos 250 millones de vehículos cruzan la frontera entre México y EE.UU. cada año.

E Escoja uno de los siguientes temas y prepare un discurso (un informe oral) para presentar a la clase. Su presentación debe durar unos 3–5 minutos.

1. ¿Por qué es tan importante el estudio del español en el mundo de hoy y cuáles son las ventajas para obtener un trabajo?
2. ¿Cuál es la población hispana en los Estados Unidos? ¿Cuáles son los estados y las ciudades donde viven más hispanos?
3. La asimilación de los hispanos en EE.UU.: ¿crisol (*melting pot*) o ensalada mixta? Defienda cada postura.
4. La presencia hispana en EE.UU.: ¿cuáles son las contribuciones más sobresalientes?

F Lea el siguiente artículo sobre los negocios internacionales en México y después conteste las preguntas.

LICENCIATURA EN NEGOCIOS INTERNACIONALES

Si vives en la Ciudad de México y *estás por°* acabar *el bachillerato°* o *la vocacional°* y quieres seguir con tus estudios, la Licenciatura en Negocios Internacionales que te ofrece la Escuela de Comercio y Administración del Instituto Politécnico Nacional es una opción que *vale la pena°* que *tomes en cuenta°*.

Es un hecho° que por la cabeza de cualquier persona pasa la idea de poner un negocio alguna vez en la vida. Quizás esto se vea más difícil día a día *debido a°* la crisis *por la que pasamos°*. Antes que nada, debes de tener la preparación

you are about to; high school (degree); vocational school; is worth it; take into consideration; It's a fact

due to; that we're going through

one runs a business; in different areas; If you have thought; might be what

adecuada para saber cómo *se lleva un negocio°*, y una vez que la tengas, debes de poner en práctica tus conocimientos *en diversos lados°*. *Si has pensado°* alguna vez en todo esto, la Licenciatura en Negocios Internacionales *puede ser lo que°* estás buscando.

Perfil de estudiante

inject
daily
promoting the development; is calling out to you
foreign
So

we advise you

Si te gustan las actividades administrativas de los negocios, sabes *imprimirles°* creatividad a tus actividades *cotidianas°* y estás interesado en *promover el desarrollo°* de nuestro país, entonces, la Licenciatura en Negocios Internacionales *te está llamando a gritos°*. Otro aspecto muy importante es la facilidad y la disponibilidad para aprender idiomas. Si estamos hablando de negocios internacionales, es necesario el dominio de varias lenguas *extranjeras°* (decimos varias porque México está abriendo su comercio a diferentes países), no sólo el inglés. *Así que°* si eres de los que consideran aprender un nuevo idioma como una tortura, *te aconsejamos°* que lo pienses dos veces.

Campo de trabajo

any governmental agency as well as
that has something to do with; On the other hand; customs

Si estás decidido a estudiar esta carrera, puedes trabajar en *cualquier entidad gubernamental°* relacionada con el comercio y negociaciones internacionales, *así como°* organismos internacionales. Toda empresa privada *que tenga algo que ver con°* importaciones y exportaciones también requiere esa clase de servicios. *Por otro lado°*, puedes trabajar en *aduanas°* si te decides por esta profesión.

¿En qué me puedo ocupar en el campo profesional?

apply yourself;
consulting

Te puedes ocupar en actividades de consultoría y en todo lo que tenga que ver con cuestiones de administración de negocios internacionales, en una empresa o de manera independiente. Por otro lado, también te puedes *aplicar°* en *asesorías°*.

Plan de estudios

you will take

foreign trade; workshops
go

Como mencionamos anteriormente, los idiomas son básicos para este tipo de ocupaciones. Aquí *llevarás°* inglés, francés y japonés. Otras materias que se imparten en esta carrera son microeconomía, trámites de documentos de *comercio exterior°*, promoción internacional y *talleres°* de integración regional. Si quieres más informes sobre la Licenciatura en Negocios Internacionales, *acude°* a las instalaciones de la E.S.C.A. (Escuela Superior de Comercio de Administración) en Prolongación Carpio 471 Edificio "E", colonia Sto. Tomás, México, D.F. o habla al teléfono 729 63 00 ext. 61566.

Extraído de *Eres*, 1997

1. Ahora dé el equivalente en español de los siguientes términos.

1. high school degree	6. international business
2. college major	7. to learn languages
3. private company	8. "It's worth it..."
4. (school) subjects	9. to start a business
5. professional field	10. (college) degree

2. Complete la tabla según la información del artículo.

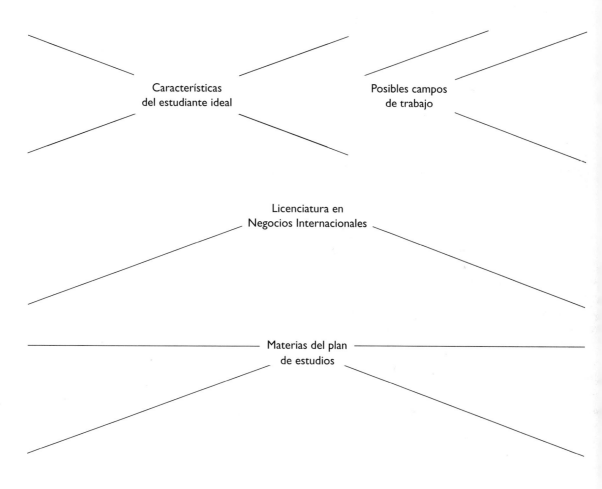

Características
del estudiante ideal

Posibles campos
de trabajo

Licenciatura en
Negocios Internacionales

Materias del plan
de estudios

3. Termine la frase completando las ideas expuestas en el artículo.

1. Una carrera en Negocios Internacionales me prepara para ocupar un trabajo en...
2. Las materias que se imparten en la carrera de Negocios Internacionales incluyen...
3. Los idiomas...
4. Si quiero más información sobre la Licenciatura en Negocios Internacionales...
5. La Licenciatura en Negocios Internacionales me está llamando a gritos porque...

PANORAMA CULTURAL

El mundo hispano y la presencia hispánica en los Estados Unidos

■ ■ ■

Antes de leer

La influencia hispana es cada vez más aparente en la cultura estadounidense.

¿A cuántos hispanos famosos puede nombrar? En las artes y en los deportes, seguramente conoce a muchos. Ahora vamos a leer una reseña de un libro, *Éxito latino*, para conocer a algunos hispanos que han tenido mucho éxito en el mundo de los negocios en los Estados Unidos.

Estrategia de comprensión: Dé un sustantivo de los verbos a continuación.

Ejemplo: recopilar   *recopilación*

1. probar
2. doblar
3. aumentar
4. valorar
5. adaptar
6. formar
7. triunfar
8. ayudar
9. diseñar
10. caminar

ÉXITO LATINO

Por fin apareció la prueba de que los latinos en los Estados Unidos *están alcan-zando°* posiciones *nunca antes soñadas°* por nadie. El libro *Éxito latino,* escrito por el cubano Augusto Failde, un latino educado en la Universidad de Harvard, y William Doyle, es una recopilación de 100 historias de latinos que han triun-fado en los Estados Unidos y está en librerías, en español y en inglés.

are attaining; never before dreamed of

En los Estados Unidos viven [33] millones de latinos, es decir, [más de] 10% de toda la población es de origen latino y se calcula que para el año 2010 será de 42 millones de personas. Los latinos representan un *poder comprador°* de unos 220 *mil millones°* de dólares al año. Los negocios que poseen aumentaron de 250.000 en 1978 a 720.000 en 1995.

purchasing power billions

Desde Miami hasta Los Ángeles, la comunidad latina presenta casos de triunfadores en todos los campos de la vida americana. De acuerdo con Failde, quien *ha recopilado°* los casos de 100 latinos que *han descollado°* en este gigan-tesco país, la fuerza, los valores de familia, el *orgullo°* de su cultura y la adapta-bilidad han sido los elementos fundamentales del éxito alcanzado. El libro *muestra°* la forma cómo triunfaron altos ejecutivos latinos en los Estados Uni-dos, que trabajan en compañías como *McDonald's, Citibank, Reebok, AT&T, Ford, Dow, Seagrams* y *Kraft/General Foods,* entre otras. Y *cuenta°* las *proezas realizadas°* por el diseñador Oscar de la Renta, Sara Martínez Tucker (Vicepresidenta de *AT&T*), Nely Galán (Presidenta de *Galan Entertainment, 20th Century Fox*), Don Flores (Editor del *El Paso Times*)...

has compiled; have excelled; pride

shows

recounts; accomplishments

Leer las historias de cada uno de ellos, cómo lo hicieron para llegar a la *cum-bre°* a que han llegado, cuáles fueron los problemas que encontraron en el ca-mino, cómo *han ido solucionando°* los conflictos culturales que, *sin duda°,* todos tuvieron, resulta de gran ayuda para esos miles de latinos que hoy están co-menzando el ascenso en los Estados Unidos.

top
have solved; without a doubt

Extraído de *Vanidades,* 1997

Comprensión. Conteste según la lectura.

1. ¿Qué recopila *Éxito latino?*
2. ¿En qué lenguas está escrito?
3. ¿Qué representan los latinos económicamente para los Estados Unidos?
4. ¿Cuáles son los elementos fundamentales del éxito para estos latinos?

Ahora Ud. va a leer unas historias personales de dos famosos hispanos del li-bro *Éxito latino: Secretos de 100 profesionales latinos de más poder en Estados Unidos* que realizaron sus sueños trabajando duro y manteniendo sus valores aquí en los Estados Unidos.

Nely Galán es presidenta de *Galan Entertainment,* una empresa de *Twentieth Century Fox* en Los Ángeles. Nació en Cuba, *se crió°* en el Estado de Nueva Jer-sey y comenzó como asistente de *redacción°* en la revista *Seventeen* a los dieci-siete años. *Animó°* y *produjo°* una variedad de programas de televisión para cadenas como *HBO* y *E!* antes de comenzar su empresa con *Fox,* dedicada a producir películas y programas de televisión latinos para Estados Unidos y el mercado internacional.

she grew up
editorial
She inspired; produced

gives us
it's all about enjoying

others
comes from
failure
setback

get their way

he joined

Currently; under his
management; assets;
Board of Regents

board meeting rooms

confronts
scarce; alarming number

advantageous
street gangs

Those who lack
will have to make do
with; worst paying

I come from

charitable
what we have gone
through; We will only be
able to; so many dreams;
to attain

"Ser latina me hace ver la vida más como un viaje que como una serie de objetivos que debo cumplir. Ser latina es algo muy positivo en el mundo de los negocios, porque *nos otorga*° algo especial. Nuestra cultura concibe a la vida como un viaje, porque *se trata de disfrutar*° el proceso. Esa forma de orientarse te ayuda en el mundo de los negocios porque te permite ser más abierta a una serie de elementos diferentes. Te inspira ser más flexible, y te permite escuchar a los *demás*°".

"También te ayuda a crecer, porque esa actitud *proviene de*° una cultura que reconoce la posibilidad del *fracaso*°. Nos permite ser vulnerables y sufrir un *revés*°, y ser ambiciosas y determinadas al mismo tiempo".

"La cultura latina es muy matriarcal. Mucha gente no lo ve de esa manera, pero lo es. Las mujeres pretenden dejar que los hombres *se salgan con la suya*°, pero en realidad se hace lo que ellas quieren, y son conscientes de su poder como mujeres. En el mundo de los negocios eso es una gran ventaja".

Eduardo Aguirre es vicepresidente ejecutivo y gerente de división en *NationsBank*, la tercera organización bancaria en Estados Unidos. Vive en Houston, Estado de Texas. Se graduó de *Louisiana State University* y en 1977 *se integró*° como vicepresidente a una empresa que luego formó parte de *NationsBank*. Actualmente° tiene *bajo su gestión*° un *activo*° de 2.5 mil millones de dólares y fue nombrado por el gobernador George W. Bush a la *Junta de Regentes*° de la *University of Houston*.

"Los hispanos seguimos estando mal representados en *las salas de juntas del directorio,*° en las suites para ejecutivos y entre los niveles más altos de la mayoría de las profesiones a través de Estados Unidos. Pero la situación comienza a cambiar".

"La comunidad hispana *enfrenta*° muchos problemas: el desempleo y la *escasa*° oferta de buenos empleos, una *tasa alarmante*° de alumnos que abandonan sus estudios secundarios, el acceso limitado a las oportunidades económicas *ventajosas*°, la discriminación, la imposición de límites artificiales en sus carreras, el crimen, la drogadicción, las *pandillas callejeras*° y otros obstáculos reales y percibidos".

"La educación es el tema más urgente para los hispanos. Aquéllos que completen su educación encontrarán los mejores empleos. *Los que carecen*° de una formación *tendrán que conformarse con*° los empleos *peor remunerados*°, sufrirán durante períodos de desempleo o se verán forzados a subsistir con un salario mínimo".

"*Provengo de*° una familia de clase trabajadora. Llegué a Estados Unidos a los quince años, sin mis padres, y sin hablar una palabra de inglés. Durante años recibí el cuidado, alimentación y enseñanza de la gran generosidad de las asociaciones *benéficas*° *Catholic Charities* y *United Way*".

"No debemos olvidar *por lo que pasamos*° si queremos conquistar el futuro. *Sólo podremos*° tener éxito si ayudamos a esos jóvenes con *tantos sueños*° y la determinación necesaria para *alcanzar*° su propio éxito".

A Comprensión. Conteste las preguntas según la lectura

1. ¿Quién es Nely Galán?
2. ¿Qué es *Galan Entertainment*?
3. Compare la concepción anglosajona e hispana de la vida.
4. Según Galán, ¿cuáles son las ventajas de ser latina?
5. ¿A qué se dedica Eduardo Aguirre?
6. ¿Cuál es su experiencia profesional?
7. Según Aguirre, ¿qué está cambiando?
8. ¿A cuáles problemas enfrenta la comunidad hispana?
9. ¿Cuál es el tema más urgente para los hispanos?
10. ¿Cuál es el futuro para los hispanos sin formación?
11. ¿Cuál es su receta (*recipe*) para el éxito?

B Imagínese que Ud. se ha mudado (*have moved*) a un país extranjero a trabajar. Escriba un párrafo describiendo su experiencia. Utilice el presente de indicativo. Luego, en grupos de tres o cuatro estudiantes, léanse los párrafos y hagan una lista de los problemas que Uds. tienen en su nueva vida. Compartan la lista con la clase.

 ## Actividades de expansión en la Red electrónica

Busque información sobre los siguientes temas en la Red y tráigasela a la clase. Incluya las direcciones de las páginas web e imprima la información.

Glosario de Internet

Ciberespacio	Cyberspace
Correo electrónico	E-mail
Enlace	Link
Foro/Sala/Habitación de charla/*chat*	Chat room
Búsqueda	Search
Página web	Web page
Dirección	Address
Navegador	Browser
Grupo de noticias	Newsgroup
Imprimir	To print
Enviar	To send

1. Busque y rellene una solicitud de trabajo de una empresa hispana. Algunas palabras claves que le puede ayudar son: "oferta de empleo" y "solicitud de trabajo".
2. Busque un foro de charla en español y suscríbase (*become a member*) al grupo. Averigüe (*find out about*) la situación laboral de varios países hispanos.

3. Busque y resuma un artículo en una revista hispana sobre uno de los temas de esta lección.

4. Haga una investigación sobre las fiestas hispanas. Elija una ciudad de EE.UU. donde hay mucha influencia hispana como San Antonio, San Diego, Nueva York, Miami... Algunas fiestas tradicionales son El Cinco de Mayo, el Día de los Muertos, la Virgen de Guadalupe, el Día de los Reyes Magos y las Posadas.

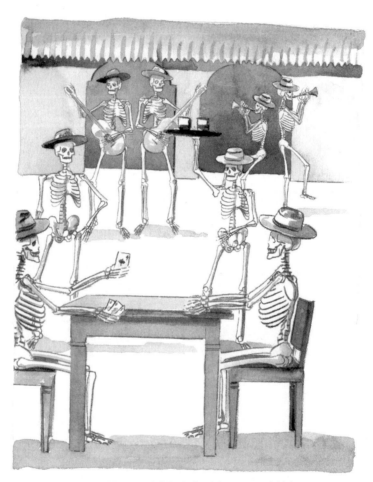

Las calacas lo pasan bien en el Día de los Muertos en México.

5. Busque un anuncio de trabajo en español e imprímalo. Después escriba un mensaje de correo electrónico respondiendo al anuncio de trabajo para un puesto bilingüe y mándeselo a su profesor/a. Si no tiene correo electrónico, lléveselo a la clase. Adjunte (*attach*) una copia de su currículum que Ud. preparó anteriormente.

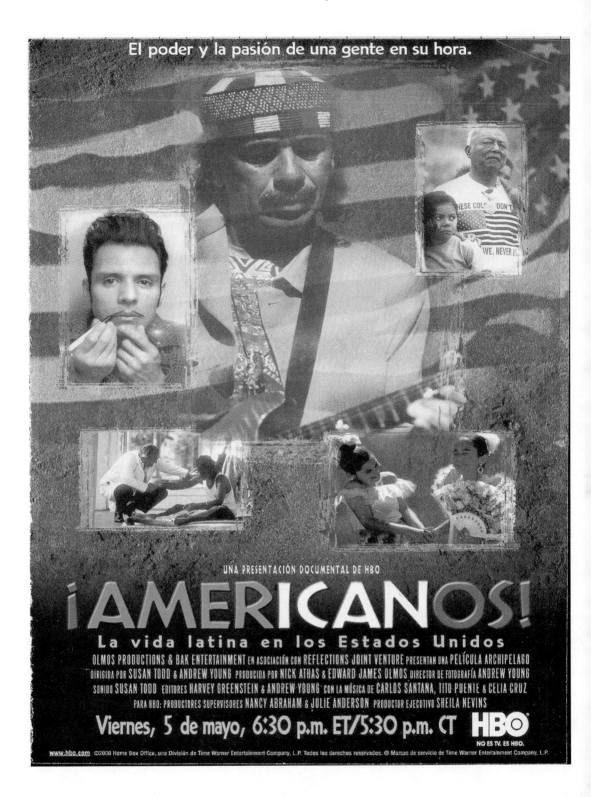

La banca y las transacciones monetarias

En este capítulo se presentará el mundo financiero y las diferentes maneras de hacer transacciones monetarias.

Temas relacionados con los negocios

- El mundo financiero
- Las transacciones monetarias

Vocabulario temático

- Las finanzas
- El banco
- La bolsa

¡Exploremos por video!

- «México colonial»

Gramática esencial

- El presente simple: verbos con cambio en el radical
- Los mandatos formales
- Los pronombres de los complementos directos
- Los verbos reflexivos
- Los adverbios

¡Escuchemos!

- Noticias financieras
- Anuncio del Bancomax
- Consejos financieros

Temas culturales

- De viaje por México

PASOS DE INICIACIÓN

Los viajeros pueden sacar dinero de los cajeros automáticos en el extranjero.

Antes de leer

En esta lectura, Ud. aprenderá sobre las transacciones financieras y las varias maneras de invertir dinero.

¿Tiene Ud. una **cuenta corriente** en el banco? ¿Necesita pedir préstamos para la universidad? ¿Hay muchas **sucursales** de su banco cerca de su casa? ¿Con qué frecuencia va al banco? Antes de hacer un viaje, ¿compra cheques de viajero? ¿Tiene una tarjeta de crédito de un banco? ¿Prefiere **pagar en efectivo**, con tarjeta de crédito o con cheque? ¿Juegas a la bolsa? ¿Cuáles son las bolsas más importantes del mundo?

Estrategias de comprensión

Escoja la frase o palabra que no corresponde con las otras dos. Explique porqué no corresponde, con la ayuda de un diccionario si es necesario.

1. la cuenta corriente/la cuenta de ahorros/el plazo
2. la moneda extranjera/las reservas/las divisas
3. la tasa de interés/la chequera/la libreta de cheques
4. la bolsa de valores/la oficina de cambio/el mercado de valores
5. la hipoteca/el préstamo/la ventanilla
6. la matrícula/el Banco Mundial/el Fondo Monetario Internacional
7. bajas/alzas/mayoría
8. el saldo/los bonos del Estado/las acciones
9. pedir cambio/depositar/ingresar dinero
10. sacar/guardar/retirar

Mientras lee. Apunte todas las transacciones financieras mencionadas mientras lee.

I. Lectura

El dinero, las inversiones y el banco

La banca es el **conjunto** de bancos y todas las transacciones monetarias que los banqueros **llevan a cabo.** La mayoría de los bancos centrales tienen áreas donde sus clientes pueden **cobrar** o **ingresar** un cheque, sacar dinero, pedir un préstamo, **pedir cambio** y comprar **divisas,** abrir o cerrar una cuenta corriente o una **cuenta de ahorros,** o **cambiar** o comprar cheques de viajero. Si se necesita dinero para pagar la **matrícula** de la universidad, comprar un coche o pagar la **hipoteca** de una casa se pide un préstamo al banco con un interés y un **plazo de pago.** Si se hace un depósito, es necesario **guardar** el recibo.

Antes de **sacar** dinero normalmente se pide el **saldo** de la cuenta corriente. Después, si hay fondos suficientes, se saca el **talonario,** se escribe el **cheque al portador,** se lo firma y se va a la **ventanilla** y se lo da al cajero. El cajero nos da el dinero en billetes grandes y pequeños y **monedas sueltas** si lo deseamos así. Si el banco está cerrado, se puede sacar dinero de los **cajeros automáticos** las 24 horas del día. Pero, en el extranjero, si se quiere cobrar un cheque de viajero, se necesita ir al banco, a una caja o a las **casas de cambio** mostrando el pasaporte, donde se cambian los cheques generalmente cobrando una comisión.

La invención del cajero automático ha facilitado el movimiento del dinero mundialmente. No sólo se puede retirar dinero de un cajero automático sino también se puede hacer un depósito y pedir el saldo de las cuentas corrientes o de ahorros. Es un fenómeno que también facilita la retirada de dinero cuando uno viaja al extranjero. Hoy en día, en muchos países, se puede usar la tarjeta de débito e ir a un cajero automático para retirar dinero. Hay varias maneras de sacar dinero cuando uno viaja al extranjero. Muchos viajeros compran cheques de viajero y los cobran en bancos, casas de cambio e incluso en algunos hoteles. Pero esto lleva una comisión y el **tipo de cambio** es inferior al tipo de las tarjetas de débito y de crédito. Antes de hacer su próximo viaje, asegúrese si puede viajar con plástico.

Además de los bancos, existen organizaciones como **El Banco Mundial, El Banco Interamericano de Desarrollo (BID)** y El Fondo Monetario Internacional (FMI) que se especializan en hacer préstamos con un interés bajo a países en vías de desarrollo. Estas organizaciones también invierten grandes cantidades de dinero en estos países para ayudarlos a pagar las grandes deudas que han acumulado **debido a** cambios económicos mundiales y a las devaluaciones que ha experimentado su moneda. Estas devaluaciones ayudan, **a la larga**, a estabilizar la moneda de cada país.

La bolsa de valores es un medio importante pero **arriesgado** para **invertir** dinero. Los **accionistas** o **tenedores de acciones** reciben dividendos que representan las ganancias divididas en partes iguales de una compañía. Las **corredoras bursátiles** venden y compran acciones para los **inversionistas** que son divididas entre **acciones listadas**[1] y **no listadas**[2] y entre acciones **ordinarias**[3] y **preferentes**[4]. La manera tradicional de comprar y vender acciones es a través de un/a **agente** o **corredor/a de bolsa** que trabaja como intermediario/a entre el vendedor y el comprador y que recibe una comisión del bolsista del inversionista. El agente le ayuda a negociar las acciones listadas en las bolsas mundiales. La revolución del Internet **ha hecho** grandes avances en el corretaje de los Estados Unidos, y ahora se puede comprar y vender acciones por Internet. En España y Latinoamérica el **corretaje** virtual está mucho menos avanzado, pero en el próximo futuro veremos grandes avances. Charles Schwabb & Co. es una de las corredoras con más presencia en Latinoamérica y una de las mayores corredoras en el Internet. Esta corredora quiere ampliar sus servicios virtuales en Hispanoamérica.

En el mundo de las finanzas la percepción es la realidad. El valor de las acciones de una empresa, visto en **alzas y bajas**[5] en el mercado, está afectado por muchas variables externas. Éstas incluyen la percepción pública de la empresa (nuevos competidores, el ciclo de la industria...), la economía nacional en términos generales (recesiones, inflación, **bolsa alcista, bolsa bajista**...), la situación política mundial (guerras, crisis regionales, devaluaciones de monedas...) y la **tasa de interés.** Esta última es determinada por el Banco central de cada país. Para proteger al público y mantener la estabilidad económica, el gobierno de cada país determina el porcentaje de dinero que cada banco debe guardar en sus reservas. El público, tanto como los bancos, pueden comprar **bonos del Estado** con una determinada tasa de interés, prestando así dinero al Estado. Esta manera de invertir es menos arriesgada que jugar a la bolsa pero **devenga** menos interés.

---

[1]Listed stocks or shares are bought and sold on the major stock exchanges, i.e., Wall Street.
[2]"Over the counter" (OTC) stocks are usually traded electronically, not over the major stock exchanges.
[3]Common stock represents shares that are divided into equal parts of a company. Shareholders receive dividends only if the company is making money. The shareholders hold the right to vote and are paid after the dividends have been paid to the preferred stockholders.
[4]Preferred stock is equity that pays a dividend at a fixed rate, normally lower than the dividend paid for common stock. Preferred stockholders are paid first if the company goes bankrupt, thus **las acciones preferentes** are considered safer. Shareholders do not normally carry voting rights.
[5]El Dow Jones del Wall Street Journal en EE.UU., el Ibex en España y el Nikkei en Tokio son algunos de los índices bursátiles que anuncian la tendencia de la bolsa.

II. Vocabulario activo

Sustantivos

las **acciones listadas/no listadas/ordinarias/ preferentes** *listed/"over the counter"/ common/preferred stock*

los **accionistas**, los **tenedores de acciones** *stockholders*

el/la **agente**, el/la **corredor/a de bolsa** *stock broker*

El Banco Mundial *The World Bank*

El Banco Interamericano de Desarrollo (BID) *Interamerican Development Bank*

la **bolsa (de valores)**, el **mercado de valores** *stock market*

el **bono del Estado** *government bond, treasury bond*

el **cajero automático** *ATM*

el **cheque al portador** *check to the bearer*

el **conjunto** *whole, entirety*

✔las **corredoras (bursátiles)** *brokerage firms*

el **corretaje** *brokerage*

la **cuenta corriente**, la **cuenta de ahorros** *checking account/savings account*

✦ la **hipoteca** *mortgage*

el/la **inversionista** *investor*

la **matrícula** *tuition*

la **moneda (extranjera)**, las **divisas** *(foreign) currency*

las **monedas (sueltas)** *(loose) coins*

las **oficinas de cambio**, las **casas de cambio** *currency exchange offices*

el **plazo de pago (fijo)** *(fixed) term of payment*

el **saldo** *balance*

✦la **sucursal** *branch (of a bank or company)*

el **talonario**, la **libreta de cheques**, la **chequera** *checkbook*

✦la **tasa de interés** *interest rate*

✦el **tipo de cambio** *rate of exchange*

la **ventanilla** *cashier's window*

Verbos

cambiar *exchange, change*

cobrar *to cash; to charge*

depositar, hacer un depósito, ingresar *to make a deposit*

devengar *to yield, earn (interest)*

firmar *to sign*

guardar *to keep*

ha hecho *has made*

invertir (ie) *to invest*

llevar a cabo *to carry out*

pagar en efectivo/con tarjeta de crédito/con cheque *to pay in cash/with a credit card/with a check*

pedir (i) cambio *to ask for change*

sacar, retirar *to take out*

Adjetivos y adverbios

arriesgado *risky*

Expresiones

a la larga *in the long run*

alzas y bajas *highs and lows*

la **bolsa**/el **mercado alcista** *bull market*

la **bolsa**/el **mercado bajista** *bear market*

debido a *due to*

Los números cardinales

1 uno	11 once	30 treinta	200 doscientos/as[6]	2.000 dos mil
2 dos	12 doce	31 treinta y uno	201 doscientos uno	10.000 diez mil
3 tres	13 trece	40 cuarenta	300 trescientos	120.000 ciento veinte mil
4 cuatro	14 catorce	50 cincuenta	400 cuatrocientos	500.000 quinientos mil
5 cinco	15 quince	60 sesenta	500 quinientos	1.000.000 un millón[8]
6 seis	16 dieciséis	70 setenta	600 seiscientos	1.000.000.000 mil millones
7 siete	17 diecisiete	80 ochenta	700 setecientos	1.000.000.000.000 un billón
8 ocho	18 dieciocho	90 noventa	800 ochocientos	
9 nueve	19 diecinueve	100 cien	900 novecientos	
10 diez	20 veinte	101 ciento uno	1.000[7] mil	

A **Comprensión de lectura.** Escoja la respuesta apropiada para completar cada oración. Más de una respuesta puede ser válida.

1. La banca es el conjunto de
   a. transacciones comerciales.
   b. cuentas corrientes y de ahorros.
   c. bancos y transacciones monetarias.
2. La mayoría de los bancos tienen
   a. cajeros automáticos.
   b. sucursales.
   c. fondos insuficientes.
3. Si no tenemos suficiente dinero para pagar la matrícula pedimos
   a. el saldo.
   b. una inversión.
   c. un préstamo.
4. Si el banco está cerrado, vamos
   a. al Banco Mundial.
   b. al cajero automático.
   c. al extranjero.
5. Cuando cobramos un cheque,
   a. lo firmamos.
   b. lo endosamos.
   c. lo prestamos.

---

[6]Las terminaciones de 200-900 concuerdan con el sustantivo que modifican: tres**cientas** personas; quinien**tos** pesos.

[7]Los puntos representan la coma en inglés y la coma representa el punto: 1.000 = one thousand; 1,75 = 1 point 75.

[8]Con los millones, **hay que usar la preposición de** con un sustantivo: un millón **de** dólares.

GETTING ACQUAINTED WITH THE NEW BANKNOTES AND COINS AND THEIR CURRENT PESO EQUIVALENTS.

As of January 1993, "Nuevos Pesos" (New Pesos) will be placed into circulation. The current banknotes and coins will continue to be used.

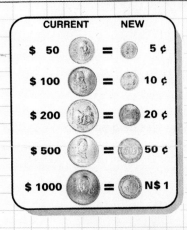

NEW PESO

COINS.

The above figures show the reverse sides of the current Peso and New Peso coins. The front sides bear the National Emblem and the legend "Estados Unidos Mexicanos". For simplicity, only one of the three currently circulating two hundred Peso coins is included, and the current five thousand Peso coin is not shown.

BANKNOTES.

The above figures show the front sides of the current Peso and New Peso banknotes. The reverse sides of the New Peso banknotes will be exactly the same as those of the current Peso banknotes of equivalent value, except for their denomination.

IN MEXICO

6. Si cobramos un cheque de viajero en el extranjero, normalmente
   a. nos cobran una comisión.
   b. nos piden el pasaporte.
   c. nos dan un plazo de pago.

7. Si no sabemos cuánto dinero hay en nuestra cuenta corriente, pedimos
   a. un préstamo.
   b. el saldo.
   c. un talón.

8. Si queremos ahorrar dinero vamos a
   a. una caja de ahorros.
   b. sacar dinero.
   c. ingresar dinero en el banco.

9. El Banco Mundial se especializa en
   a. hacer préstamos a estudiantes.
   b. hacer préstamos a países en vías de desarrollo.
   c. prestar con un interés alto.

10. Dos maneras menos arriesgadas de invertir son
    a. las acciones ordinarias.
    b. las acciones preferentes.
    c. los bonos del Estado.

B **¿Verdadero o falso?** Basándose en la lectura, determine si las siguientes oraciones son verdaderas o falsas. Corrija la oración si es falsa.

1. Los países en vías de desarrollo le prestan dinero al Banco Mundial.
2. Normalmente sacamos dinero de nuestra cuenta de ahorros.
3. El banco cobra intereses por los préstamos.
4. La banca es el conjunto de bancos y todas las transacciones monetarias que los cajeros llevan a cabo.
5. Si no hay fondos suficientes en nuestra cuenta, sacamos dinero.
6. Normalmente, si queremos cobrar un cheque de viajero en el extranjero necesitamos ir al banco o a las oficinas de cambio con nuestro pasaporte.
7. Es gratis cambiar cheques de viajero en el extranjero.
8. Si el banco está cerrado, puedo ir a la ventanilla para sacar dinero.
9. Los inversionistas cobran una comisión a los corredores.
10. Los bonos del Estado representan las ganancias divididas en partes iguales de una empresa.

C **¡Tantas palabras!** Ud. acaba de empezar su nuevo trabajo en el Banco Serfín de México y está muy confundido/a con todas las nuevas palabras bancarias. Organice las siguientes palabras según su categoría.

el corretaje virtual, depositar, El Banco Mundial, la moneda, cobrar un cheque, las acciones ordinarias, los bonos del Estado, los cheques de viajero, invertir, la sucursal, el cajero automático, endosar el cheque, los billetes, las acciones preferentes, los fondos, los ahorros, la ventanilla, sacar dinero, las acciones listadas

1. las transacciones bancarias

_____

_____

_____

_____

_____

3. las instrumentos monetarios de valor

_____

_____

_____

_____

_____

2. las lugares bancarios

_____

_____

_____

_____

4. las inversiones

_____

_____

_____

_____

D **Una nota.** Su amigo Alfredo lleva sólo cinco días trabajando de interno en el Banco Bancomer de México cuando su supervisor se marcha de viaje. Cuando llega al trabajo, encuentra la siguiente nota. Llene los espacios en blanco con las palabras adecuadas.

pasaportes, depositar, billetes, cambiar, un plazo de pago, una cuenta de ahorros, firmar, un interés, cobrarles

> Estimado Alfredo,
>
> Me marcho al extranjero debido a un problema familiar. No se olvide de lo siguiente: primero, cuando lleguen los turistas para ___cambiar___ los cheques de viajero, Ud. necesita pedirles el ___pasaportes___. No se olvide de que necesitan ___firmar___ su nombre con la fecha de hoy. También es necesario ___cobrarles___ una comisión. Cuando los clientes pidan información sobre los préstamos, explíqueles que hay ___un interés___ de 7,5% con ___un plazo del pago___ flexible. Si alguien quiere abrir ___una cuenta de ahorros___, necesita ___depositar___ 1.000 pesos como mínimo. Si alguien pide cambio, no se olvide de darles ___billetes___ grandes y pequeños. Volveré dentro de tres días. Si tiene alguna dificultad, hable con el Sr. Vidal.
>
> Atentamente,
>
> Luis

E **Más vocabulario.** En sus propias palabras, escriba una definición para cinco de los siguientes términos. Después, formen grupos pequeños para competir a ver quién sabe más vocabulario. ¡Al escuchar la definición, la primera persona en decir el término recibirá un punto!

los accionistas	la corredora	las acciones preferentes	invertir
el mercado bajista	jugar a la bolsa	el mercado alcista	arriesgado
los bonos de Estado	acciones listadas	alzas y bajas	la bolsa
el corretaje virtual	devengar	las ganancias	

F **Ahora le toca a Ud.** Con su compañero/a de clase, formule preguntas con todas las palabras anteriores y luego hágale las siguientes preguntas. Después, prepare un perfil (*profile*) de su compañero/a que describa su personalidad y sus actividades financieras para compartirlo con la clase.

1. ¿tener/cuenta corriente/dónde/tasa de comisión?
2. ¿su método preferido de pagar/en el supermercado/restaurante/cine?
3. ¿frecuencia/ir/banco/cajero automático?
4. ¿frecuencia/pagar en efectivo/usar tarjeta de crédito/talonario?
5. ¿tener/tarjetas de crédito/tasa de interés baja/alta?
6. ¿preferir/ahorrar/gastar dinero?
7. ¿jugar/a la bolsa/tener inversiones/tener corredor/plan financiero futuro?
8. ¿usar/ servicios banqueros virtuales?

G **La bolsa o la vida.**°

¿Siente Ud. que se mata trabajando o estudiando? ¿Consigue ahorrar dinero cada mes o cada año? ¿Por qué es tan difícil ahorrar? ¿Cuáles son las prioridades materiales que tiene Ud.? ¿Qué le desagrada de su vida? ¿Tiene deudas? ¿A quién y cuánto le debe?

"Your Money or Your Life"

A continuación se presenta una reseña (*book review*) de un libro que explora el tema del dinero y que ofrece a sus lectores un plan para organizarse mejor.

¿Se gasta más de lo que gana? ¿*Siente*° que *se gana la vida*° o más bien que *se mata trabajando*°? ¿*Le desagrada su trabajo*° pero no puede permitirse dejarlo? ¿Está el dinero fragmentando su tiempo, su relación con su familia y amigos? Si éste es su caso, *La bolsa o la vida* es para usted. Joe Domínguez y Viki Robin recuperaron sus vidas al conseguir tomar el control de sus finanzas. Ambos renunciaron a carreras de gran éxito —y de gran tensión— para vivir más deliberada y significativamente. Ahora, en un libro riguroso y lleno de inspiración, nos explican las nueve *etapas*° de su programa para mostrarnos cómo:

Do you feel; you're making a living; or rather killing yourself working?; Does your work displease you

stages

- salir del *endeudamiento*° y conseguir ahorrar
- reorganizar las prioridades materiales y vivir bien con menos
- resolver los conflictos internos entre valores y estilos de vida
- convertir los problemas en oportunidades para aprender nuevos oficios
- conseguir que su vida sea *un todo integrado*°
- salvar el planeta mientras ahorramos dinero
- y mucho más

debt

an integral whole

"Lectura obligatoria para todo el mundo", Dr. Bernie Siegel

Extraído de *El Eco de Virginia*

1. **Impresiones personales.** Basándose en las preguntas de la actividad anterior, identifique los cinco problemas más importantes para Ud. y su compañero/a. Después, hablen de cada tema y apunten dos posibles soluciones para cada uno.

PROBLEMA	UNA SOLUCIÓN	OTRA SOLUCIÓN

2. **¡Compartan sus ideas!** En grupo, elijan uno de los cinco temas mencionados arriba y hagan una presentación persuasiva a la clase. Incluyan un mínimo de cinco estrategias que todos puedan implementar en su vida para mejorar la situación actual y expliquen la importancia para la sociedad. Usen ilustraciones gráficas para hacer una presentación con más impacto.

3. Con dos compañeros, cree un diálogo original para presentar a la clase basándose en el dibujo.

III. Más terminología comercial

pagar al contado
to pay in full
pagar a plazos
to pay in installments

financiar las inversiones
to finance investments
establecer crédito
to establish credit

ir a la bancarrota, declararse en quiebra	**el tenedor**
to go bankrupt	holder, bearer
el cheque sin fondos/en descubierto	**llenar/rellenar el formulario/ la planilla/el impreso**
overdrawn check	to fill out the form
girar un cheque	**remontarse**
to issue a check	to go back (to)

Modismos y refranes

cuesta un ojo de la cara	it costs an arm and a leg
en un santiamén	in a jiffy, quickly
es una ganga	it's a bargain

Complete el párrafo usando las palabras y expresiones de la lista.

◄ PRÁCTICAS ►

Yo soy muy cuidadosa con el dinero. Por ejemplo, cuando llega la factura de la tarjeta de crédito, prefiero pagarla _____ cada mes porque si no, hay que pagar intereses. La única razón por la cual tengo una tarjeta es para _____. Eso es importante si luego quieres comprar una casa. Tengo una amiga que es un desastre con el dinero. De hecho, está pensando en _____ porque tiene tantas deudas que no puede pagarlas. Una vez tuvo que pagar $50 a una tienda por escribir un _____. ¡Casi llamaron a la policía! ¡Me da pena pero la verdad es que nunca me escucha cuando le doy consejos! Yo sólo tengo un préstamo que pago _____ que es para mi coche. El préstamo es por cinco años con un tipo de interés de 7% y pago unos $275 al mes. Es un coche doméstico muy económico. ¡Ya sabes que los coches importados cuestan _____! Prefiero ahorrar dinero para _____. Ya tengo unas acciones en una empresa pequeña de biomedicina que tiene mucho futuro. ¡A ver si me hago millonaria!

¡EXPLOREMOS POR VIDEO!

De viaje: "México Colonial"

Vocabulario útil del video

el antepasado *ancestor*	**experimentar** *to experience*
arbolado *has trees*	**principal** *main*
la artesanía *handicrafts*	**el pueblo** *town*
convivir *to coexist*	**remontarse** *to go back to*
diariamente *daily*	**el sabor** *taste*
la época *era*	**el siglo** *century*
el estilo *style*	

Nota cultural

Como en todos los países hispanos, en México es típico ir al mercado todos los días para comprar comida fresca. Prefieren hacer la compra diariamente en vez de congelar (*freeze*) la comida durante mucho tiempo.

A Explique cada término con una oración según la información presentada en el video.

1. el zócalo
2. el mole
3. la artesanía
4. la Conquista
5. la época colonial de México

B En pareja, contesten las siguientes preguntas y prepárense para explicar sus respuestas a la clase.

1. En el video dicen que en algunos pueblos la gente vive como sus antepasados. ¿Cuáles son algunas de las cosas que hacen como las hacían antiguamente? ¿Hay cosas que Uds. siguen haciendo como sus antepasados?
2. ¿Cuál es el papel social del zócalo en la cultura mexicana? ¿Hay un lugar equivalente en los pueblos de los Estados Unidos? ¿Por qué son importantes para una sociedad lugares públicos como el zócalo?
3. Expliquen las diferencias y similitudes entre hacer la compra (*to do the grocery shopping*) en México y en los Estados Unidos. ¿Cuáles son las ventajas y desventajas de cada manera de hacer la compra?
4. ¿Cómo conviven el elemento indígena y el elemento español en la cultura mexicana? ¿En qué partes de los Estados Unidos se ve una mezcla (*mixture, blend*) de dos culturas?
5. Describan el típico pueblo colonial de México.

C Mire el video otra vez y llene los espacios en blanco con las palabras que faltan.

Visitar la parte interior de México es vivir _____ pasadas y _____ el romanticismo de Europa sin tener que cruzar el Atlántico. Se ve la _____ _____ por todas partes; en la arquitectura, las _____ al estilo barroco, las calles pavimentadas con piedras y las _____ arboladas. La época colonial en México empezó con la _____ española en mil quinientos veintiuno y terminó precisamente _____ años más tarde cuando México consiguió la independencia de España. Por todo México se puede encontrar _____ y aldeas coloniales, cada uno con su propio _____, su propio _____. La plaza principal, llamada el zócalo, sigue siendo el centro de toda actividad _____ y _____. Es aquí donde se celebran fiestas y festivales y donde se reúne simplemente para _____ _____ a la gente. Ves los _____ como éste en San Cristóbal donde acude la gente diariamente igual que hacían sus _____ para comprar los productos más _____. En el sur de México está el pueblo colonial de Oaxaca reconocido por su _____ singular; el famoso _____, una rica salsa de _____ que se come con carne o pollo. La _____ local refleja la influencia _____ por los colores, los diseños y la practicalidad. El origen de la artesanía mexicana se remonta a la época _____ y es un fiel reflejo de la rica cultura e historia del pueblo mexicano. Se puede ver claramente el elemento indio y el elemento español _____ armoniosamente en la arquitectura del _____ dieciséis y una forma de vida que _____ _____ muy poco tras los siglos.

ESTRUCTURAS FUNDAMENTALES

Repaso gramatical
■ ■ ■

I. Presente simple: verbos irregulares con cambio en el radical.

A. Existen múltiples verbos que cambian en el radical. Como observamos, todos estos verbos son irregulares a menos que en las formas de **nosotros** y **vosotros**.

querer (e>ie)		contar (o>ue)		pedir (e>i)	
quiero	queremos	cuento	contamos	pido	pedimos
quieres	queréis	cuentas	contáis	pides	pedís
quiere	quieren	cuenta	cuentan	pide	piden

e>ie	o>ue	e>i
atender	costar	conseguir[9]
calentar	demostrar	despedir
cerrar	devolver	elegir
comenzar	doler	impedir
empezar	dormir	medir
entender	oler[10]	reír
invertir	encontrar	reñir
pensar	jugar[11]	repetir
perder	llover	seguir[9]
preferir	morir	servir
recomendar	mostrar	
sentir	poder	
	sonar	
	recordar	
	volver	

Verbo especial: El verbo **adquirir** tiene el cambio **i** a **ie:** adquiero, adquieres, adquiere, adquirimos, adquirís, adquieren

---

[9]Los verbos que acaban en **guir** pierden **u** en la forma de yo: **consigo, consigues,** etc.; **sigo, sigues,** etc.

[10]**Oler** se conjuga: **huelo, hueles, huele, olemos, oléis, huelen.**

[11]**Jugar** es una excepción en que el radical cambia de **u>ue: juego, juegas, juega, jugamos, jugáis, juegan.**

B. Hay otros verbos como **tener** que tienen un cambio en el radical y una forma irregular de **yo.**

> tener: tengo, tienes, tiene, tenemos, tenéis, tienen
> decir: digo, dices, dice, decimos, decís, dicen
> venir: vengo, vienes, viene, venimos, venís, vienen

A Un nuevo empleado acaba de llegar al banco donde Ud. trabaja y es muy chismoso (*gossipy*). Quiere saber algo de las siguientes personas. Explíquele quién es quien y qué hacen v según lo que ve en el dibujo.

PRÁCTICAS

1. Andrea, nuestra cajera, __Cuenta__ (contar) el dinero muy rápidamente y separa los billetes grandes de los pequeños en un santiamén. Ella __entiende__ (entender) el inglés bastante bien así que __puede__ (poder) hablar con muchos turistas. Ella __quiere__ (querer) ser rica un día así que __juega__ (jugar) a la lotería cada semana. Es muy abierta y simpática.

2. Alfredo, nuestro ayudante, __prefiere__ (preferir) hablar con los otros empleados que trabajar. Es un poco perezoso y siempre __vuelve__ (volver) tarde de comer. Pero él __entiende__ (entender) bastante de las inversiones, si Ud. __tiene__ (tener) algunas preguntas.

3. Los clientes siempre ___viene___ (venir) con mucha prisa. ¡Son muy impacientes! No ___tiene___ (tener) mucho tiempo y ___quieren___ (querer) todo muy rápido. Algunos viven para mañana e ___invierten___ (invertir) todo su dinero. Otros viven al día y ___prefieren___ (preferir) sacarlo y gastarlo.

4. El jefe es un poco gruñón (*grouchy*). Él me ___riñe___ (reñir) con frecuencia si yo no ___recuerdo___ (recordar) algo. Yo ___sigo___ (seguir) sus instrucciones, pero a veces no ___entiendo___ (entender) algo de lo que él me ___dice___ (decir). Él ___viene___ (venir) a mi oficina y me ___repite___ (repetir) las mismas instrucciones. Es mejor sonreírle y decirle "de acuerdo", "muy bien", "ahora sí ___entiendo___" (entender) porque de verdad él no ___despide___ (despedir) a nadie.

B Ud. se prepara para un viaje a Veracruz para abrir una nueva sucursal del "Banco de Bajo Interés". Antes de salir, Ud. necesita poner en orden cronológico los siguientes preparativos. Escríbalos en la forma de **yo**.

cerrar la cuenta de ahorros/ir al banco/pedir el saldo de su cuenta de ahorros/salir del banco/volver a casa/conseguir más cheques de viajero/firmar los cheques/encontrar su carnet de identidad

1. ___Cierro___
2. ___Voy___
3. ___Pido___
4. ___Salgo___
5. ___Vuelvo___
6. ___Consigo___
7. ___Firmo___
8. ___Encuentro___

C **Actividades.** Unos estudiantes de su universidad acaban de llegar a Guadalajara para aprender español en la Universidad Autónoma y primero van al banco. Explique Ud. las actividades de ellos. Use palabras como: **primero, luego** y **finalmente...**

1. Raquel/encontrar su pasaporte en su mochila
   Primero...
   Ella/mostrarle el pasaporte a la cajera
   Luego...
   Ella/cobrar sus cheques de viajero
   Finalmente...
2. Susana/pedir información sobre su cuenta de ahorros
   Ella/cerrar su cuenta de ahorros
   Ella/invertir todo en la bolsa.
3. Luis y Jaime/contar los billetes grandes
   Ellos/devolver los billetes grandes por pequeños
   Ellos/pedir monedas sueltas para el teléfono

D **Entrevista.** Pregúntele a su compañero/a de clase sobre las actividades a continuación.

1. ¿conseguir ahorrar dinero?
2. ¿pensar invertir a través del corretaje virtual?
3. ¿tener muchas deudas?
4. ¿jugar a la lotería/a la bolsa?
5. ¿preferir pagar en efectivo o con una tarjeta de crédito?
6. ¿entender cómo invertir en la bolsa?
7. ¿recordar la tasa de interés de tu tarjeta de crédito?
8. ¿querer trabajar de agente de bolsa?
9. ¿pedir un préstamo para la matrícula?
10. ¿seguir con el mismo banco por mucho tiempo?

II. El modo imperativo: los mandatos formales de Ud. y Uds.

El modo imperativo expresa orden, instrucción o mandato.

A. Para formar un mandato formal en español, necesita saber la forma de **yo** del verbo en el presente. Luego se añaden las siguientes terminaciones:

	Ud.	Uds.		
hablar **habl**/o	e	en	hable Ud.	hablen Uds.
comer **com**/o	a	an	coma Ud.	coman Uds.
escribir **escrib**/o	a	an	escriba Ud.	escriban Uds.
cerrar **cierr**/o			cierre Ud.	cierren Uds.
conducir **conduzc**/o			conduzca Ud.	conduzcan Uds.
decir **dig**/o			diga Ud.	digan Uds.
elegir **elij**/o			elija Ud.	elijan Uds.
pedir **pid**/o			pida Ud.	pidan Uds.
salir **salg**/o			salga Ud.	salgan Uds.
seguir **sig**/o			siga Ud.	sigan Uds.
tener **teng**/o			tenga Ud.	tengan Uds.
volver **vuelv**/o			vuelva Ud.	vuelvan Uds.

 ¡OJO!

g > gu antes de e: lle**gue**/lle**guen**
z > c antes de e: empie**ce**/empie**cen**
c > qu antes de e: sa**que**/sa**quen**

B. Los irregulares. Si la forma presente de **yo** no termina en **o,** el mandato es irregular. Los siguientes verbos tienen forma irregular.

dar:	**dé/den**	ir:	**vaya/vayan**
estar:	**esté/estén**	saber:	**sepa/sepan**
ser:	**sea/sean**		

C. Para formar la negativa simplemente hay que poner **no** antes del verbo.

No se vaya Ud.
No practiquen Uds. el fútbol ahora.
No salga Ud. sin permiso.

D. En situaciones informales y muchas veces para hacer una sugerencia (*Let's...*) se usa la forma de **ir** + **a** + infinitivo:

Ejemplos: (formal)   Cenemos juntos.
           (sugerencia)   Vamos a cenar juntos esta noche.

E. Se usa el infinitivo para dar instrucciones u órdenes impersonales:

Ejemplos: No fumar.   No estacionar.

A El contable Sr. Pérez es muy tímido y no quiere insultar a nadie. Ayúdele a estar más seguro de sí mismo (*be more confident*) cambiando los verbos a continuación a un mandato formal.

—Srta. Olmeda, _____ (tener) más cuidado con la fotocopiadora, por favor. No es un juguete. Y, a propósito, no _____ (volver) tan tarde de comer y _____ (poner) los impresos en su sitio. No _____ (empezar) ningún trabajo que no va a terminar. Dos cosas más, _____ (cerrar) la puerta con llave antes de salir y _____ (llegar) a tiempo mañana.

Ahora, un poco molesta, la Srta. Olmeda quiere decirle al Sr. Pérez algunas cosas.

—Sr. Pérez, por favor, _sea_ (ser) más paciente conmigo. No _esté_ (estar) enfadado porque a veces llego un poco tarde. No me _____ (decir) que Ud. nunca llega tarde. Y, por cierto, ¿por qué está tan serio hoy?

B Varios estudiantes de su universidad están estudiando en Mérida y están un poco confundidos. Ayúdeles a solucionar sus problemas utilizando los siguientes mandatos.

> **Ejemplo:** Quiero cambiar $50 en cheques de viajero. (sacar su pasaporte)
> *Saque su pasaporte, por favor.*

1. No sé nada sobre los intereses de un préstamo. (pedir información)
2. Tenemos $3.000 en nuestro hotel. (hacer un depósito)
3. ¿Dónde podemos cambiar estos cheques de viajero? (ir a la ventanilla)
4. Hay muchas inversiones interesantes. (invertir Uds. sus ahorros)
5. No nos gusta el servicio de este banco. (cerrar su cuenta y buscar otro banco)

C Ud. trabaja de agente de bolsa y quiere hacer sugerencias a su compañero/a de clase que es un/a cliente suyo/a. Construya mandatos con los verbos a continuación.

1. jugar a la bolsa...
2. sacar su dinero de...
3. cerrar su cuenta de...
4. invertir sus ahorros en...
5. comprar acciones...
6. no depositar sus dividendos en...
7. no ir a otro/a...
8. averiguar sobre...

Averigüe

III. Pronombres de los complementos directos.

me	nos
te	os
lo/la	los/las

A. Un pronombre del complemento directo normalmente se coloca inmediatamente antes del verbo y sustituye el complemento directo.

Deposito el cheque.	>	**Lo** deposito.
Sacamos los billetes.	>	**Los** sacamos.
Cierran la cuenta.	>	**La** cierran.
Eduardo conoce a nosotros.	>	**Nos** conoce.

B. Cuando hay dos formas verbales, el complemento puede colocarse antes del verbo conjugado o al final del infinitivo o participio presente.

con un infinitivo: **lo** voy a firmar/voy a firmar**lo**
con un participio presente: **la** están guardando/están guardándo**la**[12]

C. Es necesario añadirlos a un mandato afirmativo: escríba**los**[12].
Con los mandatos negativos se colocan antes del verbo: no **los** escriba.

PRÁCTICAS   **A** Su supervisora le contesta a Ud. sus preguntas relacionadas a las transacciones en el banco. Conteste las preguntas en forma afirmativa y negativa, usando **sí** y **no.**

Ejemplos: ¿Cuento el dinero? *Sí, cuéntelo./ No, no lo cuente.*
¿Empezamos la reunión? *Sí, empiécenla./No, no la empiecen.*

1. ¿Firmo los cheques?
2. ¿Deposito los ingresos?
3. ¿Consigo la información?
4. ¿Atendemos a los inversionistas?
5. ¿Devolvemos los recibos?
6. ¿La llamo a Ud. si necesito ayuda?
7. ¿Pido el saldo?
8. ¿Cerramos las cuentas de ahorros?
9. ¿Vendemos los cheques de viajero?
10. ¿Cobramos una comisión?

Los muralistas mexicanos como Drego Rivera siempre pintaban con un mensaje sociopolítico.

[12]The stressed vowel of the verb requires a written accent mark to maintain that stress when adding object pronouns to present participles or affirmative commands.

B Su jefe va a viajar a México este verano. Nunca ha salido al extranjero. Dele consejos usando los mandatos formales, reemplazando los complementos directos por los pronombres apropiados.

> **Ejemplo:** ¿Alquilo **el carro** en Cancún?
>
> *No, no lo alquile en Cancún. Alquílelo en Mérida.*

1. ¿Llamo **a mis padres** todos los días?
2. ¿Llevo **las maletas** conmigo a ver las pirámides?
3. ¿Hablo **inglés** todo el tiempo?
4. ¿Llevo **la chequera** al extranjero?
5. ¿Cobro **todos los cheques de viajero** al llegar al aeropuerto?
6. ¿Pruebo **la comida típica**?
7. ¿Debo llevar **ropa de invierno**?
8. ¿Compro **artesanía** en el mercado?
9. ¿Visito **el Zócalo y el Museo de Antropología**?
10. ¿Aprendo a bailar **La Bamba**?
11. ¿Cambio **dólares** por pesos?
12. ¿Hago **una excursión** a Chichén-Itzá?

IV. Verbos reflexivos

Los verbos son reflexivos cuando el mismo sujeto hace y recibe la acción del verbo. El infinitivo de un verbo reflexivo termina en **-se**.

> **Ejemplos:** ducharse   (*to take a shower*)
>
> preocuparse   (*to get worried*)

La construcción reflexiva consiste en un verbo acompañado de un pronombre reflexivo en cualquier tiempo gramatical.

Presente simple de indicativo del verbo **levantarse** (*to get up*)

(yo)	**me**	levanto	(nosotros/as)	**nos**	levantamos
(tú)	**te**	levantas	(vosotros/as)	**os**	levantáis
(Ud., él, ella)	**se**	levanta	(Uds., ellos, ellas)	**se**	levantan

Presente simple de indicativo de verbos que cambian en el radical

	acostarse: o>ue (*to go to bed*)		**divertirse: e>ie** (*to have fun*)		**vestirse: e>i** (*to get dressed*)	
(yo)	**me**	acuesto	**me**	divierto	**me**	visto
(tú)	**te**	acuestas	**te**	diviertes	**te**	vistes
(Ud., él, ella)	**se**	acuesta	**se**	divierte	**se**	viste
(nosotros/as)	**nos**	acostamos	**nos**	divertimos	**nos**	vestimos
(vosotros/as)	**os**	acostáis	**os**	divertís	**os**	vestís
(Uds., ellos, ellas)	**se**	acuestan	**se**	divierten	**se**	visten

Estos verbos no siempre se usan en la forma del reflexivo. Depende si la acción afecta a uno mismo o a otros.

La mamá acuesta a la niña y la hermana mayor se acuesta sola.

Mandatos formales de los verbos reflexivos:

afirmativo	negativo
acuéstese Ud./acuéstense Uds.	no se acueste Ud./no se acuesten Uds.
diviértase Ud./diviértanse Uds.	no se divierta Ud./no se diviertan Uds.

A **¿Cuál es su rutina diaria?** Use diez de los siguientes verbos reflexivos para completar la tabla. Incluya la hora cuando hace cada actividad también.

levantarse	irse para la oficina	despertarse (ie)	prepararse la cena
ducharse	acostarse (ue)	irse a casa	ponerse a trabajar
vestirse (i)	prepararse el café/té	divertirse (ie)	

⇒	⇒	⇒	⇒
Ejemplo: *Me despierto a las seis de la mañana.*			

⇐   ⇐   ⇐   ⇐

B Entrevístele Ud. a su compañero/a para saber qué tipo de persona es. Apunte sus respuestas en una hoja de papel. ¡Después, presente a su compañero/a a la clase!

1. ¿Cuándo se pone su compañero/a nervioso/a?
2. ¿Qué hace para no sentirse nervioso/a?
3. ¿Se enfada con mucha frecuencia? ¿Con quién y por qué?
4. ¿De qué se preocupa? ¿El futuro, la salud, el dinero, la familia, los estudios?
5. ¿Cómo se divierte en su tiempo libre? ¿Con quién se divierte más?

V. Adverbios

Los adverbios modifican a un verbo:	Están bailando **rápidamente.**
un adjetivo:	El cajero es **muy** distraído.
otro adverbio:	Hablamos **bastante** bien.

Expresan relación de cantidad:	Trabajamos **mucho.**
de lugar:	La fábrica está **cerca** de aquí.
de modo:	Las reuniones terminan **bien.**
de tiempo:	Los pedidos llegan **mañana.**
de afirmación:	**Verdaderamente** se casaron.
de negación:	**Nunca** vamos en taxi.

A. Es necesario añadir **-mente** (*English suffix ly*) a los adjetivos para formar la mayoría de los adverbios en español. Hay tres reglas importantes para formar adverbios.

B. Si el adjetivo termina en **o,** se agrega la terminación **-mente** a la forma femenina/singular.

rápido > rápida > rápidamente

Si el adjetivo termina en **e** o cualquier consonante, se agrega la terminación **-mente** a la forma singular.

constante   > constantemente
fácil   > fácilmente

Cuando dos adverbios modifican un verbo, solamente el segundo lleva la terminación **-mente** y el primero está en la forma femenina del adjetivo.

Ejemplo: Los profesores hablan lenta y claramente.

C. **Bueno** y **malo** cambian a **bien** y **mal.**

Ejemplos: Soy buena cantante y también toco la guitarra bien.
Ud. es malo en el mus (*Spanish card game*) porque juega mal.

D. **Mucho, poco, más, menos, mejor, peor** y **bastante** son adjetivos y adverbios.

Ejemplos: Ella habla mucho de sus muchos amigos.
Tengo menos dinero porque trabajo menos que todos.

PRÁCTICAS **A** Conteste las preguntas con la forma correcta del adverbio de los adjetivos a continuación.

¿Cómo reacciona...

1. una persona nerviosa? _____
2. una persona muy impulsiva? _____
3. una persona lenta? _____

¿Cómo maneja
1. una persona impaciente? _____
2. una persona seria? _____
3. una persona responsable? _____

B Llene los espacios con la forma adverbial del adjetivo más apropiado.

puntual   normal   cómodo   directo
tranquilo   frecuente   fácil

1. La empresa donde trabajo deposita la nómina (*paycheck*) de todos los empleados _____ en nuestra cuenta corriente.
2. _____ mucha gente usa la tarjeta de crédito cuando va de compras porque paga _____ sin tener que ir al banco a sacar dinero.
3. No nos gusta llegar tarde; preferimos llegar _____.

4. Me encantan los servicios virtuales que ofrece mi banco. Ahora, puedo acceder a mis cuentas bancarias _____ a cualquier hora del día.

5. Cuando no tengo nada que hacer me siento _____ en el sofá y leo el periódico.

C Describa el dibujo con un mínimo de cinco oraciones utilizando un adverbio en cada una.

VI. Palabras que engañan.

Existen varias palabras que nos confunden (*confuse*) fácilmente. Para dominar el español es importante entender sus significados. A continuación tiene los usos de cada una.

pedir (i): *to ask for something or that someone do something; to order*
preguntar: *to ask a question*
preguntar por: *to inquire about something or someone*
hacer una pregunta: *to ask a question*

pedir (i) prestado: *to borrow*
prestar: *to lend*

asistir (a): *to attend (class, meeting...)*
atender (a) (ie): *to take care of, look after; to wait on; to serve; to pay attention*
ayudar (a): *to help, assist*

mover(se) (ue): *to move (shake; switch positions or locations)*
mudarse: *to move, change residence*
traspasar(se): *to move, relocate (a company, store...)*

 Escoja el verbo y conjuguelo en el tiempo correcto si es necesario.

Pedir/preguntar/hacer una pregunta/preguntar por

1. Antes de invertir dinero en una empresa, yo siempre _____ información financiera y estudio las novedades en ese sector.
2. Le voy a _____ al profesor de economía cuándo es el examen. Soy la única en la clase que siempre _____.
3. En el restaurante tú siempre _____ el mismo plato. El camarero ya te conoce y siempre me _____ ti.

Pedir prestado/prestar

4. El banco _____ dinero a un interés cuando sus clientes lo _____.
5. Tú nunca debes _____ tu coche.

Asistir/atender/ayudar

6. Los empleados que _____ a los talleres profesionales en su campo, piensan que pueden _____ mejor a los asuntos (*affairs*) laborales. Estos cursos les _____ a aprender las estrategias más avanzadas.
7. Cuando _____ a una cita en la empresa de mi esposo, la secretaria siempre me _____ con una sonrisa y un café.

Mover(se)/mudarse/traspasarse

8. Tú eres una persona muy nerviosa y siempre _____ mucho. Yo, al contrario, soy muy tranquila y no _____ más de lo necesario.
9. La oficina de mi corredora bursátil _____ a la Calle Bermúdez, 5 para estar en la zona financiera de la ciudad.
10. La corredora quiere dejar su puesto en la Bolsa de Nueva York y _____ a Londres para trabajar en la Unión Europea.

A C T I V I D A D E S   C O M U N I C A T I V A S

I. ¡Escuchemos!

A **¡Tantos números!** Escuche las noticias financieras y ponga un círculo en el número que corresponde a cada dato.

1. El dólar =	9,7	9,6	7,9	pesos.
2. Los títulos de Televisa ganaron	8,1	80,3	8,2	por ciento.
3. El índice Nasdaq subió	23	25,3	23,3	puntos.
4. Las acciones de Oracle cayeron	7	37	3,7	dólares.
5. Hay más noticias a las	7	6	3	de la tarde.
6. Los títulos de Telmex ganaron	98	8,9	9,8	por ciento.
7. La Bolsa de Tokio perdió	145,3	154,3	143,5	puntos.
8. La Bolsa Mexicana subió	31	1,3	3,1	por ciento.

¿Son verdaderas o falsas las siguientes oraciones según las noticias financieras?

1. Ayer fue un día bueno para las empresas mexicanas en la Bolsa de Nueva York.
2. El aumento de comercio agrícola se ve en los Estados Unidos solamente.
3. El Tratado de Libre Comercio ha tenido efectos negativos sobre el mercado de los granos en EE.UU.
4. El valor de las acciones de Oracle subió ochenta dólares ayer.
5. Son las seis de la tarde.

B Ud. necesita abrir una cuenta bancaria y acaba de escuchar el siguiente anuncio de radio del Bancomax. Complete los apuntes con la información que falta.

Bancomax...
Teléfono 333...
Cuenta corriente sin...
Cuenta de ahorros con tipo de interés...
...cajeros automáticos
Dirección de Internet...
Citas con...

C Escuche la siguiente conversación entre el consejero financiero y el Sr. Domínguez. Marque las cosas que quiere hacer el Sr. Domínguez con una X. Para cada cosa que no quiere hacer, escriba la razón por qué no.

Invertir en la bolsa   _____

Abrir una cuenta de ahorros   _____

Comprar bonos del Estado   _____

Pagar el préstamo   _____

Pagar las tarjetas de crédito   _____

II. Prácticas orales

A **En la Casa de Cambios.** Ud. va a viajar por Latinoamérica y España y quiere saber los cambios de moneda de cada país. Con su pareja, pregúntense sobre las divisas y el cambio de los países siguientes.

Abajo Ud. encontrará el tipo de cambio con respecto al dólar a la fecha de publicar este libro.	
MONEDA	TIPO DE CAMBIO
Peso de Colombia	2.300
Peso de Cuba	1.0000
Peso de Argentina	0,994
Euro (España)	1,17
Quetzal de Guatemala	7,81
Lempira de Honduras	15,66
Peso de México	9,3
Córdoba de Nicaragua	13,4
Balboa de Panamá	1,0
Nuevo Sol de Perú	3,5
Peso de Rep. Dominicana	16,6
Bolívar de Venezuela	721,8

Ejemplo: España/el euro/(1.16 euros)

Economista:	*¿Cuál es la moneda de España?*
Usted:	*Es el euro.*
Economista:	*¿A cuánto está el cambio?/¿Cuál es el tipo de cambio?*
Usted:	*Está a 1.17 euros el dólar.*

1. México/el peso ($Mex)
2. Cuba/el peso
3. Colombia/el peso (Col$)
4. Panamá/el balboa (B)
5. Guatemala/el quetzal (Q)
6. Argentina/el peso (ARS)
7. Nicaragua/el córdoba
8. La República Dominicana /el peso (RD$)
9. España/el Euro
10. Venezuela/el bolívar (B)
11. Perú/el nuevo sol
12. Honduras/el lempira (L)

B **En el periódico.** Mire la información en la lista de divisas y, mirando un periódico local, compruebe (*check*) si los datos de la actividad A son correctos en este momento. Apunte cualquier diferencia.

Ejemplo: Hoy el dólar está a 1.17 euros.

Actividades en pareja. A continuación viene un diálogo entre un/a cliente nuevo/a y un/a empleado/a bancario/a. Llene los espacios en blanco con sus datos personales (verdaderos o imaginarios) y después practique el diálogo con su pareja.

EMPLEADO/A: Hola, _____. ¿En qué puedo servirle?

CLIENTE: Buenos días. Acabo de mudarme a _____ y me

gustaría abrir una cuenta _____.

EMPLEADO/A: Muy bien. Sería un placer. ¿Me puede decir su nombre y

_____?

CLIENTE: Sí, soy _____.

EMPLEADO/A: ¿Cuál es su fecha de _____?

CLIENTE: Nací el _____.

EMPLEADO/A: ¿A qué se dedica Ud.?

CLIENTE: Soy _____.

EMPLEADO/A: ¿Cuál es su _____ y su número _____

_____?

CLIENTE: Por el momento estoy con unos amigos en la calle Santiago,

74. El _____ es el 685-4523.

EMPLEADO/A: De acuerdo, y ¿cuánto dinero le gustaría _____

en su cuenta hoy?

CLIENTE: Me gustaría depositar _____ ahora. También voy

a cambiar estos _____. ¿A _____ está

el cambio?

EMPLEADO/A: El dólar está _____ 9,3 pesos. Deme su _____

_____, por favor. Aquí tiene Ud. su recibo y _____

_____ con sus cheques. Pase a _____ para re-

cibir el dinero.

CLIENTE: Con mucho gusto. _____ por todo y adiós.

D **Conversación dirigida.** Eduardo está en la Ciudad de México en el Banco Bital. Dramaticen con su pareja los papeles de Eduardo y la empleada.

Empleada Bancaria	Eduardo
Greets customer	Returns the greeting and asks if they exchange traveler's checks
Says that they do	Asks the commission
Replies 8%	Says O.K.
Asks his address and phone number and to see his passport	Replies that he is staying in Mexico City, 39 Independence Street. The phone number is 244-8423
Hands him the money and the passport	Asks for a receipt, thanks her, and says goodbye

E **En pareja y luego a dramatizar.** Haga el papel con otro/a estudiante para luego hacer presentaciones a la clase.

I. Quisiera abrir una cuenta bancaria... (personajes: Ud. y un/a empleado/a bancario/a).

Dígale al/a la cajero/a que le gustaría abrir una cuenta corriente e ingresar $1.500. Él le preguntará su nombre, edad, profesión, dirección y número de teléfono. Ud. le preguntará los precios de los cheques y lo que cobran por los cheques sin fondos. También pida información sobre otros servicios del banco como préstamos, cajeros automáticos...

2. Necesito un préstamo... (personajes: Ud. y un/a empleado/a bancario/a). Ahora que Ud. tiene una cuenta bancaria, le gustaría pedir un préstamo para comprar un coche. Pida el tipo de interés para coches nuevos y viejos y el plazo de pago. Explíquele al/a la empleado/a que Ud. es solvente (*you have sufficient money*) y que le gustaría comprar un coche nuevo. Conteste las preguntas que el/la empleado/a le hace en cuanto a su situación financiera.

3. ¿Cómo debo invertirlo? (personajes: Ud. y un/a agente de bolsa). Imagínese que Ud. acaba de heredar $10.000 y necesita ayuda para invertirlo. Recuerde que también tiene una tarjeta de crédito y deudas de casi $3.000. Hable con su corredor/a de las opciones que Ud. tiene en cuanto a cómo invertirlo en la bolsa, pagar las deudas, etcétera. Hablen de las ventajas y desventajas de cada opción antes de tomar una decisión.

III. ¡Escribamos!

A Escriba un folleto (*brochure*) o anuncio (*ad*) para un nuevo banco que acaba de abrirse. Incluya todos los servicios especiales que se ofrecen incluyendo el número de sucursales y cajeros automáticos, tipo de cuentas y tarjetas y depósitos mínimos...

B Ud. acaba de mudarse a un país hispano. ¿Cómo arregla sus asuntos financieros? Escriba un párrafo de por lo menos seis oraciones explicando lo que debe hacer.

C Ud. lleva gastando mucho dinero últimamente y anda mal de fondos (*not doing well financially*). Haga un presupuesto (*budget*) para el próximo mes para ahorrar dinero y poner sus asuntos financieros en orden.

D Lea la "Guía" en la página siguiente. Luego explique que cuando fue a la sucursal del Banco Banamex en la Zona Rosa de México, D.F., Ud. recibió muy mal servicio. Incluya sugerencias para mejorar su servicio utilizando los mandatos formales.

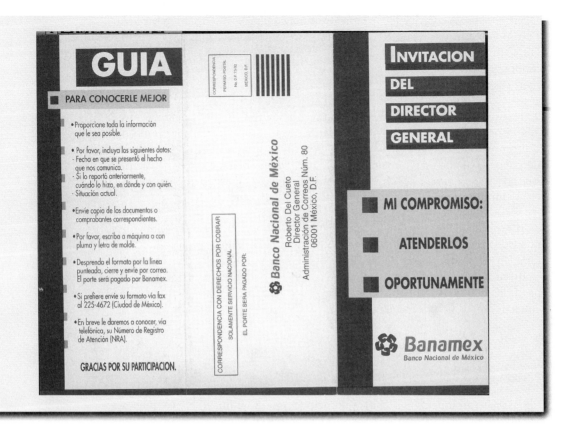

E Ud. trabaja en un banco que acaba de crear una página web con muchos servicios virtuales para sus clientes. Desgraciadamente, muchos ven el Internet como una forma arriesgada de hacer las transacciones bancarias. Diseñe un anuncio para mandar a los clientes explicando los nuevos servicios que ofrece el banco por Internet, las ventajas de hacer las transacciones en el ambiente virtual, las medidas de seguridad que ofrece el banco y los posibles servicios que van a ofrecer en el futuro. Incluya el nombre del banco y su dirección de Internet en el anuncio.

F Lea el siguiente artículo sobre la banca electrónica y después conteste las preguntas.

LOS BANCOS DEBERÍAN ESTAR A FAVOR DEL INTERNET

should be; instead of fearing it; in spite of
a report commissioned by
together with

Los bancos *deberían estar*° a favor del Internet *en vez de temerlo*°, *a pesar de*° los problemas de seguridad y las oportunidades que la Red ofrece a empresas no bancarias. Ésta es la conclusión que se deduce de *un informe encargado por*° la empresa de servicios de informática y consulta *Cap Gemini junto con*° el *Chartered Institute of Bankers*. Otra de las conclusiones del informe es que el Internet ofrece a los bancos la oportunidad de dar a sus clientes servicios nuevos y mejor organizados. Éstos pueden usar la Red para facilitar el acceso de sus clientes a la banca electrónica a través de su actual infraestructura, que no cuesta nada implementar y muy poco utilizar. Los nuevos competidores pueden usar la misma tecnología para ofrecer a sus clientes servicios a través de Internet, pero los actuales bancos deberían utilizarla para que sus empleados tuvieran acceso instantáneo a todo tipo de información sobre el cliente que el banco *almacena*°   *stores* en sus diversas *bases de datos.*° En otras palabras, crear una Intranet eficaz. En el   *data bases* informe se dice también que los bancos tienen una importante ventaja sobre otras empresas que están empezando a ofrecer servicios bancarios. Otra ventaja importante es que el Internet ofrece un amplio acceso a muchos sistemas electrónicos y *abre el camino*° para otros cambios futuros, *como poder utilizar*° la tele-   *opens the way; such as* visión digital y los ordenadores personales para navegar por la Red. El informe   *being able to use* concluye que el coste de crear un banco en Internet se estima en unos 3,2 millones de dólares, cantidad pequeña para cualquier empresa grande que quiera entrar en el mercado de los servicios financieros.

Extraído de *Dinero,* 1997

1. **¿Verdadero o falso?** Basándose en el artículo, determine si las siguientes oraciones son verdaderas o falsas. Corrija la oración si es falsa.
   1. El Internet puede mejorar los servicios bancarios para sus clientes.
   2. El Internet puede ofrecer a sus clientes servicios nuevos a través de la banca telefónica.
   3. El coste de crear un banco en el Internet es una cantidad enorme para cualquier empresa grande.
   4. El Internet ofrece un amplio acceso a muchos sistemas electrónicos.
   5. Una Intranet facilita el acceso instantáneo de los datos personales de los clientes a los competidores.

2. Termine la frase completando las ideas expuestas en el artículo.
   1. El Internet ofrece a los bancos...
   2. Los nuevos competidores pueden...
   3. El banco almacena...
   4. Una Intranet ofrece a los empleados bancarios la posibilidad de...
   5. Según el informe, crear un sistema bancario en Internet cuesta...

3. **Adjetivos.** Para cada sustantivo ponga el adjetivo que aparece con esa palabra en el artículo.

Ejemplo: competidores *nuevos*

1. empresas _____
2. servicios _____ y _____
3. infraestructura _____
4. ordenadores _____
5. otra ventaja _____
6. bases _____
7. una Intranet _____
8. la televisión _____
9. acceso _____
10. cambios _____

PANORAMA CULTURAL

Existen varias maneras de referirse a la capital: México, la Ciudad de México y México D. F.

De viaje por México
■ ■ ■

Antes de leer

Muchas veces son las palabras pequeñas que no entendemos cuando leemos una lectura. Para prepararnos para nuestra lectura vamos a repasar algunas expresiones importantes usando el diccionario al final de nuestro texto, si es necesario. Ponga la palabra o expresión correcta en los espacios sin repetir.

A Preposiciones.

cerca	a través de	antes	a
vía	a lo largo de	por	

1. Vivo _____ cinco minutos del Banco Central. Mi casa está muy _____ del centro comercial.

2. _____ de llegar al banco, voy a pasar _____ el centro.
3. Hay muchos hoteles _____ la playa.
4. Voy a la Ciudad de México _____ St. Louis.
5. Los clientes extranjeros se comunican _____ intérpretes.

B **Preposiciones de dirección.**

al norte	al sur	hacia
al oeste	al este	hasta

1. Veracruz está _____ de Monterrey.
2. Querétaro está _____ de la Ciudad de México.
3. Acapulco está _____ de Veracruz.
4. Solamente vamos a ir _____ Oaxaca en el sur.
5. De Monterrey, para ir a la Ciudad de México vamos _____ el sur.
6. Guadalajara está _____ de Querétaro.

C **Expresiones de tiempo.**

mientras	mañana mismo
antes de	año tras año

1. _____ abrir una cuenta de ahorros necesitamos ahorrar.
2. Vamos a aprender a navegar la Red _____ .
3. _____ las tarjetas de crédito son más populares.
4. _____ Ud. hace los preparativos para nuestro viaje a México, yo voy a ir al banco a sacar dinero.

D **Palabras conectadoras.**

según	tanto... igual que/tanto... como
no obstante	igualmente... que
aunque	no sólo... sino que

1. Se puede comer bien _____ en el norte _____ en el sur.
2. _____ los turistas extranjeros que visitan México, sus playas son preciosas.
3. _____ tengo una tarjeta de crédito, no voy a usarla.
4. Yo sé que María conoce bien Guadalajara. _____ , quiero leer más sobre la ciudad antes de salir.
5. _____ la costa oeste tiene bonitas playas _____ también la costa este es famosa por sus playas.
6. En la Ciudad de México se puede visitar _____ los muchos parques y museos de interés _____ hay discotecas modernas y excelentes restaurantes.

E. Vocabulario. Empareje las palabras de la columna A con sus sinónimos de la columna B.

	A		B
1. _____	época	a.	pueblo
2. _____	bellísimo	b.	encontrar
3. _____	cristalino	c.	no encontrar
4. _____	inolvidable	d.	muy bonito
5. _____	rodeado	e.	período
6. _____	descubrir	f.	circundado
7. _____	perder	g.	siempre se recordará
8. _____	villa	h.	transparente

LOS MUCHOS SOLES DE MÉXICO
por Mari Rodríguez Ichaso

México atrae a millones de turistas de todo el mundo.

ad campaign; suns

La *campaña de promoción*° de México tiene este título: "Los muchos *soles*° de México", y es una frase que describe maravillosamente las razones por las que millones de turistas internacionales visitan México, año tras año.

enjoy
beach resorts

En las diferentes regiones mexicanas —tanto en el Atlántico, igual que en el centro del país— podemos *disfrutar*° de unas vacaciones completísimas con enormes atractivos, especialmente en estos meses del año. De los *balnearios*° de Los Cabos hasta Cancún, pasando por Acapulco e Ixtapa, encontramos igual-

where we can go fishing
sumptuous
Floating Gardens; have been restored; take a ride

mente campos de golf que marinas llenas de barcos *donde irnos de pesca*°, junto a los hoteles más bellos y *sibaritas*° del universo... y todo, bajo el espléndido sol mexicano. En México D. F., por ejemplo, es noticia que los *Jardines Flotantes*° de Xochimilco *han sido restaurados*° según su belleza original... y podemos *pasear*° en sus barcos a través de los canales, que datan de la época azteca, mientras disfrutamos una serenata de mariachis muy emocionante. Para aquellos que gustan de la arqueología, las excavaciones de El Tajín, cerca de la costa del

Golfo, descubren cada día nuevos templos y palacios. Y los *amantes*° de la naturaleza *podrán deleitarse*° con la belleza de los flamencos en Yucatán, o con las *mariposas*° más divinas del mundo en la zona de Morelia.

    He aquí algunas sugerencias, *para que se animen*° a viajar mañana mismo, a cualquiera de las muchas regiones turísticas de México.

lovers
will be able to enjoy
butterflies
so that you will want to

México D. F.

Si visita la capital mexicana por un mínimo de 2 ó 3 días es *imprescindible*° que reserve algunos días adicionales para hacer excursiones *a las afueras*° de la ciudad. Una de ellas debe incluir la ciudad de Puebla, a dos horas de la ciudad y conocida como la "de los mil palacios", donde pueden comprar una divina cerámica de Talavera. La cercana Cholula, con sus cientos de iglesias *y que fuera*° en el año 300 antes de Cristo un "centro ceremonial", es otro de los sitios que *no debe dejar de ver*°... Y después llegarse a Cacaxtla (más o menos 1 hora más) donde han sido descubiertos murales mayas del siglo VII antes de Cristo, y donde muy cerca, en Tlaxcala, hay una villa arqueológica del Club Med muy agradable, en la que se puede pasar la noche si lo desean.

essential
to the outskirts

that was

you mustn't miss

    Otra excursión fabulosa es aquella a las Pirámides de Teotihuacán (a 1 hora de la ciudad), o al centro arqueológico de Tula (a 1 hora y media). La visita a la ciudad de la "plata", Taxco, es también bellísima —*yendo vía*° Cuernavaca— y así podremos descubrir dos ciudades *preciosas*° y de gran importancia histórica, con *calles de adoquines*° y *toneladas*° de historia, en medio de las montañas y de los *paisajes más agrestes*°.

going towards
beautiful
cobblestoned streets; tons
most unspoiled
countryside

La Ruta de la Independencia

Éste es un *recorrido*° bellísimo. Todos los turistas que conocen la Ruta de la Independencia, la recuerdan para siempre como un viaje inolvidable al México colonial. Alquilando un auto en México D. F., se puede ir a conocer: Querétaro (a 2 horas de la capital), el centro de artistas de San Miguel de Allende (a 3 horas), la ciudad de Dolores Hidalgo y, finalmente, Guanajuato (4 horas)... Todo, antes de irnos a Guadalajara, y conocer entonces una de las más bellas ciudades mexicanas.

trip/itinerary

    Querétaro es histórica y tiene un acueducto de bellísimos arcos coloniales; San Miguel de Allende es favorito de los extranjeros que van a vivir a México; Dolores Hidalgo no sólo es parte integral de la historia mexicana, sino que allí se producen cerámicas fabulosas... Y Guanajuato es una *joya*° histórica y artística; una ciudad mágica. Este recorrido puede hacerse entre 2 y 5 días; pero antes de volar a casa, o regresar a México D. F., debe visitarse *sin falta*° el extraordinario lago Pátzcuaro y la isla de Janitzio.

jewel

without fail

    Las playas de México siguen siendo un *imán*° para los turistas. La llamada Riviera mexicana está a lo largo del Pacífico, desde Mazatlán (una ciudad exuberante y con maravillosa pesca), y yendo hacia el sur, nos encontraremos con muchísimos bellos pueblitos coloniales en el camino. Puerto Vallarta es otro de los balnearios de esta "riviera" con una popularidad turística que no cesa; más al sur la región de Manzanillo y la zona del balneario de Las Hadas... Y justo al norte de aquí están las playas de Barra de Navidad y Careyes, que muchos turistas visitan.

magnet

Acapulco

Con la nueva carretera, Acapulco está a sólo 3 horas y media de México D. F.
(en vez de a 6 como antes), y las playas *que la rodean*° (Ixtapa, Zijuatanejo, etc.)
han sido° por años favoritas de muchos. Su seducción no se ha perdido nunca, y
se refuerza de manera especial cuando estamos cenando en sitios como El Cam-
panario, *en lo alto*° de las colinas, y vemos las luces de la *bahía*° a nuestros pies.
Sigue siendo emocionante ver a los *clavadistas tirarse*° de la Quebrada, igual que
disfrutar un paseo por la Costera en un coche de caballos, y —como siempre—
Acapulco sigue teniendo una selección de hoteles para todo tipo de presupuesto.

that surround it
have been

on top; bay
divers dive off

Cancún-Yucatán

Los muchos soles de México *acarician*° esta bellísima zona del Caribe y, tanto si
busca playas como reliquias arqueológicas, ésta es una región maravillosa a
descubrir. La cultura maya está ahí, en Chichén Itzá, en Tulum, en Uxmal, en
Coba... Y las playas de Cancún ofrecen el descanso ideal bajo el sol y *rodeadas
de*° las aguas cristalinas del Caribe.

Pero si lo que busca son unas vacaciones nuevas, distintas... corra a descubrir Veracruz: una alegre ciudad mexicana, donde está el café más antiguo del
país, "El Café de la Parroquia"; además de la cercana zona arqueológica de El
Tajín, la ciudad de Jalapa y Papantla, rodeada de plantaciones de vainilla y famosa por las danzas de sus *Voladores*° de Papantla.

No importa qué región visite, es muy importante que antes de viajar lea
sobre la historia de cada zona y *qué es lo que*° la caracteriza. La riqueza de la
cultura mexicana *es tal*° que es una pena visitar México D. F. y no conocer la
Casa Azul de Frida Kahlo; o estar en Acapulco y *no demos aunque sea un saltito*°
a las Brisas, para conocer —*aunque sea*° tan sólo de vista— el legendario hotel
con sus piscinas privadas, favorito de los enamorados *desde que*° el mundo es
mundo.

México tiene una tradición de excelentes hoteles desde hace años. No obstante, igual que en España tenemos los "paradores" y en Portugal las "posadas", en México podemos hospedarnos en "haciendas", y así disfrutar aún más
nuestro viaje.

caress

surrounded by

Flying Men

what it is that
is such
we don't even stop by
even though it's
since

Elija con tiempo, y prepare su visita. *Sea cual sea* su elección, no se arrepen-   *whatever*
tirá.

Extraído de *Vanidades,* 1994

I. Actividades de comprensión

A Según una encuesta (*survey*) reciente, 34% de los viajeros estadounidenses
van de viaje para ir de compras. Basándose en la lectura, explique dónde se
puede comprar los siguientes artículos.

1. la cerámica de Talavera   2. plata   3. vainilla fresca   4. un buen café

B A su amigo le interesa mucho la arqueología. Redacte un itinerario para
ayudarle a planear su viaje a México incluyendo los sitios arqueológicos mencionados en la lectura.

C Empareje los artículos o puntos de interés con su ciudad o zona.

1. _____	los Jardines Flotantes	a.	Veracruz
2. _____	los flamencos	b.	Mazatlán
3. _____	cientos de iglesias	c.	Teotihuacán
4. _____	Voladores de Papantla	d.	Acapulco
5. _____	las Pirámides	e.	Yucatán
6. _____	plata	f.	El Tajín
7. _____	acueducto	g.	Querétaro
8. _____	los clavadistas	h.	Cholula
9. _____	maravillosa pesca	i.	Taxco
10. _____	El Café de la Parroquia	j.	Xochimilco

D Vamos de viaje. Ud. y su amigo acaban de terminar el año universitario y
van a hacer un viaje a México. Organicen su recorrido según la lectura de un
viaje de 8 días. Incluyan todos los sitios posibles con los días y fechas.

Actividades de expansión en la Red electrónica

Busque información sobre los siguientes temas en la Red y tráigala a la clase.
Incluya las direcciones de las páginas web e imprima la información.

1. Busque información sobre la devaluación del peso de 1994 y sus repercu-
siones económicas.
2. Encuentre una página sobre los muralistas mexicanos (Rivera, Orozco...) y
prepare un resumen de su arte.
3. Busque una página que describa los puntos de interés en Ciudad de
México, Guadalajara, Taxco...
4. Haga una investigación sobre la herencia arqueológica de los olmecas, mayas y aztecas.
5. Explore las relaciones comerciales entre México y Estados Unidos y la situación actual del TLCAN (Tratado de Libre Comercio de América de
Norte, o *NAFTA*).

La empresa nacional y multinacional

En este capítulo se presentará información sobre cómo se dividen las empresas, los diferentes departamentos, los beneficios laborales y la industria de la telefonía.

Temas relacionados con los negocios

- Las empresas nacionales e internacionales
- Los servicios de telefonía
- Haciendo prácticas en el extranjero

Vocabulario temático

- Hablando por teléfono
- Los servicios telefónicos
- Los beneficios laborales

Temas culturales

- Los horarios y las vacaciones en España
- Un poco de la historia de España
- El protocolo empresarial
- La evolución cultural en España

Gramática esencial

- Expresiones de tiempo con **hace**
- El pretérito y el imperfecto
- Los pronombres de los complementos directos e indirectos
- Expresiones con **tener** y **ponerse**

¡Exploremos por video!

- «Los paradores de España»

¡Escuchemos!

- Anuncios de ofertas de trabajo
- Anuncio de una bolsa electrónica de trabajo
- Conversación sobre las diferencias laborales entre EE.UU. y España

PASOS DE INICIACIÓN

Antes de leer

La siguiente lectura trata de una estudiante norteamericana que está realizando unas prácticas en Madrid en la Telefónica S.A.

¿Puede Ud. nombrar unas empresas multinacionales que hay en su ciudad o estado? ¿Hace Ud. prácticas en alguna empresa mientras estudia la carrera universitaria? ¿Cuáles son los beneficios de hacer prácticas antes de graduarse de la universidad? ¿Trabaja Ud.? ¿Cuál es el sueldo del puesto? ¿Cuántas pagas recibe Ud. al mes? ¿Recibe Ud. otros beneficios como seguro médico o vacaciones remuneradas? ¿Cuáles son los beneficios laborales más importantes para Ud., el sueldo, el seguro médico, las vacaciones? ¿Por qué? ¿Cree que es difícil hacer las prácticas en el extranjero? ¿Por qué (no)?

Estrategias de comprensión

Otra forma muy buena de mejorar su comprensión del español escrito es usar el contexto de la lectura para averiguar el significado general de una palabra nueva. Luego, se aprende el significado más preciso pero, para comprender el texto mientras lee, el significado general de una palabra es suficiente muchas veces.

A ver si Ud. puede adivinar qué significan las siguientes palabras de la lectura. Utilizando la lista a continuación, busque el sinónimo correspondiente a cada una de las palabras o frases en cursiva.

tiene	dividido	pagadas	desayuno típico
subida	esenciales	nacimiento de un hijo	les gusta mucho

1. Nos sirvieron *café y churros.*
2. El sueldo anual está *repartido* en 14 pagas.
3. Disfrutan de un mes de vacaciones *remuneradas* al año.
4. Este *auge* en la venta de teléfonos móviles es debido en gran parte a las grandes campañas publicitarias.
5. Las madres disfrutan de 16 semanas pagadas por *parto.*
6. Los productos *de primera necesidad* como la leche, los huevos, el pan, etc. tienen impuestos muy reducidos.
7. A los españoles *les encanta* tomar café, y también la comida forma una parte integral de su cultura.
8. Telefónica *cuenta con* más de treinta empresas filiales en España y en otros países.

Mientras lee. Para comprender mejor la lectura, es importante recordar los tiempos pasados del español. Al leer la lectura, subraye todos los verbos que se expresan en el tiempo pasado. Luego, marque si son del pretérito (P) o del imperfecto (I). A ver, ¿qué tal está su memoria?

I. Lectura

Prácticas en España

Nicole Williams es una estudiante que está sacando su licenciatura en negocios internacionales en la Universidad de Carolina del Sur. Está en su cuarto año y acaba de pasar seis meses **de prácticas** en Madrid trabajando para Telefónica S.A., la empresa española que se privatizó en 1998. Es una de las mayores empresas de telecomunicaciones del mundo. Su **consejero** en la universidad le **encargó** dos proyectos mientras estaba en España: primero, necesitaba mantener un **historial** de sus actividades diarias en la empresa, y segundo, **a la vuelta**, tenía que entregarle un informe documentando sus experiencias laborales. A continuación, Ud. va a leer una parte del **borrador** del informe que Nicole preparó para completar sus prácticas en el extranjero.

Informe

Realicé mis prácticas en **la casa matriz** de Telefónica S.A., que **cuenta con** más de treinta empresas filiales en España y en otros países. Me interesaba saber más de esta compañía por su activa presencia en Latinoamérica, especialmente en Brasil y Argentina y porque estoy especializándome en el campo de relaciones públicas **con el fin de** trabajar para una empresa multinacional de telecomunicaciones.

Pasé a trabajar en diferentes departamentos y secciones en la capital, Madrid. El primer día organizaron una reunión donde me presentaron a todos los directores y empleados. Fue una reunión muy informal y nos sirvieron café y **churros.** A los españoles **les encanta** tomar café, y también la comida forma una parte integral de su cultura. ¡Tuve que presentarme a todos en español! Y por supuesto, estaba un poco nerviosa. Después de la reunión, me llevaron al departamento de administración donde trabajé los tres primeros meses. Aprendí que se puede dividir las empresas **jurídicamente** en dos clases: las **sociedades limitadas** y las **sociedades anónimas;** y por la función que **ejercen:** públicas, privadas o mixtas. Luego, también se dividen por su actividad: de producción, comercial o de servicios. Y finalmente por su tamaño: pequeña, mediana, grande o multinacional. En España hay varias empresas públicas que dependen del Estado.

Empecé en la sección de personal y aprendí la organización de la empresa. También asistí a entrevistas de trabajo y vi cómo contratan al personal. Allí aprendí de los beneficios laborales, las vacaciones, los sueldos, los contratos y mucho más. No sabía que los españoles disfrutan de un mes de vacaciones **remuneradas** al año. Tampoco sabía que las madres disfrutan de dieciséis semanas pagadas de descanso por el **parto** y que las cuatro últimas semanas el padre tiene opción de tomarlas. Normalmente el sueldo anual **está repartido** en catorce **pagos,** doce **mensualidades** y dos **extraordinarias** que se pagan en los meses de junio y diciembre. Estas mensualidades **están reflejadas** en la **nómina** mensual normalmente recibidas por transferencia bancaria. Las dos pagos extraordinarias son en junio por los gastos extras que ocasionan las vacaciones de verano y en diciembre por los gastos extraordinarios que **surgen** en Navidad. En algunas empresas, además, **suelen gratificar** a sus empleados con unos días de vacaciones en Navidad y en Semana Santa, realizando **turnos de servicio.** También hay empresas que en Navidades gratifican a sus empleados **mediante aguinaldos** (dinero) o regalos en producto típicamente llamados **"cestas de Navidad"** que contienen licores, dulces navideños, vino, **embutidos...** En España, con un solo descuento del **sueldo base,** entra el seguro médico, el seguro de desempleo y la formación profesional. Este paquete es lo que llaman el descuento de la Seguridad Social. **Por ley,** todo trabajador está protegido por la ley de la Seguridad Social.

Al cabo de los tres meses me **trasladaron** a la sección de ventas en el departamento de servicios donde trabajé por otros tres meses. Recibí **órdenes de compra** y realicé **trámites** administrativos como rellenar impresos y facturas. Cuando enviamos las mercancías a nuestros distribuidores o recibimos productos de nuestros **proveedores** que no eran miembros de la Unión Europea, tuvimos que pagar unos **impuestos de aduana.** Cuando se vende cualquier producto en el país, tiene que llevar el **IVA (Impuesto del Valor Añadido)** incluido, el cual estipula el gobierno según el producto. El IVA está incluido en el precio total del producto. Los productos de primera necesidad como la leche, los huevos, el pan, etc., tienen impuestos muy reducidos. **En cambio,** los productos de lujo como, por ejem-plo, los coches de lujo, el vino y la ropa de marca tienen impuestos mucho más altos.

Ante todo, quería familiarizarme con los diferentes servicios, planes, **coberturas** y **tarifas** de la empresa. Mis colegas me explicaron la **gama** de planes de telefonía como el de "Teleline" para conectarse al Internet y otros varios. Ofrecen una amplia selección de teléfonos como los básicos, **inalámbricos** y **móviles** además de accesorios como tarjetas telefónicas, **receptores,** servicio de identificación de llamada y fax. Fui una de los primeros empleados en vender el **novedoso** servicio llamado "Europa 15", un servicio que permite al usuario hablar quince minutos diarios con la Unión Europea por un precio razonable. Este servicio fue muy popular entre las empresas multinacionales y las organizaciones gubernamentales.

Por último, me trasladaron a la Tienda Virtual de Telefónica donde recibí pedidos y **facturas** a través del Internet. Los productos más solicitados eran, sin duda, los teléfonos móviles. En 1999 había unos siete millones de usuarios de teléfonos móviles en el país y en el 2001, unos 19 millones de teléfonos móviles, una cifra elevada para un país con casi 40 millones de habitantes. Este **auge** en la venta de móviles es debido en gran parte a las grandes campañas publicitarias que montan los tres operadores: Telefónica Móviles, Airtel y Amena. Sin duda alguna, España es el país de Europa donde más está creciendo el mercado del teléfono móvil.

II. Vocabulario activo

Sustantivos

el **aguinaldo** *Christmas bonus*
el **auge** *rise, boom; height*
el **borrador** *rough draft*
la **casa matriz** *headquarters, main office*
la **cesta de Navidad** *Christmas basket*
los **churros** *pastries (similar to crullers or fritters)*
la **cobertura** *coverage*
el/la **consejero/a** *advisor*
los **embutidos** *smoked meats*
los **empresarios** *entrepreneurs*
la **factura** *invoice*
la **gama** *range, selection*
el **historial** *log, record*

los **impuestos de aduana** *customs taxes*
el **IVA (Impuesto de Valor Añadido en España/ Impuesto de Valor Agregado en México)** *Value Added Tax*
la **mensualidad** *monthly paycheck*
la **nómina** *payroll*
el **orden de compra,** el **pedido** *purchase order*
la **paga** *pay, wages*
el **pago** *payment*
la **paga extra(ordinaria)** *bonus paycheck*
el **parto** *childbirth*
el **proveedor,** el **abastecedor,** el **suplidor** *supplier*
el **receptor,** el **beeper,** el **busca** *beeper*

la **sociedad anónima (S.A.)** *stock company, corporation (Inc.)*
la **sociedad limitada (S.L.)** *partnership company (Ltd.)*
el **sueldo base** *base salary*

la **tarifa** *rate*
el **teléfono inalámbrico** *cordless telephone*
el **teléfono móvil** *cellular telephone*
el **trámite** *form-filling transaction, procedure*
los **turnos de servicio** *shifts*

España es miembro de la Unión Europea desde 1986.

Verbos

apuntar *to point to, to indicate*
contar (ue) con *to have*
ejercer *to practice; to exercise*
encargar *to assign; to request*
gratificar *to recompense; to reward; to delight*

realizar *to carry out*
repartir *to hand out; to divide*
soler (ue) *usually (+ infinitive)*
surgir *to arise*
trasladar *to move; to transfer*

Adjetivos y adverbios

de prácticas *on an internship*
mediante *through; by means of*

novedoso *new*
remunerado *paid*

Expresiones

a la vuelta *on the return; around the corner*
al cabo de *after, at the end of*
ante todo *first of all*

con el fin de *with the object of*
en cambio *on the other hand*
por ley *by law*

A **Comprensión de lectura.** Complete las oraciones con la información que aparece en la lectura.

1. Nicole Williams trabajó en la casa _____ de Telefónica S.A. por un total de _____ meses. Trabajó _____ meses en el departamento _____ en la sección de _____.

2. Todo producto vendido en España tiene que llevar _____.

3. Las empresas están divididas jurídicamente entre _____ y _____; por la función que ejercen: _____, _____ o _____, y por su actividad: _____, _____ o de _____.

4. Algunos productos de primera necesidad incluyen _____, _____ y _____.

5. Algunos productos de lujo son _____, _____, _____ y _____.

6. Los empleados españoles cobran _____ pagas, doce _____ y dos _____ normalmente por transferencia _____.

7. Las cestas de Navidad normalmente contienen _____, _____, _____ y _____.

8. Algunos servicios de Telefónica S.A. son _____ y _____.

9. La selección de teléfonos incluye _____, _____ y _____.

B **¿Verdadero o falso?** Basándose en la lectura, determine si las siguientes oraciones son verdaderas o falsas. Corrija la oración si es falsa.

1. Los empleados españoles normalmente cobran cada dos semanas.
2. El IVA está incluido en el precio total del pedido.
3. Jurídicamente se puede dividir las empresas en empresas públicas y privadas.
4. Las empresas privadas dependen del Estado.
5. Es obligatorio para las empresas españolas gratificar al empleado con vacaciones extras en Navidades y en Semana Santa.
6. Los beneficios de la Seguridad Social en España son iguales a los de EE.UU.

7. Las siglas de S.A. significan Sociedad Automovilística.
8. Telefónica S.A. no cuenta con empresas filiales fuera de España.
9. El servicio "Europa 15" permite al usuario conectarse al Internet.
10. La venta de los receptores va en auge.

C **Sopa de sinónimos.** Busque el sinónimo de cada palabra y escríbalo al lado de su pareja.

	regalo			
	asesor			
			pago	
	sede central			
			abastecedor	
precio		llevar a cabo		
			por ley	
	por otro lado			
	beeper			

Palabra en el texto	Sinónimo
1. consejero	asesor
2. proveedor	abastecedor
3. casa matriz	sede central
4. realizar	llevar a cabo
5. en cambio	por otro lado
6. aguinaldo	regalo
7. jurídicamente	por ley
8. receptor, busca	beeper
9. mensualidad	pago
10. tarifa	precio

D **Sopa de antónimos.** Busque el antónimo de cada palabra y escríbalo al lado de su pareja.

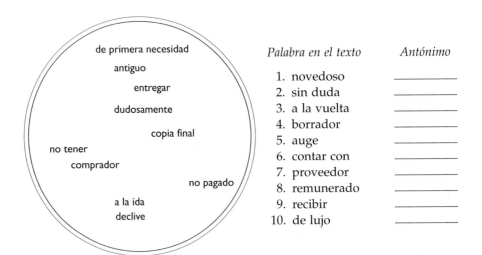

	de primera necesidad		
	antiguo		
	entregar		
	dudosamente		
		copia final	
no tener			
	comprador		
			no pagado
	a la ida		
	declive		

Palabra en el texto	Antónimo
1. novedoso	_____
2. sin duda	_____
3. a la vuelta	_____
4. borrador	_____
5. auge	_____
6. contar con	_____
7. proveedor	_____
8. remunerado	_____
9. recibir	_____
10. de lujo	_____

E **Impresiones personales.** Conteste las siguientes preguntas.

1. ¿Cuántas empresas norteamericanas nacionales puede Ud. nombrar y cuáles son sus funciones?
2. ¿Puede mencionar algunas empresas regionales de telefonía, de electricidad, de cable...? ¿Son sus precios competitivos y por qué (no)?
3. ¿Con cuánta frecuencia se suele pagar al empleado en EE.UU.? ¿Cuál es su preferencia personal y por qué? ¿Prefiere la transferencia bancaria de su paga?
4. ¿Dónde trabajó Ud. el verano pasado? ¿Le gustó? ¿Cuáles fueron sus responsabilidades?
5. ¿Qué impuesto llevan los productos vendidos en su país? ¿Llevan un impuesto incluido como el IVA?
6. ¿Existen muchas diferencias entre trabajar para una sociedad anónima y una pública? ¿Tiene alguna preferencia? ¿Por qué?
7. ¿Qué tipo de teléfonos tiene Ud.? ¿Qué servicios telefónicos tiene en su casa? ¿Cuál es la tarifa que paga por cada servicio? ¿Le gusta hablar por teléfono?

F **¿Cómo está su memoria?** Sin mirar la lista de vocabulario, ¿cuántas palabras relacionadas con cada categoría puede Ud. recordar? ¡No haga trampas!

1. los beneficios laborales

_____

_____

_____

_____

2. los documentos

_____

_____

_____

3. los tipos de empresas

_____

_____

_____

_____

4. los accesorios telefónicos

_____

_____

_____

G **Los horarios y las vacaciones en España**

Antes de leer, ¿qué sabe Ud. de las fiestas españolas? Complete la frase con la palabra correcta. Corrija sus respuestas después de leer el artículo.

1. Los españoles tienen **más/menos** vacaciones anuales que los americanos.
2. En verano los empleados españoles empiezan a trabajar más **pronto/tarde** que en otras épocas del año.
3. La gran mayoría de las compañías multinacionales usan el horario **tradicional/moderno** en España.
4. En España, los pequeños negocios **cierran/no cierran** al mediodía.

España es uno de los países con más turismo de todo el mundo.

5. El mes de agosto es **más/menos** activo que otros meses en las ciudades españolas.

¿Sabía Ud....?

- En España se celebran muchos días festivos nacionales y regionales, así que antes de hacer un viaje de negocios, es necesario ver si hay fiestas durante esa temporada. Cuando un día festivo cae cerca del fin de semana muchas empresas cierran por "el puente" y muchos de los empleados hacen viajes cortos a la playa o a sus pueblos. "El puente" es un fin de semana largo, por ejemplo, de jueves a domingo o de sábado a martes.
- Antiguamente, todos los negocios españoles abrían de diez a dos, cerraban por tres horas a la hora de comer y abrían otra vez de cinco a ocho de la tarde. Los empleados iban a sus casas para comer con sus familias y echar la siesta. Hoy en día, muchas empresas grandes y casi todas las multinacionales tienen un horario parecido al americano, pero si Ud. tiene que ir al mercado, al quiosco o a la farmacia, por ejemplo, hay que tener en cuenta el horario tradicional.
- Aunque está cambiando últimamente, muchos españoles, y los europeos en general, toman un mes de vacaciones en agosto. Antes todos los negocios cerraban el mes entero, y las ciudades se quedaban casi vacías. Todavía se puede ver carteles en las ventanas de los pequeños negocios que dicen "cerrado por vacaciones en agosto".
- También en verano muchas empresas tienen horario intensivo. Es decir que los empleados entran antes, pero sólo trabajan hasta la hora de comer y no vuelven por la tarde.

1. Aunque está claro que para competir en la Unión Europea y participar en los negocios internacionales, España tiene que implementar un horario más "moderno", hay gente que cree que las costumbres tradicionales tenían su mérito. Explique cuáles son las ventajas de cada sistema.

Ventajas de las costumbres tradicionales	Ventajas del sistema moderno
_____	_____
_____	_____
_____	_____
_____	_____

2. ¿Cuál es su opinión? ¿Es más importante disfrutar de más vacaciones y tiempo para descansar, o es mejor modernizar para poder competir en el mercado global? ¡Hagan un debate! Divídanse en dos grupos, los que están a favor del horario tradicional y los que están a favor del horario moderno. Presenten sus argumentos a la clase en turno y refuten las opiniones del otro grupo. ¡Después, su profesor/a va a decidir quién ha ganado el debate!

III. Más terminología comercial

buscar las páginas amarillas en la guía telefónica
to look for the yellow pages in the telephone book
colgar (ue)/cortar/descolgar (ue) porque la línea está ocupada/está comunicando
to hang up because the line is busy
dejar un recado/un mensaje en el contestador automático
to leave a message on the answering machine
¿De parte de quién?/ De parte de... /soy...
Who is calling?/ ... is calling/This is ...
depositar/poner una moneda/una ficha
to deposit a coin/token
Díga(me)/Aló/Bueno/Hola
Hello (_when answering the phone_)
esperar el tono
to wait for the dial tone
Espere, por favor.
Please hold.

estar en la otra línea
to be on the other line
hacer/efectuar una llamada a cobro revertido/por cobrar
to make a collect call
marcar el número equivocado/el prefijo/el código internacional del país
to dial the wrong number/the area code/the international country code
...no se encuentra en este momento
...is not here at the moment.
Quisiera hablar con...
I would like to speak with...
¿Está el señor/la señora...?
Is Mr./Ms....there?
sonar (ue)
to ring
volver (ue) a llamar/llamar de nuevo
to call back

Modismos y refranes

decir lo que se le viene a la boca
to say whatever comes into one's head
en boca cerrada no entran moscas
silence is golden
hablar por los codos
to talk a lot
no tener pelos en la lengua
to speak one's mind

PRÁCTICAS

A **Una llamada de negocios.** Ud. tiene que hacer una llamada al extranjero y está un poco nervioso/a. ¡Complete el diálogo en español para practicar antes de hacer la llamada de verdad, usando el vocabulario y la terminología de este capítulo!

RECEPCIONISTA: Telefónica. —————.

UD.: Buenos días. ————— hablar con el Sr. Gómez, por

————.

RECEPCIONISTA: ————— un momento, ————— —————. (des-

pués de unos segundos) Lo —————. El Sr. Gómez no

————— ————— en este —————. ¿Le quiere

————— un —————?

UD.: No, gracias. ¿Sabe Ud. a qué _____ va a estar?

RECEPCIONISTA: Por la tarde estará. Vuelve _____ _____ sobre

las cinco.

UD.: Muy bien. Muchas gracias.

RECEPCIONISTA: _____ _____ . Adiós.

B **Conversación dirigida.** Ud. necesita ponerse en contacto con un/a colega en la casa matriz de su empresa en Madrid. Hagan los papeles del/de la empleado/a que llama y el/la secretario/a. ¡Graben la conversación en una cinta para escucharla en la clase!

Secretario/a	Empleado/a que llama
Answers the phone, gives name of company	Says hello, he/she would like to speak to colleague (give name)
Asks who is calling and asks caller to hold	Agrees
Says colleague is on another line, asks if caller would like to leave a message	Says no, asks to speak to another colleague
Says that this colleague is not in the office, could call back after lunch	Asks to leave a message for both colleagues
Agrees	Leaves message with international telephone number starting with country code
Will give message to both, thanks caller	Says thank you and good-bye

C **¿Qué tal entiende Ud. a sus compañeros?** Escuche las conversaciones telefónicas de otros grupos de su clase. Para cada una, tome el mensaje.

Para: _____

De: _____

Teléfono: _____

Mensaje: _____

¡EXPLOREMOS POR VIDEO!

De viaje: "Los Paradores de España"

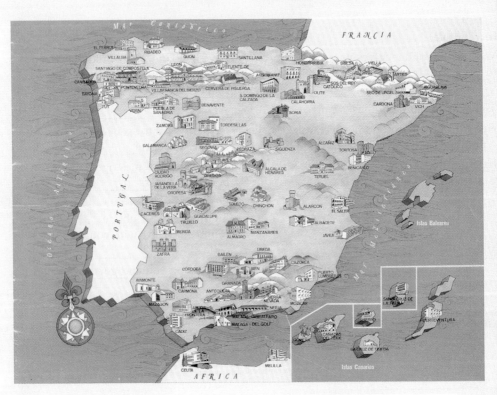

PARADORES

La Red de Paradores le sugiere 86 destinos turísticos
The Parador network situates you in 86 tourist destinations

CENTRAL DE RESERVAS

Para hacer una reserva en cualquiera de los establecimientos
de la Red de Paradores, contactar con:
Central de Reservas
Velázquez, 18. 28001 MADRID.
Tel. (91) 4359700 - 4359744 - 4359768 - 4359814
Télex: 41461 y 44607 - Fax (91) 435 99 44
Departamento de Empresas
Velázquez, 18. 28001 MADRID.
Tel. (91) 4313416 - Télex 44607. Fax (91) 4359944.

RESERVATION CENTER

To make a booking at any of the establishments in the Parador net-
work, just contact the:
Reservation Center
Velázquez, 18. 28001 MADRID.
Tel.: (1) 4359700 - 4359744 - 4359768 - 4359814
Telex: 41461 and 44607 - Fax (1) 435 99 44
Business Department
Velázquez, 18. 28001 MADRID.
Tel. (1) 4313416 - Telex 44607 - Fax (1) 435 99 44

Vocabulario útil del video

los almenajes *battlements*
alojarse *to stay (in a hotel)*
la comodidad *comfort*
el edificio *building*
encantador *charming*
estatal *state*
el estilo *style*
gozar *to enjoy*

el infante *prince*
el parador *state-run Spanish hotel*
pertenecer *to belong*
pintoresco *picturesque*
la política *policy*
potenciar *to make possible, increase possibilities of*
situado *located*
la vista *view*

Nota cultural

- Muchos de los **paradores** son antiguos conventos, castillos o palacios reformados, con un mínimo de cuatro estrellas. Además suelen tener restaurantes muy buenos donde sirven platos típicos y tradicionales de la zona.

- **Toledo,** a orillas del río Tajo, queda al sur de Madrid. Fue capital de la España visigoda. El famoso pintor **El Greco** vivió y pintó la mayor parte de su vida en esta ciudad. **El Entierro del Conde de Orgaz** es una de sus obras maestras.

- **Chinchón,** ciudad de la provincia de Madrid, tiene ruinas romanas y árabes. Chinchón es conocido por toda Europa por la condesa de Chinchón, que en el siglo XVII introdujo en el continente el uso de la quina (*quinine*) contra la fiebre. Chinchón se conoce también por el ajo (*garlic*) y sus alcoholes: anís, anisete y ginebra.

A ¿Son verdaderas o falsas las siguientes oraciones según la información presentada en el video?

1. Los paradores pertenecen a una cadena privada de hoteles.
2. Actualmente hay cuarenta paradores en la cadena de hoteles.
3. Un cuarenta por ciento de los paradores están en edificios históricos.
4. El parador de Alarcón es uno de los más grandes con más de trescientas habitaciones.
5. El parador de Chinchón está en un antiguo castillo del siglo dieciséis.
6. El parador de Alarcón es un edificio recién construido.
7. La mayoría de los paradores tienen unas cuarenta habitaciones.

B Cada parador es único y tiene características especiales. Para cada uno de los siguientes paradores, apunte dos características.

Parador de Alarcón: 1. _____

2. _____

Parador de Almagro: 1. _____

                             2. _____

Parador de Chinchón: 1. _____

                             2. _____

Parador Conde de Orgaz: 1. _____

                             2. _____

C Escriba un ensayo corto explicando a un/a amigo/a americano/a por qué debería alojarse en un parador cuando vaya a España. Incluya como mínimo cinco razones y muchos detalles para que se anime su amigo/a.

ESTRUCTURAS FUNDAMENTALES

Repaso gramatical
■■■

I. Hace + tiempo + que + presente del indicativo

Para hablar de una actividad que empezó en el pasado y continúa en el presente se puede usar la siguiente construcción:

Hace + (período de tiempo que hace la actividad) + que + (presente del indicativo)

Ejemplos: Hace tres años que trabajo en esta empresa.
I have been working in this company for three years.

La pregunta correspondiente puede ser

¿Cuántos años hace que trabaja Ud. en la empresa?
How many years have you been working in this company?

¿Cuánto tiempo hace que trabaja Ud. aquí?
¿Hace cuánto tiempo que trabaja Ud. aquí?
¿Desde hace cuánto tiempo trabaja Ud. aquí?
How long have you worked here?

PRÁCTICAS

A Su jefe va a asistir a una conferencia importante en Madrid y quiere saber un poco sobre la historia y cultura de España para causar una buena impresión. Lea la siguiente información sobre España y conteste las preguntas de su jefe en oraciones completas. Use la expresión **hace... que** en sus respuestas.

Miembro de las Naciones Unidas: desde 1955
Forma de gobierno: Monarquía parlamentaria (democrática) desde 1978
Miembro de la Unión Europea: desde 1986
La monarquía: Rey Juan Carlos II desde 1978
El País Vasco y Cataluña: regiones autónomas desde 1980
Presidente: José María Aznar desde 1996

1. ¿Cuánto tiempo hace que existe la democracia en España?
2. ¿Cuántos años hace que el rey Juan Carlos reina en España?
3. ¿Desde hace cuánto tiempo sirve José María Aznar como presidente?
4. ¿Cuántas décadas hace que España forma parte de la Unión Europea?
5. ¿Hace cuánto tiempo que España es miembro de las Naciones Unidas?
6. ¿El País Vasco y Cataluña son reconocidos como autonomías desde hace cuánto tiempo?

B **¿Conoce Ud. a su compañero/a de clase?** Hágale una entrevista para averiguar las siguientes cosas. Escriba la pregunta que Ud. hace en el cuadro a la izquierda y la respuesta de su compañero/a en el cuadro derecho, usando oraciones completas y la construcción con **hace... que.** También, le toca a Ud. crear dos preguntas similares originales.

(años que estudia en la universidad)	
(tiempo que vive en esta ciudad)	
(tiempo que trabaja en su puesto actual o, si no trabaja, el tiempo que lleva sin trabajar)	
(semestres que estudia el español)	
(días que no habla español)	
???	
???	

II. Contraste entre el pretérito y el imperfecto

Hay dos tiempos simples del pasado en español, el pretérito y el imperfecto.

Pretérito	Imperfecto
Se usa para referirse a acciones ocurridas en puntos determinados del pasado, con un principio y un fin conocidos.	**Se refiere a acciones que se estaban desarrollando, cuando se produjeron otras acciones.**
Anoche *comimos* en un bar de tapas en Madrid.	*Comíamos* cuando sonó el teléfono.
Se refiere a acciones que pasaron cierto número de veces.	**Indica costumbres y acciones repetidas o habituales (*used to, would always*).**
Cuando estaba de vacaciones, *fui* un día al parque. Marta *viajó* a España tres veces el año pasado.	Cuando *vivía* con mis padres *iba* al parque todos los días.
La acción comunica una serie de sucesos distintos en el pasado.	**Se usa para la descripción de personas o cosas en el pasado.**
Rafael *llegó* al despacho, *sacó* su agenda y *llamó* al cliente.	Mi oficina *tenía* muchas ventanas y *estaba* muy soleada.
	Se usa para la hora y el tiempo en el pasado.
	Eran las nueve cuando llegaron los empleados. *Llovía* a cántaros.
	Se usa para la edad en el pasado.
	Mi jefa se jubiló cuando *tenía* sesenta años.

¿Cómo expresamos las siguientes cosas en el pasado? Decida si se usa el pretérito o el imperfecto y marque la columna correspondiente.

	Pretérito	Imperfecto
• la fecha de la muerte del dictador Francisco Franco	_____	_____
• las actividades diarias de los musulmanes en la Alhambra	_____	_____
• las costumbres sociales de los romanos	_____	_____
• la fecha del bombardeo del pueblo de Guernica	_____	_____
• una descripción de la ciudad de Córdoba en la Edad Media	_____	_____
• la llegada de Cristóbal Colón a la República Dominicana	_____	_____
• la vida diaria durante la dictadura de Franco	_____	_____
• la apariencia física de la reina Isabel la Católica	_____	_____
• la edad de la Reina el día de su boda con Fernando	_____	_____
• tres de los sucesos históricos más importantes de 1492	_____	_____

III. El imperfecto

A. Formación. Se añaden las siguientes terminaciones a la raíz del verbo.

AR		ER/IR	
-aba	-ábamos	-ía	-íamos
-abas	-abais	-ías	-íais
-aba	-aban	-ía	-ían

Nota: Como se puede ver, la 1^a y la 3ª personas singulares son iguales.

Ejemplos: Mientras yo **hablaba,** mi amiga Marta **hablaba.**
Cuando yo **quería** salir de casa mi hermana pequeña siempre **quería** salir también.

B. Irregulares. Existen sólo *tres verbos irregulares* en el imperfecto.

SER		IR		VER	
era	éramos	iba	íbamos	veía	veíamos
eras	erais	ibas	ibais	veías	veíais
era	eran	iba	iban	veía	veían

PRÁCTICAS

A Ahora que Nicole ha vuelto a EE.UU. quiere contarles a sus amigos lo que hacía entre semana durante sus prácticas en España. Ayúdele a cambiar los verbos al imperfecto.

Entre semana yo siempre *me levanto* 1. _____ a las 7:00, *me ducho*

2. _____ y *me visto* 3. _____ rápidamente. *Me bajo*

4. _____ al bar y *desayuno* 5. _____ un café y tos-

tada. *Voy* 6. _____ a trabajar en autobús y metro y *llego*

7. _____ antes de las 9:00. Todos *trabajamos*

8. _____ hasta las 11 cuando yo *voy* 9. _____ con

unos compañeros de trabajo a tomar café en el bar al lado de la oficina. A esta

hora *es* 10. _____ la costumbre comer un bocadillo (sándwich) o

un pincho de tortilla (*slice of Spanish potato omelette*) con un café con leche.

Después nosotros *volvemos* 11. _____ al trabajo y *nos quedamos*

12. _____ hasta las 2:00 cuando *salimos* 13. _____ a

comer. Normalmente yo *veo* 14. _____ a alguien al salir y me *in-*

vita 15. _____ a comer cerca de la oficina.

B Entreviste a su pareja sobre su juventud (*youth*). Luego comparta la información con la clase.

1. ¿Dónde/vivir/cuando tener/12 años?
2. ¿Cómo/llamarse/escuela?
3. ¿Cómo/ser/casa y barrio?
4. ¿Qué/hacer/con amiguitos?
5. ¿Quién/ser/mejor amigo/a? ¿Por qué?

6. ¿Cómo/ir/escuela?
7. ¿Cómo/pasar/vacaciones?
8. ¿Cuál asignatura/ser/favorita? ¿Por qué?
9. ¿Cuál/ser/programa de televisión favorito?
10. ¿A qué hora/ir a la cama? ¿A qué hora/levantarse?

C **Los inventos modernos.** Termine las frases siguientes utilizando el imperfecto.

Ejemplo: Antes de la cámara fotográfica, la gente dibujaba los retratos (*portraits*).

1. Antes del ordenador...
2. Antes del teléfono...
3. Antes del coche...
4. Antes del avión...
5. Antes de la electricidad...
6. Antes de la radio...
7. Antes de la televisión...
8. Antes del fax...
9. Antes del busca...
10. Antes del Internet...

D Mirando los dibujos, escriba oraciones originales de lo que Ud. hacía en cada sitio cuando era pequeño/a. Incluya por lo menos tres actividades diferentes para cada lugar.

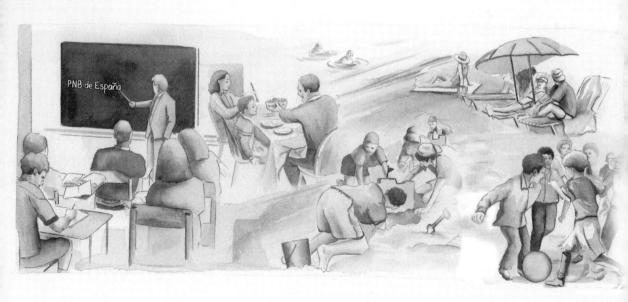

IV. El pretérito

A. Formación. Se añaden las siguientes terminaciones a la raíz del verbo.

-AR		-ER/IR	
-é	-amos	-í	-imos
-aste	-asteis	-iste	-isteis
-ó	-aron	-ió	-ieron

Ejemplo: Hace dos días recibí el dinero y lo deposité en mi cuenta.

B. Irregulares. Hay muchos verbos irregulares en el pretérito. Algunos que se utilizan con mucha frecuencia son

ANDAR		ESTAR		TENER	
anduve	anduvimos	estuve	estuvimos	tuve	tuvimos
anduviste	anduvisteis	estuviste	estuvisteis	tuviste	tuvisteis
anduvo	anduvieron	estuvo	estuvieron	tuvo	tuvieron
DAR		**VER**		**IR/SER**	
di	dimos	vi	vimos	fui	fuimos
diste	disteis	viste	visteis	fuiste	fuisteis
dio	dieron	vio	vieron	fue	fueron
HACER		**VENIR**		**DECIR**	
hice	hicimos	vine	vinimos	dije	dijimos
hiciste	hicisteis	viniste	vinisteis	dijiste	dijisteis
hizo	hicieron	vino	vinieron	dijo	dijeron
QUERER		**TRADUCIR**		**PRODUCIR**	
quise	quisimos	traduje	tradujimos	produje	produjimos
quisiste	quisisteis	tradujiste	tradujisteis	produjiste	produjisteis
quiso	quisieron	tradujo	tradujeron	produjo	produjeron

C. Los verbos **-ir** que cambian en el radical en el presente del indicativo sólo cambian en la tercera persona en el pretérito. Algunos verbos comunes son

DORMIR (o → u)		SENTIR (e → i)		PEDIR (e → i)	
dormí	dormimos	sentí	sentimos	pedí	pedimos
dormiste	dormisteis	sentiste	sentisteis	pediste	pedisteis
durmió	durmieron	sintió	sintieron	pidió	pidieron

D. Los verbos que terminan en **-car**, **-gar** y **-zar** tienen cambios ortográficos sólo en la primera persona singular del pretérito.

- los verbos que terminan en **-car** cambian a **-qué**   practicar → practiqué
- los verbos que terminan en **-gar** cambian a **-gué**   llegar → llegué
- los verbos que terminan en **-zar** cambian a **-cé**   comenzar → comencé

E. Los verbos que terminan en vocal (*vowel*) + **-ir** y vocal + **-er** tienen cambios ortográficos en la tercera persona del pretérito. En cada caso la **i** de la terminación cambia a **y.**

Ejemplos:

caer	El nivel de desempleo cayó.	Los tipos de interés cayeron.
leer	Ella leyó el informe.	Ellos leyeron los folletos.
construir	La empresa construyó un edificio.	Los romanos construyeron el acueducto de Segovia.

F. Algunos verbos tienen otro significado cuando se usan en el pretérito.

Infinitivo	Significado común	Significado en el pretérito
saber	*to know*	*to find out*
poder	*to be able to*	*to manage to*
(no) querer	*to want*	*to try/to refuse*
conocer	*to know*	*to meet for the first time*

A Mire la escena para ver si los empleados completaron las siguientes actividades antes de irse a casa. Escriba oraciones completas.

PRÁCTICAS

1. El ayudante de la directora/abrir la correspondencia
2. La recepcionista/dejar los mensajes en la mesa de la directora
3. El director de ventas/enviar el fax a Iberia
4. Carmela/escribirles las cartas a los proveedores
5. Pedro/mandar el paquete a España
6. La directora/preparar el borrador del informe
7. Los jefes/repartir las cestas de Navidad
8. El contable/realizar la transferencia bancaria

En la mezquita de Córdoba se ve la influencia musulmana en España.

B Durante su temporada en España, Nicole aprendió mucho sobre la historia de España. Utilizando la información a continuación, redacte un breve informe resumiendo la historia de España utilizando el pretérito.

Época	Cuándo	Qué
España celtíbera	1000 a.C. 654 a.C. siglo VI a.C.	Los fenicios fundan Cádiz Los cartagineses fundan Ibiza Los griegos colonizan la costa este de la península
España romana	218 a.C. 92 d.C.	Empieza la conquista de Hispania Introducen el cristianismo
España visigoda	476 d.C 507 d.C	Cae el Imperio Romano en España Empieza el Reino visigodo
España musulmana	711 d.C 718 d.C. 1492 d.C	Los moros invaden la península Empieza la época de la Reconquista Reyes Católicos conquistan Granada y termina la Reconquista
España unificada	1492 d.C	Reyes Católicos financian el viaje de Colón
España de los Habsburgos	1517	Carlos I inicia la dinastía de los Austrias
España de los Borbones	1713	Empieza la dinastía de los Borbones
	1808–1812	Napoleón invade España y empieza la guerra de la Independencia
	1898	España pierde sus últimas colonias (Puerto Rico, las Filipinas y Cuba)
	1936–1939	Ocurre la Guerra Civil

Al terminar la Guerra Civil en 1939, empezó la dictadura del General Francisco Franco.

C Su compañero/a quiere ser el/la próximo/a becario/a (*scholarship recipient*) para hacer prácticas en el extranjero. Entrevístele para saber si tiene suficiente experiencia para el puesto. ¡Apunte sus respuestas y presente la información a su jefe/a (su profesor/a)!

Fecha y lugar de nacimiento (nacer)
Año en que empezó los estudios universitarios
Experiencia previa en el extranjero
Año en que comenzó a estudiar español
Experiencia laboral

D Nicole acaba de conocer a todos los empleados de la empresa. Ayúdele a rellenar su diario escribiendo los verbos que están entre paréntesis en la forma correcta del pretérito o del imperfecto.

Hoy 1. _____ (ser) un día muy ajetreado (*busy*). Cuando 2. _____ (levantarse) no 3. _____ (saber) qué ponerme. 4. _____ (estar) tan nerviosa y por eso no 5. _____ (beber) café sino que 6. _____ (tomarme) una manzanilla (*chamomile tea*). Por fin 7. _____ (poder) decidirme qué ponerme y 8. _____ (salir) de casa a eso de las 7:30.

9. _____ (andar) hasta la parada del autobús y 10. _____ (subir) al autobús que 11. _____ (llevarme) hasta el metro. 12. _____ (coger) el metro hasta la Plaza de España donde 13. _____ (estar) ubicada la empresa. 14. _____ (llegar) unos minutos antes de las 8:30 cuando 15. _____ (empezar) la reunión. Una señora 16. _____ (recogerme) en recepción y 17. _____ (llevarme) hasta la sala de reuniones.

18. _____ (haber) unas diez personas allí y todos 19. _____ (saludarme) cordialmente. Nosotros 20. _____ (sentarse) y un director 21. _____ (presentarme) al grupo. Él les 22. _____ (decir) que yo 23. _____ (ser) de los Estados Unidos, que 24. _____ (llamarse) Nicole Williams y que 25. _____ (querer) aprender más sobre el mundo de las telecomunicaciones en España.

E ¡De pie! Levántese y hable con sus compañeros. Para cada pregunta, escriba una oración con el nombre de un/a compañero/a que haya realizado (*has carried out*) la actividad mencionada. ¡Recuerde que no se puede hablar inglés durante esta actividad y que hay que usar el pretérito o el imperfecto correctamente!

Ejemplo: (cenar)

¿Cenaste en un restaurante chino anoche?
Melissa cenó en Casa Ming.

Actividad	Nombre de estudiante
nacer en un país extranjero	
jugar con muñecas Barbi de pequeño/a	
viajar a Europa el año pasado	
leer su correo electrónico esta mañana	
estudiar en otra universidad antes	
dormirse en una clase ayer	
sacar sólo notas sobresalientes el semestre pasado	
ver poco la televisión de niño/a	
volver tarde a casa anoche	
hacer unas prácticas en una empresa el verano pasado	
ser muy travieso/a (malo) de niño/a	
???	

F Mirando los dibujos, escriba oraciones originales sobre cuando hizo las siguientes cosas por primera vez. Incluya algunos detalles sobre esas experiencias.

Ejemplo: *Yo monté en bicicleta por primera vez cuando tenía cuatro años. Mi padre me enseñó, y empecé a llorar cuando me caí.*

V. Pronombres de complemento directo e indirecto

Cuando aparecen los dos complementos en una frase, el pronombre de complemento indirecto va siempre delante del pronombre de complemento directo.

Ejemplo: Te lo doy.

I.	D.		I.	D.
me	lo/la/los/las		nos	lo/la/los/las
te	lo/la/los/las		os	lo/la/los/las
le > se	lo/la/los/las		le > se	lo/la/los/las

Ejemplos:

La empresa nos dio la paga. *The company gave us the payment.*
La empresa *nos la* dio. *The company gave it to us.*

Nicole va a entregarle el informe. *Nicole is going to hand in the report to him/her.*

Nicole va a entregár*selo.* *Nicole is going to hand it in to him/her.*

Envíeme los paquetes. *Send me the packages.*
Envíe*melos.* *Send them to me.*

No me envíe los catálogos. *Don't send me the catalogues.*
No *me los* envíe. *Don't send them to me.*

 ¡OJO!

- **Le/les** cambian a **se** antes de un pronombre de complemento directo: **Se lo** devuelvo al jefe.
- Los complementos pueden estar delante del verbo personal o detrás del infinitivo: Quiero escribír**selo.** / **Se lo** quiero escribir.
- Los complementos pueden estar delante del verbo personal o detrás del participio presente: Estamos mandándo**selos.** / **Se los** estamos mandando.
- Hay que añadirlos a un mandato *afirmativo* pero no al negativo: Dé**mela.** / No **me la** dé.

A ¿Cuáles son los complementos y/o pronombres directos e indirectos? Identifíquelos.

1. Le escribí una carta al director de personal.
2. El director me pidió los documentos.
3. Tengo que mandarles un fax a nuestros abastecedores.
4. Vamos a decirles a los nuevos empleados su horario.
5. Te mandé un mensaje electrónico ayer.

B Sustituya los sustantivos con los correspondientes pronombres de complemento (directo e indirecto):

Ejemplo: No pudimos mandar la factura a nuestro abastecedor.
No pudimos mandársela./No se la pudimos mandar.

1. Le diste las gracias a la consejera ayer.
2. Querían solicitar más información al candidato al puesto por teléfono.
3. El departamento de contabilidad nos va a pedir el presupuesto esta tarde.
4. ¡Muéstreles sus dotes de comunicación!
5. El departamento de contabilidad nos mostró su cuadro.

C Pregúntele a su compañero/a lo siguiente. ¡Sustituya los sustantivos con los pronombres directos e indirectos en la respuesta!

Ejemplo: ¿Le preparaste la cena a tu profesor/a anoche?
No, no se la preparé.

1. ¿Comunicaste la razón por tu ausencia al/a la profesor/a?
2. ¿Te sirvieron café con el desayuno esta mañana?
3. ¿Les enseñaste tus notas a tus padres el semestre pasado?
4. ¿Tus padres te leían cuentos cuando tenías cinco años?
5. ¿Te ofrecieron un contrato fijo o temporal donde trabajas?
6. ¿Vas a mandarle flores a tu novio/a en el Día de San Valentín?
7. ¿Quieres traernos un regalo a la clase?
8. ¿Les gusta a tus amigos mandarte mensajes electrónicos?
9. ¿Pagaste la matrícula a la universidad el año pasado?
10. ¿Le compraste un coche a tu mejor amigo/a para su cumpleaños?

D **El protocolo empresarial.** Durante su estancia en España, la becaria Nicole se dio cuenta de lo importante que es saber qué hacer y qué no hacer en cuanto al protocolo cuando uno está en el extranjero. Un fallo (*error*) de este tipo puede perjudicar (*harm*) seriamente las relaciones profesionales e incluso costarle a uno un contrato importante. Lea la lista de recomendaciones que la profesora de negocios internacionales le dio a Nicole y conteste las preguntas, usando los mandatos formales y los complementos directos y/o indirectos.

País	Protocolo
Reino Unido	Dar propina al peluquero pero no al camarero en los bares y pubs Ser bastante puntual
España	No hablar de los negocios durante la comida sino después Llevar traje oscuro a las comidas de negocios
Alemania	No hablar de cosas personales durante los negocios Tener una agenda bien planificada para las reuniones
Japón	Mirar la tarjeta de negocios con interés Vestirse formalmente en todo momento
Grecia	Participar activamente en una larga sobremesa después de la comida Tener buen sentido del humor durante las negociaciones

Extraído de *Emprendedores*

Ejemplo: En Japón, ¿qué debo hacer con la tarjeta de negocios?
Mírela con interés.

1. En España, ¿debo llevar traje a la comida de negocios?
2. ¿A quién debo dar una propina en el Reino Unido?
3. ¿Debo ponerme ropa informal en Japón?
4. En Alemania, ¿debo preparar una agenda para las reuniones?
5. ¿Debo usar el humor durante las reuniones con los griegos o no?

E Los compañeros españoles de Nicole también tienen muchas preguntas sobre el protocolo empresarial de los Estados Unidos. Con un/a compañero/a, escriban cinco de las preguntas que tienen los españoles sobre nuestras costumbres y las respuestas de Nicole mirando los dibujos. Utilicen el ejercicio anterior como modelo.

Ejemplo: *¿Debo dar dos besos a las mujeres al presentarme?*
No, no se los dé. Déles la mano.

VI. Expresiones idiomáticas con tener

Hay muchas expresiones con el verbo **tener.** Muchas veces la misma expresión se forma con el verbo **to be** + adjetivo en inglés. Por eso, es importante aprender bien estas expresiones.

Expresiones en español	Equivalente en inglés
TENER...	
calor	*to be hot*
frío	*to be cold*
sed	*to be thirsty*
hambre	*to be hungry*
sueño	*to be sleepy*
fuerza	*to be strong*
miedo	*to be afraid*
ganas de (+ infinitivo)	*to feel like (doing something)*
celos de	*to be jealous of*
vergüenza	*to be ashamed*
...años	*to be... years old*
razón	*to be right*
cuidado	*to be careful*
suerte	*to be lucky*

PRÁCTICAS

A Un grupo de ejecutivos de su empresa, una multinacional, viaja a la sede de la empresa en Barcelona para reunirse con sus colegas españoles. Es un vuelo bastante largo, y cada persona tiene sus quejas (*complaints*). Escriba oraciones completas, usando las expresiones con **tener** para explicar lo que le pasa a la gente.

Ejemplo: Mike pensaba que iba a perder el próximo vuelo, pero va a llegar a tiempo.
¡Mike tiene mucha suerte porque al final no va a perder el vuelo!

1. A Ann no le gusta nada viajar. Siempre recuerda las noticias sobre los accidentes de avión.
2. Normalmente, Mark come muchísimo para el almuerzo, ¡pero en los aviones nunca dan mucha cantidad de comida a los pasajeros!
3. A Ángela no le gusta el aire acondicionado. No lo usa en casa y, por eso, tiene que pedirle una manta a la auxiliar de vuelo.
4. ¡Anthony comió tres bolsitas de cacahuetes y ahora necesita agua!
5. Christina tiene un ordenador (una computadora) portátil muy caro(a) que usa en los viajes de negocios. Siempre dicen que hay muchos ladrones en los aeropuertos, así que ella toma las precauciones necesarias.

B **¿Qué tipo de empleado/a es Ud.?** Conteste las siguientes preguntas en oraciones completas. ¡Explique su punto de vista!

1. ¿Tiene Ud. ganas de trabajar cuando se levanta por la mañana? ¿Por qué (no)?
2. ¿Tiene Ud. miedo de decirle lo que piensa a su jefe/a? ¿Por qué (no)?
3. ¿Siempre tiene que tener Ud. la razón en una discusión? ¿Por qué (no)?
4. ¿Tiene Ud. celos de otros empleados? ¿Por qué (no)?

5. ¿Tiene Ud. demasiado miedo para presentar sus ideas a sus colegas en las reuniones? ¿Por qué (no)?

C Pregúntele a su compañero/a cuándo fue la última vez que sintió las siguientes emociones. Escriba sus respuestas en oraciones completas. ¡Recuerde el uso correcto del pretérito y del imperfecto!

Ejemplo: *¿Cuándo fue la última vez que Ud. tuvo miedo?*
La última vez que yo tuve miedo fue cuando iba en avión.
¿Por qué? ¿Qué pasó?
Hubo una tormenta (storm) tremenda.

1. tener celos de alguien
2. tener mucha prisa
3. tener vergüenza
4. tener mucha suerte
5. tener ganas de llorar

VII. Expresiones con ponerse + adjetivo

Se usa la construcción **ponerse** + adjetivo para describir el comienzo de una emoción o estado temporal. Recuerde que el verbo **ponerse** es reflexivo.

Ejemplos: Ellos se ponen nerviosos cuando tienen que hacer presentaciones delante del director.
They get nervous when they have to make presentations before the CEO.

La secretaria se puso muy enferma la semana pasada.
The secretary got/became really ill last week.

Algunos ejemplos de estas expresiones son

Expresiones en español	Equivalente en inglés
PONERSE...	
enfermo/malo	*to become ill*
triste	*to become sad*
contento/alegre	*to become happy*
nervioso	*to get nervous*
preocupado	*to get worried*
furioso	*to become furious*
enfadado	*to get angry*
rojo	*to turn red*
pálido	*to become pale*

PRÁCTICAS

A Lea las siguientes situaciones y explique cómo se pone Ud. normalmente en esas circunstancias y por qué.

1. Su jefe se enfada con Ud. delante de todo el departamento.
2. Ud. tiene que dar un discurso (hablar sobre un tema) delante de cientos de personas.
3. Ud. recibe una subida de sueldo pero sus compañeros de trabajo no.
4. Ud. tiene que trabajar hasta muy tarde todos los días para terminar un proyecto.
5. La empresa usa una idea que Ud. propuso.

B Ud. es el/la encargado/a mientras su jefe está de viaje. Usando las expresiones de **ponerse,** explique las cosas que ocurrieron en su ausencia en un memorándum. ¡Sea creativo/a!

Memorándum

Fecha: _____

De: _____

A: _____

_____

_____

_____

_____

VIII. Palabras que engañan

Existen varias palabras que nos confunden fácilmente. Para dominar el español, es importante entender sus significados. A continuación tiene los usos de cada una.

apoyar(se): *to support*
mantener(se): *to support (financially), to maintain*
soportar: *to bear, to endure, to put up with*

realizar: *to carry out, to do*
darse cuenta (de): *to realize*

divertirse (ie), pasarlo bien: *to have fun*
tener buen tiempo: *to have good weather*

sentir (ie): *to regret*
sentirse (ie): *to feel*
tener ganas de: *to feel like*

el salario: *monthly or annual salary*
el sueldo: *hourly, daily pay*

el pago: *payment (car, house, electric bill...)*
la paga: *paycheck, (bonus) pay*

Escoja el verbo correcto y conjúguelo en el tiempo correcto si es necesario.

PRÁCTICAS

Apoyar(se)/mantener(se)/soportar

1. Cuando vivía en casa de mis padres, ellos me _____. Pero ahora, que vivo por mi cuenta (*on my own*), yo _____ solo aunque mis padres me _____ emocionalmente. No _____ estar sin ver a mi familia toda la semana así que siempre les hago una visita a mis padres los domingos.

Realizar/darse cuenta de

2. Nuestra empresa _____ la importancia de la tecnología para _____ muchos trabajos que manualmente requieren más tiempo.

Divertirse, pasarlo bien/tener buen tiempo

3. Cuando hace sol y nosotros _____, nos gusta pasear por

   el parque. Allí _____ con nuestros amigos tomando el sol.

Sentir/sentirse/tener ganas de

4. Yo _____ mucho no poder salir contigo esta tarde. No

   _____ bien y _____ ir a mi casa para des-

   cansar un rato.

El pago/la paga/el salario/el sueldo

5. Tengo que hacer _____ del alquiler y del teléfono.

6. Los empleados recibieron _____ extra en Navidad.

7. Los jefes cobran un buen _____.

8. Los obreros no cobran al mes sino a la hora. Su _____ es

   de unos doce euros.

ACTIVIDADES COMUNICATIVAS

I. ¡Escuchemos!

A **¡Se busca!** Mientras escucha las ofertas de trabajo en la emisora de radio, complete la tabla con la información correspondiente.

Anuncio	Tipo de trabajo	Requisitos del puesto	Forma de contacto
1			
2			
3			

B Ud. necesita encontrar un trabajo y acaba de escuchar el siguiente anuncio de televisión del Buscaempleo.com. Para cada característica de la página web, ponga un círculo en la información correspondiente.

¿Número de currículos?	150.000	18.000
¿Número de ofertas?	150.000	18.000
¿Servicio gratuito?	Sí	No
¿Palabra clave necesaria?	Sí	No
¿Correo electrónico con ofertas nuevas?	Sí	No
¿Número de currículos recibidos cada día?	200	800
¿Número de ofertas recibidas cada día?	200	800

C Escuche la conversación telefónica entre Manuel, un español que acaba de mudarse a Atlanta para trabajar, y una compañera de su antiguo trabajo en Madrid. ¿Cuáles son algunas de las similitudes y diferencias entre los dos países que ha notado Manuel? Apunte tres similitudes y tres diferencias mientras escucha la conversación.

Similitudes	Diferencias
1. _____	_____
2. _____	_____
3. _____	_____

II. Prácticas orales

A **¿Conoce Ud. bien a su compañero/a de clase?** Haga esta encuesta sobre la personalidad de su compañero/a. ¡Después, hable con él/ella para ver si Ud. tiene razón o no!

Verdadero/Falso	1. Él/Ella siempre se pone contento/a al llegar a la clase de español.
Verdadero/Falso	2. Se pone nervioso/a cuando tiene que hacer una presentación en español.
Verdadero/Falso	3. ¡Tiene miedo del profesor/de la profesora de español!
Verdadero/Falso	4. ¡Se pone un poco triste cuando acaba el semestre!
Verdadero/Falso	5. Nunca tiene sueño durante la clase.

B **¿Qué hace su compañero/a de clase cuando...?** Entrevístele y presente sus soluciones a la clase.

1. se pone triste
2. tiene miedo
3. se pone nervioso/a
4. se pone furioso/a
5. tiene ganas de estar solo/a
6. ? ? ?

C Con su compañero/a de clase decida qué características son muy importantes en una entrevista de negocios o en una negociación.

5   Muy importante
4   Importante
3   Sin importancia
2   Mejor evitarlo
1   Evitarlo a toda costa

_____ tutear (usar la forma de tú)
_____ llamar por el nombre de pila (*Christian name*)
_____ dar la impresión de estar seguro/a de sí mismo/a
_____ dar la impresión de estar muy ocupado/a
_____ tener amigos importantes e influyentes
_____ tener buen sentido del humor
_____ tener claridad de expresión
_____ mostrar sinceridad
_____ interrumpir con frecuencia
_____ ser puntual
_____ hablar mal de otra empresa o persona

D **En pareja y luego a dramatizar.** Dramatice el papel con otro/a estudiante para luego hacer presentaciones a la clase.

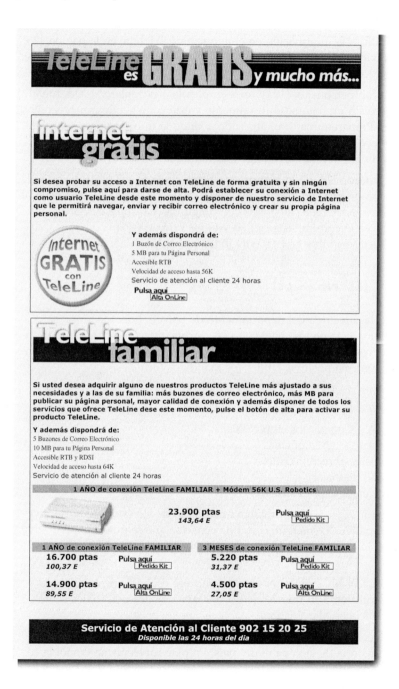

1. **¡Necesito servicio telefónico!** (personajes: Ud. y un/a empleado/a telefónico/a). Ud. acaba de mudarse a Madrid y ha alquilado un estudio. Ud. llama a la Telefónica para que instalen un teléfono. También pide el servicio de identificación de llamada y quiere más información sobre Tele-Line. Utilicen la información en el anuncio de TeleLine en la página 129. No se olviden de preguntar por las opciones de servicio al cliente y si se incluyen los gastos de envío.

2. **¡Qué fallo!** (personajes: Ud. y un/a empleado/a extranjero/a). Ud. fue al extranjero sin prepararse culturalmente y está cometiendo muchos fallos sociales. Preparen una dramatización usando la información presentada en esta lección que enseña la forma incorrecta de hacer los negocios en España. Luego repitan el diálogo enseñando la forma correcta.

3. **¿Qué recuerda Ud. de la historia y cultura de España?** (personajes: Ud. y su compañero/a son los presentadores de un programa de televisión al estilo *Jeopardy*). Creen categorías con preguntas y respuestas en español en cuanto a la cultura, la sociedad y la historia de España. Después, dividan la clase en tres grupos para jugar, ¡en español, por supuesto!

III. ¡Escribamos!

A Ud. es el/la director/a del departamento de personal de una empresa grande. Cree una lista de los cinco consejos (recomendaciones) más importantes para los empleados nuevos sobre cómo resolver uno de los siguientes problemas de una forma positiva. Utilice los mandatos formales.

> **Ejemplo:** *Para combatir el estrés, tome multivitaminas, haga ejercicio un mínimo de tres veces a la semana, hable con los amigos, ...*

PROBLEMAS: Cuando los empleados...
se ponen furiosos en la oficina
se ponen tristes al recibir críticas
tienen miedo de viajar
tienen poca energía por causa del estrés

B En su opinión, ¿cuál es el problema más serio de los estudiantes de hoy? Con un/a compañero/a, creen un cartel de consejos que se puede exhibir en la clase. Utilicen los mandatos formales. Presenten sus recomendaciones a la clase.

C Ud. va a hacer unas prácticas en una empresa española. Escríbale una carta de presentación a su nuevo/a jefe/a. Incluya detalles personales sobre su previa experiencia escolar y laboral.

D Un/a colega español/a viene de visita a su ciudad en EE.UU. y no sabe mucho de la historia de la zona ni del país. Prepare un esquema cronológico (*time-line*) incluyendo los sucesos históricos más importantes en oraciones completas. (10 como mínimo)

PANORAMA CULTURAL

España
■■■

Antes de leer

Para comprender esta lectura, ¡no es necesario entender cada palabra! Algunas veces se puede adivinar el significado de una palabra según el contexto. También hay palabras que son cognados. Es decir, la palabra en inglés se parece a la palabra en español porque vienen de la misma raíz. ¿Sabe Ud. qué significan los siguientes cognados: inmersas, la mayoría, convencidos, vertiginosa, el abismo, la culminación, acostumbrado?

Todavía se ve el contraste entre la España tradicional y la moderna.

¿Cuánto sabe Ud. de los cambios en España durante este siglo? Decida si las siguientes oraciones son verdaderas o falsas. Corrija sus respuestas después de leer el artículo.

1. Hoy en día la mayoría de los españoles trabajan en la agricultura.
2. Los españoles de hoy son más religiosos que sus antepasados.
3. Durante la dictadura de Franco, las mujeres vivían bajo el control de sus maridos.
4. En el pasado la educación cívica y el sentido de lo colectivo eran más importantes que ahora.
5. Antes la familia era lo más importante en la vida de los españoles pero ahora lo es el trabajo.

Lea esta parte de un artículo sobre los cambios que han ocurrido en España en los últimos años, desde el punto de vista de una española, la novelista y periodista Rosa Montero. Después, complete las actividades a continuación.

RETRATO DE ESPAÑA

Todas las sociedades son cuerpos vivos en evolución, todas están inmersas en una continua mutación; pero una de las cosas que diferencian a España de otros países *de su entorno°* es la magnitud y la velocidad de esos cambios. Se pueden citar algunos datos para apreciar mejor lo abrupto del tránsito. Que en 1950, por ejemplo, casi la mitad de la población activa (48%) se dedicaba a la agricultura, mientras que en 1990 sólo lo hacía un 12%, y que hoy la mayoría

around it

del país vive en ciudades (el 84%). Se acabó, pues, la eterna España rural, de *mujerucas con delantales negros y viejos provistos de boina y de garrota°*.

Hay cambios en el estereotipo de la España hipercatólica: en 1970, la inmensa mayoría de los ciudadanos se consideraban buenos o regulares practicantes de su *fe°* (87%), mientras que en 1991 esa apreciación ha descendido a menos de la mitad de la población (49%).

Somos más modernos. Más permisivos, más convencidos de la democracia, educados y cultos. Pero *no perdemos de vista°* nuestra tradición, nuestras raíces. El individualismo sigue marcando nuestras vidas. Parecería que al español le sigue importando mucho más su gente, esto es, esa tribu compuesta por los amigos, los vecinos y los familiares, que la idea del bien común, de la sociedad y del Estado. Por eso mantenemos el interior de nuestras casas *limpio como los chorros de oro°*, pero tiramos sofás viejos y todo tipo de basura a las aceras; y por eso destrozamos los bancos públicos de los parques, que total sólo son públicos, o sea, de nadie. Claro que para ser justos *habría que°* añadir que incluso este *rasgo°* bárbaro en nuestro carácter parece estar empezando a evolucionar, aunque lentamente. Por ejemplo, ya estamos aprendiendo a *guardar cola°* con paciencia y disciplina, en lugar de *colarnos°*. La educación cívica y el sentido de lo colectivo empiezan a *abrirse paso°*. Es un cambio más (quizá uno de los más profundos) dentro de esta etapa vertiginosa.

Nos gustan los clanes, *el copeo°*, las relaciones sociales. Resulta que los españoles somos, junto a los suecos, los europeos que más dedicamos a las relaciones sociales y a estar con los amigos: dos horas y media al día, nada menos. Centramos básicamente nuestra existencia en la familia. De hecho, es lo que más le importa en la vida al 83% de los españoles. Y el nivel de divorcios de la población española es el más bajo de Europa. Además, en España sólo vive sola una persona de cada diez, mientras que la media europea es una persona de cada cuatro.

Muchas de *las mudanzas°* que vivimos ahora empezaron ya en los últimos años del *franquismo°*, como, por ejemplo, la evolución del papel de la mujer en una sociedad que siempre fue muy tradicional y muy machista. El incremento de la población activa femenina *ha seguido siendo°* enorme en los años posteriores: en 1980, el 27% de los trabajadores eran mujeres, mientras que en 1990 ya lo era el 33% (la media de la Unión Europea es el 41%). Hasta el mes de mayo de 1975, por ejemplo, la mujer casada no podía abrir una cuenta en el banco, sacarse el pasaporte, comprarse un coche o trabajar sin el permiso de su marido; y si trabajaba, no podía cobrar su sueldo por ella si así lo deseaba.

Han cambiado tanto las condiciones de vida, ha cambiado tanto la sociedad, y tan rápidamente, que entre los más mayores y los más jóvenes hay un *abismo°*. Un detalle de muestra: sólo el 4% de los jóvenes considera inmoral que una pareja viva junta sin casarse, mientras que esa opinión es mantenida por el 46% de las personas mayores de 60 años.

Una de las cosas que la democracia dio a los españoles fue una inyección de confianza en sí mismos. Tras siglos de sentirse *postergados°*, *derrotados°*, *pobretones°* e inexistentes para el mundo y la historia, en los últimos años se ha ido vi-

---

old women with black aprons and old men with berets and walking sticks

faith

we don't lose sight of

spic and span

one would have to

trait

stand in line

cut in line

make way

having drinks

changes

era of Franco's dictatorship

has continued to be

abyss

passed over; defeated

impoverished

viendo una creciente euforia de poder y de lujo: España es el único país de Europa que aumentó entre 1985 y 1990 su nivel de autosatisfacción y *agrado°*. El español, *derrotista°*, fatalista y acostumbrado ancestralmente a perder, empezó a pensar que podía ganar.

     contentment
     defeatist

    Supongo que la culminación de ese sueño de optimismo fue la ceremonia de inauguración de los Juegos Olímpicos de Barcelona, y concretamente el momento en que salió el equipo español. Todo el país se bañaba en las lágrimas del *embeleso°*. Ahora resultaba que éramos nosotros quienes estábamos en el centro de toda esa gloria. Eran las lágrimas de la *Cenicienta°* al bailar al fin entre los brazos del príncipe en el salón más hermoso del palacio. Pero todas las cenicientas pierden los zapatos al sonar las doce. Así estamos hoy, instalados hoy en el vértigo y la depresión, a medio camino de la modernidad y de la tradición, de la tribu y de Europa, del todo y la nada. Demasiado bien nos están saliendo las cosas para tanta mudanza.

     bliss
     Cinderella

Extraído de *El País Semanal, 1993*

A Explique cada palabra o expresión según el contexto del artículo con oraciones originales.

1. el abismo entre los mayores y los jóvenes
2. los clanes
3. la fe
4. la Cenicienta
5. el optimismo
6. el individualismo
7. las relaciones sociales
8. el franquismo

B ¿Cómo era España antes y cómo es ahora? Para cada aspecto mencionado, escriba una oración explicando los cambios en el país.

Ejemplo: la vivienda
    Antes la gente vivía en el campo pero ahora la mayoría de la gente
    vive en la ciudad.

1. la religión
2. el trabajo
3. la confianza en sí mismo
4. la igualdad de los sexos
5. el matrimonio

C En grupos pequeños, comparen la evolución de España y la de su país en cuanto a uno de los siguientes temas. Prepárense para presentar la información a la clase. Busquen más información en otras fuentes como el Internet si es necesario.

1. el papel de las mujeres en la sociedad
2. la vida personal

3. la moralidad y los valores
4. la economía
5. el trabajo y las carreras

La Feria de Abril en Sevilla es una de las más folklóricas de España.

Actividades de expansión en la Red electrónica

Busque información sobre los siguientes temas en la Red y tráigala a la clase. Incluya las direcciones de las páginas e imprima la información.

1. España está dividida en 17 comunidades autónomas establecidas por la Constitución de 1978. Cada comunidad tiene su propio gobierno y parlamento pero no todas tienen el mismo poder gubernamental. Para entender mejor las diferencias regionales, busque información en la Red y, después, rellene los cuadros con los datos que Ud. encuentre.

Comunidad	Capital	Ciudades principales	Lengua(s)	Industrias principales	Monumentos importantes	Fiestas típicas
Cataluña						
País Vasco						
Madrid						
Andalucía						
Galicia						

2. Busque la página web de una empresa española con presencia en la Red y haga un informe incluyendo lo siguiente: los servicios y productos que presta, el estado financiero, filiales y sucursales, estructura organizacional de la empresa y otros datos.
3. Busque una empresa norteamericana que tenga una página web en inglés y en español. Compare el estilo y el contenido de las dos.
4. Busque y resuma un artículo en una revista virtual hispana sobre uno de los temas de esta lección.
5. Quiere comprar unos productos típicos españoles a través de la Red. Encuentre cinco productos que le gustaría comprar. Para cada producto, apunte los nombres de dos empresas que lo venden con sus direcciones de Internet y los precios.

Las importaciones y las exportaciones

En este capítulo se presentarán los trámites para importar y exportar mercancía. También Ud. conocerá el sistema de transporte de carga por el Canal de Panamá.

Temas relacionados con los negocios

- Las importaciones y exportaciones
- Algunas industrias importantes de Centroamérica
- Las relaciones comerciales entre Centroamérica y Europa

Vocabulario temático

- El transporte marítimo
- La aduana
- Las importaciones y exportaciones

Temas culturales

- Los países de Centroamérica
- Las antiguas civilizaciones precolombinas

Gramática esencial

- El pretérito perfecto y el pluscuamperfecto
- Participios pasados como adjetivos y sustantivos
- Expresiones afirmativas y negativas

- **Gustar** y otros verbos similares
- **Lo** y **lo que**
- Expresiones con **dar, estar, hacer, ir** y **poner**

¡Exploremos por video!

- «Programa de intérpretes en el Hospital Massachusetts General»

¡Escuchemos!

- Anuncio de una agencia de viajes guatemalteca
- Anuncio de una agencia de viajes costarricense
- Concurso en la radio

P A S O S   D E   I N I C I A C I Ó N

Antes de leer

La siguiente lectura describe la historia del Canal de Panamá, cómo funciona y cuál será el futuro del pequeño país ahora que la presencia militar estadounidense ha terminado.

¿Qué sabe Ud. de la República de Panamá? ¿Cuál es la relación actual entre los Estados Unidos y Panamá? ¿Por qué es tan importante para el mundo el Canal de Panamá? ¿Qué papel tenía el presidente Jimmy Carter en el futuro de la República?

Tanto en el Caribe como en la costa pacífica de Centroamérica hay muchas playas casi vírgenes que todavía no han sido explotadas por el turismo.

Estrategias de comprensión

Existen muchas palabras que Ud. ya sabe que le pueden ayudar a entender vocabulario más avanzado que tiene la misma raíz. Adivine qué significan las siguientes palabras que aparecerán en el texto. Primero escriba la palabra que reconoce en español y dé su significado en inglés.

Ejemplo: significado   *significar*   *meaning*

Palabra nueva	Palabra conocida	Significado en inglés
1. ganada	_____	_____
2. beneficiar	_____	_____
3. firmado	_____	_____
4. ingresos	_____	_____
5. mantenimiento	_____	_____
6. contenedores	_____	_____
7. florecer	_____	_____
8. beneficiarse de	_____	_____

Mientras lee. Apunte la información que corresponde a cada número según la lectura.

1. 1977
2. 1950
3. 1914
4. 1903
5. 360.000

6. 1.200
7. 26
8. 1998
9. 30%
10. 100

I. Lectura

La Panamá del siglo XXI

La bandera de Panamá

Si para el resto del mundo la llegada del nuevo milenio ha tenido un **significado** importante, para un pequeño país centroamericano como Panamá todavía más. El 31 de diciembre de 1999 marcó el fin de la presencia estadounidense en el país y la toma de control del Canal por los panameños. El control del Canal, establecido en el **polémico Tratado** Torrijos-Carter de 1977, simboliza también la llegada de la <u>soberanía</u> definitiva a la República de Panamá.

Fue el explorador español Vasco Núñez de Balboa quien descubrió que un trozo de tierra de sólo 50 millas (80 kilómetros) separaba el Atlántico del Pacífico. Tras siglos de especulación sobre la posibilidad de crear una **vía marítima** por el Istmo de Panamá y un **intento fracasado** de los franceses, el Canal de Panamá fue construido por ingenieros norteamericanos con la ayuda de trabajadores de todo el mundo. Y así el Canal de Panamá abrió sus enormes **esclusas** al primer barco en 1914. Panamá, cuya independencia **ganada** a Colombia en 1903 se **debió** en parte **a** la ayuda militar de los Estados Unidos, cedió el control del Canal y más de 360.000 acres de terreno a los Estados Unidos.

Antes de la construcción del Canal, ir de un océano al otro significaba viajar unas 1.200 millas por el peligroso cono de América del Sur. **Hoy en día** un barco puede cruzar el Canal en ocho a diez horas, pasando por una serie de esclusas que lo subirán o bajarán de los 26 metros que diferencian a los dos océanos. La Autoridad del Canal de Panamá establece los **términos bajo los cuales** los barcos del mundo pueden utilizar el Canal. El Tratado de Neutralidad **fue firmado por** el presidente panameño Omar Torrijos y el presidente estadounidense Jimmy Carter en 1977 con el objetivo de evitar ataques contra el Canal durante tiempos de guerra. El tratado estipula que el Canal siempre permanecerá abierto a todas las naciones del mundo sin discriminación.

Un barco que quiere cruzar el Canal puede reservar su día de tránsito, haciendo los trámites necesarios, como rellenar los documentos de reserva **con antelación** y pagar una **tarifa** de reserva. Otros barcos sin reserva cruzarán según el orden en que hayan llegado. Todo tipo de barco está autorizado a utilizar el Canal, desde los cayucos, un tipo de canoa panameña, hasta los barcos cruceros y de **transporte de contenedores.** Cada barco paga un **peaje** según su **peso.** Al llegar al **puerto** de Balboa o de Cristóbal, los barcos pueden **atracar** en el **muelle** para **descargar** o **reabastacerse de combustible.** Hay **remolcadores** que **escoltan** a los barcos al puerto y los llevan **a alta mar** después del tránsito.

El transporte de los contenedores de **carga** es el más importante del Canal, después del transporte de **grano.** El 4% del comercio internacional pasa por el Canal de Panamá. Durante el año fiscal 1998, 13.025 **barcos transoceánicos** atravesaron el Canal, creando unos ingresos de $545,7 millones de dólares para el país. La gran mayoría de los ingresos anuales están destinados al **mantenimiento** del Canal. Gracias a la industria marítima, otros sectores de la economía de Panamá **han podido florecer.** Cerca del Canal se ha creado la **zona libre de impuestos** más grande del hemisferio occidental. Un 30% del comercio de Panamá pasa por la Zona Libre de Colón y representa una importante **fuente de ingresos** para el país.

Panamá es un centro financiero de importancia mundial con más de 100 bancos. Muchas empresas *"offshore"* **se benefician de** las leyes tan estrictas que tiene el país para proteger la **privacidad** de las operaciones comerciales y financieras. Otras reformas recientes como la privatización de muchas empresas estatales, el control de precios y la eliminación de las tasas sobre las importaciones son incentivos atractivos que atraen a más inversores al país. Los Estados Unidos, Japón, Costa Rica y Alemania son los **socios comerciales** más importantes de la República de Panamá, a quienes Panamá exporta camarones y petróleo refinado entre otros productos.

La histórica transferencia del Canal a los panameños no contó con la presencia de ningún **líder actual** de los Estados Unidos, pero sí, de los líderes de Latinoamérica y España. El **único** político estadounidense importante que asistió a la ceremonia fue el ex presidente Jimmy Carter, que fue, en definitiva, quien ayudó a la República de Panamá a conseguir su mayor **meta,** la soberanía. Con el fin de la presencia norteamericana en Panamá desaparece uno de los últimos bastiones del colonialismo en la zona y se abre un nuevo horizonte para el país.

II. Vocabulario activo

Sustantivos

el **barco transoceánico** *ocean-going ship*
la **carga** *cargo*
la **esclusa** *lock (of a canal)*
la **fuente de ingresos** *source of income*
el **grano** *grain*
el **intento** *attempt*
el **líder** *leader*
el **mantenimiento** *maintenance*
la **meta** *goal*
el **muelle** *dock*
el **peaje** *toll*
el **peso** *weight*
la **privacidad** *privacy*

el **puerto** *port*
el **remolcador** *tugboat*
el **significado** *meaning*
la **soberanía** *sovereignty*
el **socio comercial** *trading partner*
la **tarifa** *fee*
el **término** *term*
el **transporte de contenedores** *container shipping*
el **tratado** *treaty*
la **vía marítima** *shipping route*
la **zona libre de impuestos** *duty-free zone*

Verbos

atracar *to dock; to bring alongside*
beneficiarse de *to benefit from*
deberse a *to be due to*
descargar *to unload*
escoltar *to escort*

florecer *to flourish*
haber podido *to have been able*
reabastacerse de combustible *to refuel*
ser firmado por *to be signed by*

Adjetivos y adverbios

actual *present*
fracasado *failed*
ganado *won*

polémico *controversial*
único *only*

Expresiones

a alta mar *out to sea*
bajo los cuales *under which*

con antelación *in advance*
hoy en día *nowadays*

A **Comprensión de lectura.** Explique los siguientes términos en oraciones completas según la información que aparece en la lectura.

PRÁCTICAS

1. el Tratado Torrijos-Carter
2. el peaje
3. el puerto de Balboa
4. la zona libre de impuestos
5. la privacidad
6. los contenedores de carga
7. la soberanía

B **¿Verdadero o falso?** Basándose en la lectura, determine si las siguientes oraciones son verdaderas o falsas. Corrija la oración si es falsa.

1. Panamá ganó su independencia de Colombia en el Tratado Torrijos-Carter.
2. Las esclusas son necesarias porque hay una diferencia de altura entre el Pacífico y el Atlántico.
3. No todas las naciones del mundo pueden utilizar el Canal, sólo los países democráticos.
4. Los barcos pagan un peaje según su tamaño.
5. La mayoría de los ingresos del Canal se invierten en los servicios sociales del país.
6. Muchos líderes de los Estados Unidos asistieron a la ceremonia de la transferencia del Canal a los panameños.
7. Sólo los barcos comerciales pueden utilizar el Canal de Panamá.
8. El negocio más importante del Canal es el transporte de granos.
9. No hay muchas tasas sobre las importaciones a Panamá.
10. Costa Rica es el socio comercial centroamericano más importante de Panamá.

C **Datos esenciales de la República de Panamá.** Llene la tabla con la información correspondiente de la lectura.

La historia del país	
Características del Canal	
Trámites para utilizar el Canal	
Socios comerciales más importantes	
Importantes fuentes de ingresos para el país	

D **Sinónimos.** Empareje cada palabra o frase de la columna A con su sinónimo de la columna B.

A	B
establecer	crecer
soberanía	sin éxito
florecer	empezar
con antelación	presente
fracasado	renunciar
ceder	independencia
términos	antes
actual	cruzar
atravesar	objetivo
meta	reglas

E **¡A ver quién sabe más vocabulario!** Elija diez palabras de la lectura y escriba una definición para cada una sin decir la palabra. Intercambie papeles con un/a compañero/a y adivine a qué palabra se refiere cada definición.

F **Impresiones personales.** Conteste las siguientes preguntas con oraciones completas.

1. ¿Qué opina Ud. de la transferencia del Canal a los panameños? ¿Cree que los Estados Unidos debe mantener una presencia militar en otros países? ¿Por qué (no)?
2. ¿Cree Ud. que el uso del Canal de Panamá debe estar abierto a todos los países del mundo, incluso a los países que apoyan el terrorismo? ¿Por qué (no)?
3. ¿Cuáles son los beneficios de tener una zona libre de impuestos en un país?
4. ¿Qué cosas puede hacer un país para atraer a más inversores?
5. Los panameños están pensando en subir el peaje para utilizar el Canal. ¿Cuáles son las ventajas y desventajas de una subida?

La bandera de Honduras

G **¡Al español!** La empresa hondureña donde Ud. trabaja tiene interés en transportar alguna mercancía por el Canal de Panamá. Su jefe quiere que Ud. escriba una carta a la Autoridad del Canal de Panamá para pedir información. ¡Ayúdele a escribir una carta que incluya las siguientes cosas!

MEMO

Thanks for writing this letter for me! You know my Spanish isn't very good! Please include the following:

- *Description of our company, what we export, where we are based, etc.*
- *Ask if reservations are accepted for a ship wishing to transit the Canal.*
- *Ask how fees are calculated by weight of the ship, amount of cargo.*
- *Ask how long the transit normally takes, and if there is a wait to begin the crossing.*
- *Tell them the ship plans to dock in Cristobal in order to unload the cargo.*
- *Ask if we need to find a representative there to help us with this process.*
- *Thank them for their assistance and give them our fax number.*

Thanks again for your help! I need to brush up on my Spanish!

III. Más terminología comercial

la Aduana de Jurisdicción
local customs office

el aforador
customs agent responsible for
   inspecting merchandise

la agencia de aduanas
customs bureau

aleatoriamente
randomly

el arancel de exportación
customs duty

el bulto
package

la carga (el cargamento) aérea/
   al granel/marítima
air/bulk/ocean freight

la carta de porte/pago
waybill/receipt for payment

comprobar (ue) el recibo o la
   entrega de la mercancía
to verify the receipt or the delivery
   of the merchandise

contra reembolso
C.O.D. (cash on delivery)

el convenio
agreement, pact

el Documento de Traslado
bill of lading

efectuarse
to carry out; to perform

el estibador
longshoreman, stevedore

fletar
to charter (a ship)

la frontera
border

levantar las barreras arancelarias
to lift tariff barriers

la liquidación de impuestos
payment of taxes

la maquinaria pesada
heavy equipment

las materias primas
raw materials

el Ministerio de Hacienda/Salud/Agricultura y Ganadería
Department of Internal Revenue/ Health/Agriculture and Livestock

el porte
postage, shipping costs

el porteador
carrier

Producto Nacional Bruto (PNB)
Gross National Product (GNP)

el punto de embarque
point of origen

el remitente
the shipper

el transporte aéreo/ferrovial/fluvial/ marítimo/terrestre
transportation by air/train/river/sea/land

¿Sabía Ud... ? Lea el siguiente documento que explica los trámites que hay que seguir para importar mercancía a Costa Rica. ¡Léalo con cuidado porque a continuación Ud. será o el/la agente aduanero/a o el/la importador/a!

Los pasos para importar mercancía a Costa Rica

- Seleccionar una agencia de aduanas. Sólo el agente aduanero está autorizado por el Ministerio de Hacienda para realizar los trámites de aduanas.
- Llevar los siguientes documentos:

    Factura comercial
    Carta de porte u otro documento similar, según el medio de transporte elegido
    Fotocopia del pasaporte

- La agencia clasifica el producto que será importado para ver si se requieren otros permisos para la importación. La agencia de aduanas solicita los permisos a nombre del importador. Para hacer esto, el producto debe estar registrado en el Ministerio de Salud o Ministerio de Agricultura y Ganadería, según el producto.
- Después de tener los permisos necesarios, el agente aduanero realiza la Declaración Aduanera de Importación y la presenta en la Aduana de Jurisdicción donde está la mercancía.
- Normalmente, la mercancía será revisada por un aforador (funcionario de aduanas) en el almacén donde se encuentra.
- En otros casos serán revisados los documentos únicamente. Se compara la información consignada en la Declaración Aduanera con el documento de traslado de la mercancía y la factura comercial.
- La tercera posibilidad es la liquidación de impuestos por el importador.
- El método de verificación es seleccionado aleatoriamente.
- Después de la revisión de la mercancía, se pagan los impuestos debidos a través de la agencia de aduanas. Con el sello en la Declaración Aduanera de Importación, el importador o su representante puede retirar la mercancía. *o la transportación del producto al almacén #16*

Extraído de: http:www.procomer.com/espanol/81pasosimportar.htm

La bandera de Costa Rica

PRÁCTICAS

A ¡**Tantas preguntas!** Conteste las siguientes preguntas de un cliente sobre la importación a Costa Rica usando el vocabulario y la información de la lectura anterior.

1. ¿Quién nos puede hacer los trámites de aduanas?
2. ¿Dónde hay que registrar la mercancía?
3. ¿Cuáles son los documentos que necesita el/la agente aduanero/a para hacer los trámites de aduanas?
4. ¿Qué ocurre con la mercancía en el almacén?
5. ¿Cómo se decide el método de verificación de la mercancía en el almacén?
6. ¿Cómo y dónde se pagan los impuestos de aduanas?

B **Conversación dirigida.** Ud. está en San José para seleccionar una agencia de aduanas porque quiere importar manzanas del estado de Washington a Costa Rica, pero no tiene ni idea de cómo empezar los trámites. Dramaticen los papeles del/de la agente aduanero/a costarricense y el/la importador/a. Utilicen la terminología de la lectura sobre las importaciones a Costa Rica.

Agente aduanero/a	Importador/a
Welcomes client, introduces him/herself	Introduces him/herself and explains reason for visit
Explains that you must have an agent to import to Costa Rica	Asks how much agent's fees are
Gives fees, says he/she takes care of all paperwork and payment of taxes	Asks what documents he/she needs to bring
Says that agency needs the invoice, waybill, and copy of passport	Says he/she has the documents, asks where to register the product

Agente aduanero/a	Importador/a
Explains that fruit must be registered with the Department of Agriculture	Asks if the goods are inspected in the warehouse
Says that the inspector verifies customs declarations randomly	Says he/she would like to import the apples in November
Thanks client for visit	Thanks agent for assistance

C **¿Qué tal entiende los documentos comerciales?** Ud. trabaja en la zapatería Rivers y acaba de recibir un pedido. Lea el aviso de porte que acompaña la mercancía y complete la tabla con la información correspondiente.

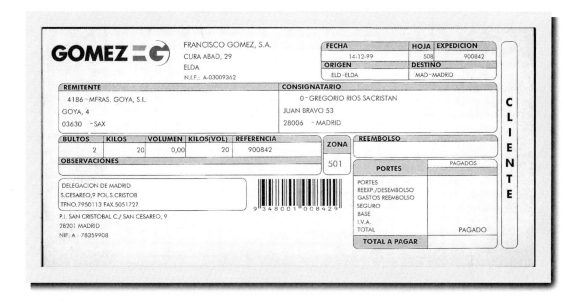

número de paquetes _____	
peso de la mercancía _____	
nombre del remitente _____	
dirección del consignatario _____	
cantidad contra reembolso _____	
punto de destino _____	
punto de origen _____	

¡EXPLOREMOS POR VIDEO!

La salud: "Programa de intérpretes en el Hospital Massachusetts General"

Vocabulario útil del video

el apoyo *support*
beneficiar *to favor*
el/la coordinador/a *coordinator*
disculpar *to excuse, forgive*
el/la enfermero/a *nurse*
entablar diálogo *to begin to talk with*
entrenar *to train*
la espontaneidad *spontaneity*

la expectativa *expectation*
la molestia *discomfort*
el nombre de soltera *maiden name*
la orina *urine*
profesionalizar *to make professional*
la sangre *blood*
el/la terapeuta *therapist*
tratar *to treat*

> **Nota cultural**
> **El Hospital Massachusetts General** goza de fama mundial. La gente viaja a Boston de varios países extranjeros para consultar con los grandes especialistas del hospital en todos los ramos de la medicina.

A Escriba las palabras que Ud. oyó en el video que están relacionadas con las siguientes palabras. Puede ser un sustantivo o verbo que se deriva de esa palabra. Si es un sustantivo, escriba el artículo.

Ejemplo: el traductor *traducir*

1. probar _____
2. el tratamiento _____
3. la terapia _____
4. sangrar _____
5. orinar _____
6. el entrenamiento _____
7. teorizar _____
8. coordinar _____
9. interpretar _____
10. molestar _____

B ¿Son verdaderas o falsas las siguientes oraciones según la información presentada en el video?

_____ 1. La coordinadora de intérpretes es de Nicaragua.
_____ 2. La intérprete no necesita entender la cultura de sus pacientes.
_____ 3. La coordinadora dice que su programa tiene éxito porque no se ha profesionalizado demasiado el puesto de intérprete.

_____ 4. Los médicos en diferentes países tratan al paciente de diferentes maneras.

_____ 5. Los intérpretes tienen que saber cuáles son las expectativas del paciente.

_____ 6. Según la coordinadora, se hablan setenta idiomas en el hospital.

_____ 7. El apellido de soltera de la paciente es Montoya.

_____ 8. La paciente tiene molestias urinarias.

C Mire las preguntas siguientes y escriba una P si es una pregunta que hace un/a paciente normalmente, o una E, si suele hacerla el/la enfermero/a.

Ejemplo: ¿Cómo se llama Ud.?

¿P o E?

_____ 1. ¿Cuál es su nombre y apellido?

_____ 2. ¿Dónde tengo que hacer las pruebas?

_____ 3. ¿Dónde tiene Ud. molestias?

_____ 4. ¡Me duele el brazo! ¿Está roto?

_____ 5. ¿Qué tipo de infección tengo?

_____ 6. ¿Tiene preguntas para el doctor?

_____ 7. ¿Puede Ud. venir para hacerse una radiografía (_X-ray_)?

_____ 8. ¿Puede llenar este formulario?

ESTRUCTURAS FUNDAMENTALES

Repaso gramatical
■ ■ ■

I. El pretérito perfecto y el pluscuamperfecto

A. El uso del pretérito perfecto (*present perfect*). Se usa para indicar una acción ocurrida en un pasado inmediato.

> **Ejemplo:** Hemos entrevistado a mucha gente pero no hemos contratado a nadie todavía.
> *We have interviewed a lot of people, but we haven't hired anyone yet.*

B. El uso del pluscuamperfecto. Normalmente se usa para indicar que una acción se realizó antes de otra acción pasada.

> **Ejemplo:** Ya habían descargado la mercancía cuando llegó el agente aduanero.
> *They had already unloaded the merchandise when the customs agent arrived.*

C. Formación. Se construye con el verbo auxiliar **haber** y el participio pasado del verbo principal.

Presente de haber			Imperfecto de haber		
he	hemos	PARTICIPIO	había	habíamos	PARTICIPIO
has	habéis	+ PASADO	habías	habíais	+ PASADO
ha	han		había	habían	

> **Ejemplos:** No hemos hecho el crucero todavía pero estamos pensando hacerlo este invierno.
> *We haven't taken the cruise yet, but we are thinking about taking it this winter.*
> Cuando llegué, todos habían comido ya.
> *When I arrived, everyone had already eaten.*

D. Los participios pasados regulares. Se forman añadiendo a la raíz del verbo:

-ADO a los verbos que terminan en **-AR:**	**exportado, presentado**
-IDO a los verbos que terminan en **-ER:**	**comido, debido**
-IDO a los verbos que terminan en **-IR:**	**dormido, recibido**

E. Algunos participios pasados irregulares.

abrir	**abierto**	inscribir	**inscrito**
decir	**dicho**	morir	**muerto**
describir	**descrito**	(pre)ver	**(pre)visto**
(des)cubrir	**(des)cubierto**	resolver	**resuelto**
(de)volver	**(de)vuelto**	romper	**roto**
escribir	**escrito**	satisfacer	**satisfecho**
freír	**frito**	(su)poner	**(su)puesto**
hacer	**hecho**		

F. Note que los siguientes participios llevan acento. Si la raíz de un verbo **-er/-ir** termina en **a, e, o,** se pone un acento en la **i** (de **-ido**) para no crear un diptongo.

traer	**traído**	leer	**leído**	oír	**oído**

G. **Ya** (*already*) y **todavía no** (*not yet*) son adverbios que se presentan con frecuencia con este tiempo verbal.

Ejemplos: Julián ya ha ido por pan.
Julian has already gone out for bread.
Todavía no hemos enviado la mercancía por transporte aéreo.
We haven't sent the merchandise by airmail yet.

H. Diferencias entre el pretérito perfecto y el pretérito indefinido. La diferencia entre los dos depende en parte de las costumbres regionales. En Hispanoamérica se usa el pretérito indefinido casi siempre. En España, es más común el uso del pretérito perfecto para hablar de las acciones recién hechas.

A ¡De pie! Levántese y hable con sus compañeros. Para cada pregunta, escriba una oración con el nombre de un/a compañero/a que haya realizado (*has carried out*) la actividad mencionada. ¡Recuerde que no se puede hablar inglés durante esta actividad y que hay que usar el pretérito perfecto correctamente!

PRÁCTICAS

Ejemplo: comer en un restaurante salvadoreño
¿Has comido alguna vez en un restaurante salvadoreño?
Sí, he comido muchas veces en un restaurante salvadoreño.
Lisa ha comido muchas veces en un restaurante salvadoreño.

visitar Centroamérica
comer cebiche (*marinated raw fish*)

nadar en el Mar Caribe
ver el Canal de Panamá
visitar las ruinas mayas
conocer a alguien de Centroamérica
ver una telenovela (*soap opera*) en español
volver a ver a tu primer/a profesor/a de español
hacer una excursión en barco
leer una revista en español
escuchar música centroamericana

B **¿Cómo ha cambiado su vida desde que llegó a la universidad?** Apunte dos oraciones para cada categoría. Luego, compare sus experiencias con las de un/a compañero/a de clase.

Ejemplo: *Desde que llegué a la universidad he sacado mejores notas y he jugado en un equipo de baloncesto.*

1. su vida social
2. su dieta
3. su estado económico
4. sus relaciones amorosas
5. sus relaciones familiales
6. su salud
7. su conocimiento del mundo
8. su manera de vestirse
9. sus metas profesionales
10. su manera de pensar

C **¿Qué había ocurrido antes de que pasaran las siguientes cosas?** Explíquele a su compañero/a lo que (no) había hecho cuando ocurrieron las siguientes cosas, usando el pluscuamperfecto y palabras como **ya** y **todavía.**

Ejemplo: Cuando entró el profesor, yo ya...
Cuando entró el profesor, yo ya había sacado el libro y el cuaderno.

1. Cuando sonó el despertador esta mañana,...
2. Antes de estudiar español,...
3. Antes de entrar en la universidad,...
4. Cuando me fui a la cama anoche,...
5. Antes de tener diez años,...
6. Antes de graduarme del instituto (escuela secundaria),...

D **Oficina de importaciones y exportaciones.** El Sr. López ha salido de vacaciones. Mire la lista de cosas que tenía que hacer antes de irse y escriba oraciones sobre lo que ha hecho y no ha hecho.

MEMO	
	mandar fax al almacén
✔	*resolver problema de aduanas*
✔	*redactar carta a la compañía marítima de transportes*
	devolver el manuscrito al director de finanzas
✔	*escribir mensaje electrónico al Ministerio de Hacienda*
✔	*hacer una reservación en el Hotel Miramar*
✔	*cancelar el correo de casa*
	leer los folletos de turismo

II. Participios pasados como adjetivos y sustantivos

A. El participio pasado se puede usar como adjetivo con el verbo **estar** para describir la condición, posición o situación del sujeto. Se modifica el adjetivo según el sujeto.

> **Ejemplos:** La mercancía estaba **perdida** en el almacén.
> Los barcos están **parados** en la bahía, esperando permiso para entrar en el puerto.
> La República de Panamá está **situada** entre Costa Rica y Colombia.

B. La condición del sujeto puede ser el resultado de una acción previa o de una acción en marcha.

> **Ejemplos:** El contrabando está **confiscado.**
> Los importadores están **preocupados** por los cambios aduaneros.

C. Como cualquier adjetivo, el participio pasado puede sustituir a otro sustantivo.

> **Ejemplos:** Los trabajadores jubilados   Los **jubilados**
> *Retired workers*   *Retirees*
> Los estudiantes graduados   Los **graduados**
> *Graduated students*   *Graduates*

D. Algunos participios se han usado con tanta frecuencia que ya se usan como sustantivos.

Ejemplos:

el bordado	*embroidery*	el hecho	*fact*
el delegado	*delegate*	el invitado	*guest*
el dicho	*saying*	el pedido	*order*
el empleado	*employee*	el puesto	*job, position*
el graduado	*graduate*		

PRÁCTICAS

El café es la exportación más importante de Centroamérica. Le sigue la fruta, el azúcar de caña y los mariscos.

A Lea la siguiente información sobre la economía de Costa Rica. A continuación, use las palabras dadas y la información del texto para escribir oraciones, usando el participio pasado como adjetivo o sustantivo.

El café de Costa Rica es famoso en todo el mundo por su calidad. En los últimos años otros productos han salido al mercado mundial, incluidos los textiles, la piña, los vegetales y las flores. Actualmente, los productos más exportados son los textiles, seguidos por los microcomponentes electrónicos, un sector de la economía recién establecido. En cuanto a los servicios, el turismo genera importantes ingresos gracias a la belleza de las playas, los paisajes, los volcanes, el bosque lluvioso y la diversidad de la naturaleza de Costa Rica. Se espera una subida en el número de turistas en los próximos años.

Ejemplo: la industria/estar/supervisar/por
La industria del turismo está supervisada por el gobierno.

1. el café de Costa Rica/estar/reconocer/por
2. el producto/más/exportar/ser
3. otros productos/recién/salir/ser
4. un sector/recién/establecer/ser
5. el turismo/estar/prever

B Escriba cada oración de otra forma, usando un participio pasado como adjetivo o sustantivo.

Ejemplo: Nicaragua *se sitúa* entre Costa Rica y Honduras.
Nicaragua está situada entre Costa Rica y Honduras.

1. Muchas ruinas mayas *se han perdido* en las selvas de Centroamérica.
2. *Hacen* muchos productos de plata en Centroamérica.
3. Las mujeres del grupo indígena Cuna de Panamá siempre *se visten* con trajes de muchos colores y fantásticos collares de oro.
4. En los mercados de Guatemala se puede comprar ropa que *bordan* a mano las mujeres indígenas.
5. Muchos volcanes *rodean* el Lago Atitlán en Guatemala.
6. Las Islas San Blas *se sitúan* en la costa de Panamá.
7. *Se ha cargado* la mercancía en los contenedores en el muelle.
8. El gobierno *destina* la gran mayoría de los ingresos anuales al mantenimiento del Canal.

El bordado de los huipiles (blusas mayas) es una tradición transmitida por las mujeres mayas de generación en generación.

III. Expresiones afirmativas y negativas

Afirmativo	**Negativo**
algo *something, anything*	**nada** *nada*
alguien *someone, anyone*	**nadie** *no one*
algún *some, any, someone*	**ningún** *none, no one*
alguno/a/os/as	**ninguno/a/os/as**
siempre *always*	**nunca** *never*
alguna vez *ever*	**jamás** *never*
también *also*	**tampoco** *neither*
todavía/aún *still, yet*	**ya no** *no longer*
ya *already*	**todavía no** *not yet*
o *either, or*	**ni** *nor, not even*
o... o *either...or*	**ni... ni** *neither...nor*

A. **Algo** y **nada** se refieren a cosas y objetos.

Ejemplos: ¿Tiene Ud. algo que declarar? — *Do you have anything to declare?*

Sí, tengo algo que declarar. — *Yes, I have something to declare.*

No, no tengo nada que declarar. — *No, I don't have anything to declare.*

B. **Alguien** y **nadie** se refieren a personas. Note que si la persona es el objeto de la oración hay que usar la **a personal**.

Ejemplo: ¿Ha visto Ud. a alguien en aduanas? — *Have you seen anyone in customs?*

 ¡OJO!

No se usa la **a** personal después del verbo **hay**.

Ejemplos: ¿Hay alguien en el almacén hoy? — *Is there anyone in the warehouse today?*
Sí, hay alguien allí hoy. — *Yes, someone is there today.*

Lo siento, no hay nadie allí hoy. — *I'm sorry, there's no one there today.*

C. **Alguno** y **ninguno** son adjetivos que se modifican según la persona o cosa a que se refieren.

Ejemplos: ¿Exportan algunos productos agrícolas?

Sí, exportan algunas frutas tropicales.

Do they export any agricultural products?

Yes, they export some tropical fruits.

Además, **alguno** y **ninguno** pierden la **o** final antes de un sustantivo masculino singular.

Ejemplos: ¿Exportan algún producto químico?

No, no exportan ningún producto químico.

Do they export any chemical products?

No, they don't export any chemical products.

Normalmente se usan **ningún/ninguna**. Sólo se usan **ningunos/as** con sustantivos que siempre son plurales: ningunas tijeras, ningunos pantalones.

Ejemplos: ¿Tienes algunas ideas para nuestro informe?

No, no tengo ninguna idea.

¿Exportan algunos metales preciosos?

No, no exportan ningún metal precioso.

Do you have any ideas about our report?

No, I don't have any ideas.

Do they export any precious metals?

No, they don't export any precious metals.

Si se refiere a una persona que es el objeto de la oración, hay que usar la **a personal**.

Ejemplos: ¿Conoce Ud. a algunos exportadores?

No conozco a ningún exportador.

Do you know any exporters?

I don't know any exporters.

D. **Siempre** y **nunca** son adverbios. **Jamás** es un sinónimo de **nunca** pero muchas veces es más enfático. Se puede usar la expresión **alguna vez** (*ever*) en la pregunta.

Ejemplos: ¿Ha declarado Ud. algo alguna vez?

Sí, siempre declaro algo en aduanas.

No, nunca declaro mucho en aduanas.

Jamás vengo a clase sin mis libros.

Have you ever declared anything?

Yes, I always declare something in customs.

No, I never declare a lot in customs.

I never come to class without my books.

E. **Ni** se usa para conectar palabras o cláusulas negativas. La palabra **ni** significa *not even*. La expresión **ni siquiera** es más enfática.

Ejemplos: No era posible entender ni   *It was not possible to*
aceptar el tratado.   *understand or accept the treaty.*
No tuve ni un momento libre.   *I didn't even have one free*
                                           minute.

¡Ni siquiera abrieron los   *They didn't even open the*
paquetes!   *packages!*

F. La expresión **o... o** presenta dos alternativas. **Ni... ni** niega las alternativas.

Ejemplos: Van a transportar la mercancía   *They are going to transport the*
o por barco o por avión.   *merchandise either by ship or*
                                           by plane.

No tienen ni dinero ni   *They have neither the money*
maquinaria para empezar   *nor the machinery to begin the*
el negocio.   *business.*

G. El uso del **doble negativo** es común en español. Es necesario usar el doble negativo cuando hay dos palabras negativas en la misma frase.

Ejemplos: Nunca declaro nada en   *I never declare anything in*
aduanas.   *customs.*
Nadie ha visto ningún barco   *No one has seen any*
portugués.   *Portuguese ships.*

H. Si la palabra negativa viene antes del verbo, no se usa **no**.

Ejemplos: No salió ningún barco del   *No ship left the port yesterday.*
puerto ayer.
Ningún barco salió del puerto
ayer.

PRÁCTICAS **A** Conteste las preguntas en forma negativa.

1. ¿Invitó Ud. a alguien a la ceremonia?
2. ¿Exporta la empresa algún producto a Japón?
3. ¿Quiere ir al teatro o al cine?
4. ¿Hay algo incorrecto en el documento?
5. ¿Ha importado Ud. alguna vez alguna mercancía de otro país?
6. Yo no voy de viaje a Nicaragua. ¿Va Ud. de viaje?
7. ¿Algunos socios comerciales vienen a la conferencia?
8. ¿Hay algunas materias primas en la fábrica?
9. ¿Ha ido Ud. alguna vez a Centroamérica?
10. ¿Siempre declara Ud. algo en aduanas?
11. ¿Todavía tiene los Estados Unidos bases militares en Panamá?
12. ¿Aún existen aranceles entre los países miembros del mercado común?

B En pareja, contesten las siguientes preguntas, usando las expresiones afirmativas y negativas cuando sea posible. Después, compartan sus experiencias con la clase. Si Uds. no han hecho ninguna de las siguientes cosas, ¡es hora de empezar!

1. ¿Ha escuchado Ud. alguna canción en español recientemente?
2. ¿Ha leído Ud. algo interesante sobre Latinoamérica esta semana?
3. ¿Ha visto Ud. algún programa de televisión en español hoy?
4. ¿Ha bailado Ud. salsa o merengue alguna vez?
5. ¿Ha comprado Ud. algún disco compacto de un grupo latino?
6. ¿Ha usado Ud. el español fuera de clase alguna vez?
7. ¿Ha conocido Ud. a una persona hispana recientemente?
8. ¿Ha hecho Ud. un viaje de ecoturismo en Centroamérica?

C Su compañero/a nunca ha estado en Centroamérica y tiene muchas ideas erróneas sobre la región. Corrija cada oración, usando una expresión afirmativa o negativa. Luego explíquele la verdad a su compañero/a.

1. Siempre hace mucho frío en Centroamérica en invierno.
2. Los Estados Unidos todavía controla el Canal de Panamá.
3. Rigoberta Menchú y Óscar Arias Sánchez son de El Salvador.
4. Ya no existen lenguas indígenas en Centroamérica.
5. Ya no hay nadie de descendencia maya en Centroamérica.
6. Nicaragua y Costa Rica tienen frontera con El Salvador.
7. Ya no hay volcanes activos en Centroamérica.
8. Algunos países centroamericanos eran colonias alemanas.

IV. Gustar y otros verbos similares

A. Formación. Pronombre de complemento indirecto + verbo + sujeto. El verbo **gustar** requiere el uso del complemento indirecto antes del verbo en vez del sujeto porque el sujeto viene después del verbo.

Ejemplos:	Me **gusta** la comida salvadoreña.	*Salvadoran food is pleasing to me.*
	Te **gustan** las playas costarricenses.	*Costa Rican beaches are pleasing to you.*
	Le **gusta** a Irene ir de vacaciones.	*Irene likes to go on vacation.*
	Nos **gustas** tú mucho.	*We like you a lot.*
	Os **gusta** ella también.	*You (all) like her also.*
	Les **gusta** aprender a ellos.	*They like to learn.*

B. Los complementos indirectos. Muchas veces se incluye una frase preposicional para mayor clarificación porque **le/les** tienen varias posibilidades o bien para enfatizar (a mí, a ti...).

A mí	**me**	A nosotros/as	**nos**
A ti	**te**	A vosotros/as	**os**
A él	**le**	A ellos	**les**
A ella	**le**	A ellas	**les**
A Ud.	**le**	A Uds.	**les**
A Ana	**le**	A Juan y a Ana	**les**

C. Verbos como **gustar:**

encantarle a uno
to love, delight in

A los estudiantes les encanta sacar buenas notas.
Students love to get good grades.

extrañarle a uno
to seem strange

Me extraña tu manera de hablar.
The way you talk seems strange to me.

faltarle a uno
to be lacking; to be left

Me faltan dos semanas para marcharme.
I have two weeks left before I leave.

hacerle falta a uno
to need

¿Te hace falta más tiempo?
Do you need more time?

importarle a uno
to care about

¿Le importa a Ud. si llego un poco tarde?
Do you care if I arrive a little late?

interesarle a uno
to interest

A los profesores les interesó el tema.
The professors were interested in the topic.

molestarle a uno
to be bothered

No me ha molestado mucho la demora.
The delay didn't bother me much.

parecerle a uno
to seem; think of

¿Qué te pareció la artesanía local?
What did you think of the local handicrafts?

sorprenderle a uno
to surprise

No me sorprende que los turistas compren mucho en la zona libre de impuestos.
It doesn't surprise me that tourists buy a lot in the duty free zone.

tocarle a uno
to be one's turn;
to be assigned

Nos toca hablar ahora.
It's our turn to talk now.
Te toca la sección V.
You're assigned section V.

A **Una entrevista.** Hágale una entrevista a un/a compañero/a de clase sobre la información a continuación. También pregúntele por qué piensa así. Luego, comparta la información con la clase.

Ejemplo: ¿gustar/leer el periódico?
¿Te gusta leer el periódico?
Sí, me gusta mucho porque así me informo de las noticias actuales.

1. ¿interesar/estudiar otro idioma?
2. ¿molestar/proyectos en grupo?
3. ¿encantar/viajar a países extranjeros?
4. ¿interesar/seguir estudiando el español?
5. ¿tiempo/faltar/para graduarse?
6. ¿importar/los sucesos actuales?
7. ¿hacer falta/conseguir un trabajo?
8. ¿extrañar/las costumbres de otros países?
9. ¿tocar/hacer algo en casa esta noche?
10. ¿sorprender/los precios de los libros universitarios?

B Complete la oración con los pronombres necesarios y el verbo en su forma correcta.

Ejemplo: A mí/interesar...
A mí me interesa el comercio internacional.

1. A mi madre/molestar...
2. A nosotros/hacer falta...
3. A ti/encantar...
4. A mi mejor amigo/a y a mí/gustar...
5. A los estudiantes/importar...
6. A vosotros/faltar...
7. Al/a la profesor/a/extrañar...
8. A mí/tocar...
9. A Ud./parecer...
10. A ti/sorprender...

C Julia se fue de vacaciones a Centroamérica. Mire las siguientes escenas del viaje que hizo Julia a varios países de Centroamérica. Describa sus impresiones con verbos como **gustar** en el pretérito.

Ejemplo: *A Julia le pareció fascinante la artesanía.*

V. La nominalización con **LO** y **LO QUE**

A. La expresión **lo** + **adjetivo** se usa siempre con el adjetivo masculino singular para describir las características o cualidades generales de algo. En inglés se puede decir lo mismo utilizando la palabra *what*. Se dice, por ejemplo, *what is interesting about that is...* o *what I like about the class is...*.

Ejemplos: Lo importante del acuerdo es el Tratado de la Neutralidad.
The important thing about the agreement is the Treaty of Neutrality.

La mezcla de culturas es lo interesante de Centroamérica.
The mixture of cultures is the interesting thing about Central America.

B. También se puede utilizar **lo** con las expresiones superlativas.

Ejemplos: Lo más fácil del español es la ortografía.
The easiest thing about Spanish is the spelling.

¡Lo menos interesante es la gramática!
The least interesting thing is the grammar!

C. La expresión **lo** + **de** + **frase adjetival** se usa para hablar de un problema, un asunto o un tema. También se puede referir a una parte de algo más grande.

Ejemplos: Lo de la pobreza en Centroamérica me parece triste.
The problem of/business of poverty in Central America is sad to me.

Lo del estado financiero del Canal de Panamá les preocupa.
The issue of/problem of the financial status of the Panama Canal worries them.

Han dejado entrar la mayoría de la carga del barco menos lo de nuestra empresa.
They have allowed the majority of the ship's cargo to enter except our company's part.

D. La construcción **lo** + **adjetivo** + **que** + **ser** significa *how (adjective) something is* en inglés.

Ejemplos: Ahora que trabajo me he dado cuenta de lo importante que es saber otro idioma.
Now that I work I have realized how important it is to know another language.

No comprendimos lo necesario que eran los documentos de aduanas.
We didn't understand how necessary the customs documents were.

E. La expresión **lo que** + cláusula sustantiva también se usa para hacer comentarios generales.

Ejemplos: Me molestan los peajes tan altos. Lo que más me molesta son los peajes tan altos.
High tolls bother me. What bothers me the most are the high tolls.

Nos preocupa la falta de información. La falta de información es lo que nos preocupa.
The lack of information worries us. The lack of information is what worries us.

PRÁCTICAS

A Use **lo** + adjetivo para escribir oraciones sobre sus opiniones. Comparta sus ideas con la clase, explicando por qué piensa así.

Ejemplo: fascinante/Centroamérica
Lo fascinante de Centroamérica es la mezcla de culturas.

1. mejor/la experiencia universitaria
2. bueno/esta clase
3. malo/trabajar a tiempo completo
4. interesante/historia de Centroamérica
5. divertido/estudiar un idioma
6. bueno/importar de Centroamérica
7. difícil/exportar a otro país
8. peor/trabajar

B Escriba una oración, usando **lo que,** con cualquier expresión de la columna A y un tema de la columna C. Explique su opinión. Use **más** y **menos** de la columna B cuando pueda.

A	B	C
Ejemplo: gustarle a uno	más/menos	esta clase

Lo que más me gusta de esta clase es que hablamos mucho en español. Así aprendo a hablar con más fluidez. Pero, lo que menos me gusta es que tenemos que estudiar mucho. Algunos días yo no tengo tiempo para repasar.

A	B	C
encantarle a uno	más/menos	mi mejor amigo/a
parecerle mal a uno		esta universidad
gustarle a uno		el español
no gustarle a uno		mi vida diaria
hacerle falta a uno		viajar
importarle a uno		el mundo
preocuparle a uno		la naturaleza
interesarle a uno		la política internacional
molestarle a uno		mis profesores

VI. Expresiones con dar, estar, hacer, ir y poner

A. Expresiones con **dar:**

Dar:	a... (un sitio)	to look out onto
	a luz	to give birth
	cuerda	to wind (a watch)
	de comer	to feed
	la mano	to shake hands
	las gracias	to thank
	la vuelta	to turn around
	un paseo/una vuelta	to take a walk

B. Expresiones con **estar:**

Estar de:	acuerdo	to be:	in agreement
	buen/mal humor		in a good/bad mood
	pie		standing up
	vacaciones		on vacation
	viaje		on a trip

C. Expresiones con **hacer:**

Hacer:	caso (de)	to pay attention (to), to heed
	cola	to wait in line
	daño	to hurt
	la maleta	to pack
	regalos	to give a gift
	ruido	to make noise

D. Expresiones con **ir:**

Ir de:	compras	to go:	shopping
	excursión		on an excursion, daytrip
	vacaciones		on vacation
	viaje		on a trip

E. Expresiones con **poner:**

Poner:	atención	to pay attention
	en marcha	to start off, to proceed
	la radio, la tele	to turn on the radio, T.V.
	un telegrama	to send a telegram
	una multa	to give a ticket

PRÁCTICAS

A Ponga los verbos entre paréntesis en el pretérito perfecto o el pretérito indefinido.

1. La policía me (poner) ———————— una multa por sobrepasar la velocidad.
2. Los jóvenes (poner) ———————— la tele a las cinco para ver un partido de fútbol.
3. Esta semana los turistas (ir) ———————— de excursión cada día.
4. El año pasado mis amigos y yo (estar) ———————— de vacaciones en Costa Rica.
5. Ayer, el barco (tener) ———————— que dar la vuelta por no tener los documentos en regla (*in order*).
6. Los delegados se (dar) ———————— la mano cuando se conocieron.
7. Mi hermana mayor (dar) ———————— a luz a dos hijos varones (*male*) anoche.
8. Siempre los barcos (hacer) ———————— cola para pasar por el canal.

B Complete las oraciones con el verbo en el tiempo verbal correcto.

1. El chocolate me ———————— daño.
2. La casa de mis abuelos ———————— a un parque con una fuente y muchos árboles exóticos.
3. Después de comer me gusta ———————— un paseo.
4. Mis hermanos pequeños siempre ———————— mucho ruido cuando juegan.
5. Vamos a ———————— una vuelta por el centro antes de volver a casa.
6. Los países exportadores deben ———————— de acuerdo con los términos marítimos.
7. Es esencial ———————— en marcha un programa para controlar el contrabando en L.A.
8. Cuando se importa, es necesario ———————— caso de las reglas arancelarias.

C Use las expresiones nuevas para hacer una encuesta de diez preguntas interesantes. En grupos de tres o cuatro, intercambien las encuestas y complétenlas. ¿Tienen costumbres y opiniones similares o diferentes?

Ejemplo: *¿Cuando Ud. se levanta por la mañana o cuando llega a casa, pone la televisión inmediatemente?*
Sí   No   Algunas veces

VII. Palabras que engañan

Existen varias palabras que nos confunden fácilmente. Para dominar el español, es importante entender sus significados. A continuación tiene los usos de cada una.

crecer: *to grow*
criar: *to raise children or animals*
criarse: *to grow up*
cultivar: *to raise (grow) crops or flowers*
educar: *to raise (educate, rear) children*

cumplir: *to fulfill (a promise, wish); to perform (a duty, orders, instructions)*
cumplir... años: *to turn... years old*
cumplir con: *to fulfill one's obligations (to someone)*

fallar: *to fail*
faltar: *to be absent; to fall short; to lack*
faltar a su palabra: *to fail to keep one's word*
faltarle a uno: *to be in need of*

importar: *to import; to matter*
importarle a uno: *to care about*

quedar: *to be located; make plans to meet*
quedar en: *to agree on*
quedarle a uno: *to have (something) left*
quedarse: *to remain, to stay*

Escoja el verbo correcto y conjúguelo en el tiempo correcto si es necesario.

PRÁCTICAS

Crecer/criar/criarse/cultivar/educar

1. Guatemala _____ el maíz (*corn*) desde hace siglos y además, hoy en día, _____ el café. Otro producto que _____ muy bien en el clima de Guatemala es el banano. Los indígenas _____ a sus hijos de una manera muy similar a sus antepasados, los mayas. También _____ animales como los pollos y cerdos para la alimentación. Aunque los niños _____ en el campo, muchos van a la ciudad para buscar empleo de adultos.

Cumplir años/cumplir/cumplir con

2. Antes de _____ los treinta _____ yo quiero _____ _____ mis objetivos profesionales. Cuando mi

padre _____ veintisiete _____ él ya tenía una carrera profesional. Él _____ _____ sus metas profesionales a una edad joven.

Fallar/faltar/faltar a su palabra/faltarle a uno

3. El representante del país exportador _____; no nos mandó los documentos que _____. Seguramente no sabe que a la empresa importadora _____ _____ el certificado de origen del pedido. Es un documento que el consulado del país exportador da certificando el origen de la mercancía. Así que nuestro intento a importar mercancía _____ esta vez pero lo vamos a intentar otra vez en el futuro.

Importar/importarle a uno

4. Honduras quiere _____ productos manufacturados de Alemania y exportarle materia prima. Desgraciadamente hay demoras y sólo van a comerciar juntos si no _____ al Ministro de Comercio esperar unos meses más.

Quedar/quedar en/quedarle a uno/quedarse

5. La Embajada de España _____ en el centro de la ciudad. (A nosotros) _____ sólo unos minutos para llegar. _____ para almorzar con el embajador. Hemos _____ _____ ir a tomar un café después del almuerzo pero no sé si voy a _____ o si voy a volver a la oficina.

ACTIVIDADES COMUNICATIVAS

La Semana Santa empieza el miércoles de ceniza y termina el domingo de Pascua. En Guatemala el visitante puede ver las calles decoradas con motivos cristianos y mayas que muestran la síntesis espiritual de estas dos culturas.

I. ¡Escuchemos!

A **¡Visite Guatemala!** Mientras escucha el anuncio de una agencia de viajes guatemalteca, complete la tabla con la información correspondiente.

Lugar	Ubicación	Atracciones
La Ciudad de Guatemala		
Antigua		
El Lago de Atitlán		

B ¿Ha viajado Ud. a Centroamérica? Si no, la agencia de viajes Viajes Dos Mares le puede preparar un viaje especial a esta zona. Escuche el anuncio de radio de la agencia. Para cada actividad de la lista, escriba una C si se ofrece esta actividad en los viajes a Costa Rica, una G si se ofrece en Guatemala o una P si se ofrece en Panamá.

_____ visitar un pueblo sin carros

_____ ver los volcanes

_____ visitar las ruinas mayas

_____ ir a las playas vírgenes del Caribe y del Pacífico

_____ practicar los deportes acuáticos

_____ ver cómo viven los descendientes de los mayas

_____ ver una de las maravillas del mundo moderno

_____ viajar por las montañas

_____ visitar varias islas

C Escuche el concurso que hacen en el programa de radio. ¿Son verdaderas o falsas las siguientes oraciones según lo que Ud. escuchó? Si la oración es falsa, escriba la información correcta al lado.

1. Para participar en el programa hay que llamar al 3 99 65 00.
2. María es de Los Ángeles.
3. El máximo que puede ganar en el concurso es $300.
4. María ganó $100 en el concurso.
5. Rigoberta Menchú ganó el Premio Nobel de Literatura.
6. Jaime ha viajado a Panamá.
7. Copán es una ciudad maya en Guatemala.
8. Se hace el concurso todas las mañanas.

II. Prácticas orales

A Mesoamérica es un nombre relativamente moderno para designar al territorio de México y Centroamérica donde se desarrollaron las antiguas civilizaciones precolombinas (antes de Colón) como la olmeca, la tolteca, la azteca, la maya... ¿Quiénes eran los mayas? ¿Por qué una civilización tan avanzada desapareció de repente abandonando sus majestuosos centros y pirámides magníficas? Es un misterio que ha fascinado a los antropólogos, arqueólogos, científicos y a los amantes de las civilizaciones precolombinas desde que un explorador y abogado estadounidense, John Lloyd Stephens, descubrió la anti-

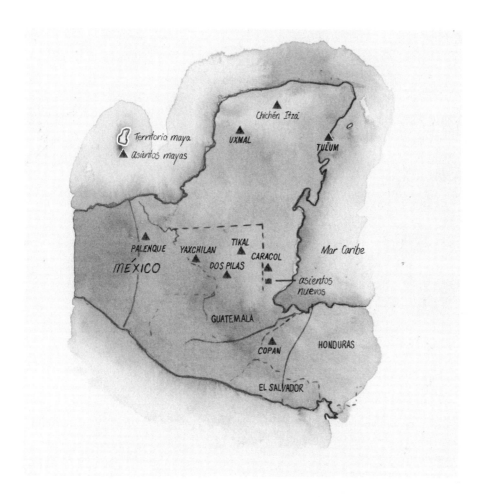

gua ciudad maya de Copán en la selva de Honduras en 1841. Hoy en día los sitios mayas mejor excavados están en Tikal en Guatemala, y Palenque y Chichén Itzá en México. Con un/a compañero/a de clase, preparen una presentación en base a una investigación, sobre una de las civilizaciones precolombinas y preséntensela a la clase.

B En grupos de tres o cuatro hagan una investigación sobre las posibilidades de importar de y exportar a un país centroamericano. ¿Cuáles son los trámites oficiales de importación/exportación en el país? ¿Cómo son los medios de transporte? ¿Cuál es el aspecto más difícil/fácil de hacer negocios allí? ¿Qué mercados se han visto crecer en los últimos años? Hagan tablas y otros gráficos para enseñar los datos visualmente y preparen una presentación de diez minutos para convencerles a los inversores (sus compañeros de clase) de lo rentable que es invertir en ese país.

La figura del Chac Mool, de origen tolteca, es la divinidad de el eluvia entre los mayas. Se cree que usaron estas figuras de piedra para hacer ofrendas a los dioses.

C **¡En pareja y luego a dramatizar!** Dramatice el papel con otro/a estudiante para luego hacer presentaciones a la clase.

1. Piensen en un producto de su estado o región que se podría (*could*) exportar a Centroamérica. Creen un anuncio de televisión para presentarlo en los canales centroamericanos explicando:

   - lo bueno de su producto
   - por qué le hace falta el producto a la gente
   - por qué le va a encantar a la gente

   Recuerden que hay que investigar las costumbres del país antes de elegir un producto para asegurarse de la viabilidad de su idea o en el Internet o en la biblioteca. Por ejemplo, en Panamá no van a vender muchos abrigos de lana pero sí helado. Si tienen cámara de video, ¡graben el anuncio y enséñenselo a la clase para ver qué opinan!

2. Ud. es un/a aduanero/a estadounidense y su compañero/a es un/a exportador/a centroamericano/a que está en su oficina para informarse sobre los trámites para exportar mercancía a los Estados Unidos. Antes de empezar, investiguen las leyes que tenemos sobre las importaciones de Centroamérica o en el Internet o en la biblioteca. Después, dramaticen la reunión, incluyendo la información que Uds. encontraron.

III. ¡Escribamos!

A Su jefe/a va a hacer un viaje a Guatemala para buscar productos para importar a Estados Unidos pero sabe muy poco del país. Le interesa mucho lo que ha leído sobre la industria de los textiles en Guatemala. Usando los siguientes datos, escríbale un informe sobre Guatemala.

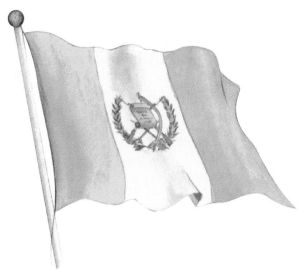

La bandera de Guatemala

Población	11 millones, la más grande de Centroamérica
Productos tradicionales exportados	70% productos agrícolas (50% café, azúcar, plátanos)
Otros productos exportados	Camarones, textiles, ropa, flores cortadas y verduras
Importaciones	Casi 50% de los Estados Unidos (socio comercial caribeño más importante de los EE.UU.)
Medios de transporte	Un aeropuerto equipado para recibir mercancía; sistema de ferrocarril fuera de servicio; carretera Pan-Americana conecta el país con México y Honduras
Fábricas de ropa y otros textiles	500, la mayoría en la capital; 80.000 trabajadores
Incentivos para inversores en el mercado textil	Eliminación de arancel de maquinaria para la industria textil

PANORAMA CULTURAL

Centroamérica

■ ■ ■

Extraído de *El Tiempo Latino*, 1997

Antes de leer

¿Qué sabe de los productos que exporta Centroamérica y quiénes son sus socios comerciales? ¿Cuáles son los países con los que Centroamérica tiene más contacto comercial? A ver si Ud. sabe qué significan las siguientes palabras que aparecen en la lectura. Si todavía no sabe el significado de alguna palabra, recuerde que también se puede usar el contexto donde aparece la palabra para averiguar el significado.

la lucha contra las drogas
la conservación del ambiente
los derechos humanos
las relaciones exteriores
el destinatario

CENTROAMÉRICA ASPIRA A PREFERENCIAS PARA AMPLIAR COMERCIO CON EUROPA

Centroamérica goza desde 1991 del Sistema General de Preferencias (SGP) que permite el ingreso libre de sus productos agrícolas, excepto el banano, al mercado de la Unión Europea (UE). *No obstante°*, los países del istmo, que buscan depender menos de la agricultura tradicional, pretenden ahora que se extienda a los productos industriales y agroindustriales de Centroamérica los beneficios del SGP que fueron concedidos al grupo andino desde 1971 para apoyar su lucha contra las drogas.

    La Unión Europea es el segundo socio comercial más importante de Centroamérica, después de Estados Unidos, pues *coloca°* en ese mercado casi una cuarta parte de sus exportaciones al mundo, principalmente en café, banano, plantas ornamentales y frutas tropicales. Un 65% de las exportaciones está constituido por el café y el banano, productos sujetos a *sensibles°* variaciones de precio en los mercados internacionales.

    Mientras que en 1989, Centroamérica vendió productos a la Unión Europea por un valor de 1.884 millones de dólares, ese *monto°* alcanzó en 1995 los 3.133 millones, es decir se registró un incremento del 66%.

    Además, Centroamérica importó de Europa (principalmente joyería, perfumes, medicamentos, vehículos, motores eléctricos) por 2.545 millones de dólares en 1995, en tanto que en 1989 el valor de esas compras eran de 1.519 millones, un 67% menos.

    De Centroamérica, Costa Rica es el país que más exporta a la UE, seguido por El Salvador y Guatemala, mientras que por parte de los europeos, Alemania es el que más compra a los centroamericanos, principalmente banano.

    Los cancilleres aprovecharon la cita en *La Haya°* para promover al istmo como una región que *pretende°* dinamizar su comercio, crear un buen clima para las inversiones y avanzar hacia el desarrollo.

    Además de las relaciones comerciales, los delegados centroamericanos discutieron en San José XIII las formas para que Europa continuara ayudando a Centroamérica, tanto en cooperación técnica como financiera.

    Según el embajador de la Unión Europea para Centroamérica, la Unión Europea tiene interés en *reforzar°* los programas de ayuda social y los programas orientados a la consolidación del Estado de derechos, los sistemas de justicia, la conservación del ambiente, el respeto a los derechos humanos y la profesionalización de las policías.

    Centroamérica es el principal destinatario de la ayuda per cápita de la Unión Europea en el mundo, y recibe el 50% del total de cooperación europea para América Latina, según datos oficiales.

    A San José XIII, asistieron, además de Naranjo (Costa Rica), los cancilleres Delmer Urbizo (Honduras), Emilio Álvarez (Nicaragua), Ricardo Arias (Panamá), Eduardo Stein (Guatemala) y el viceministro de Relaciones Exteriores, Promoción y Cooperación Internacional de El Salvador, Héctor González.

Extraído de *El Tiempo Latino*, 1997.

Nevertheless

places

sensitive

amount

The Hague
is trying

strengthening

Actividades de comprensión

A Explique el significado de cada palabra o expresión dentro del contexto del artículo.

1. la agricultura tradicional
2. las variaciones de precio
3. los derechos humanos
4. dinamizar el comercio
5. el Sistema General de Preferencias

B **¡Un debate!** En grupos de cuatro, elijan una de las siguientes preguntas para debatir. Dos de Uds. tomarán una postura y los otros dos tomarán la postura contraria. ¡Discutan el tema delante de la clase! Después, sus compañeros decidirán quiénes han ganado el debate. ¡Incluyan muchos datos, fotos y gráficos relevantes para ganar!

1. ¿Es relevante el tema de los derechos humanos a la hora de hacer negocios con los países de Centroamérica o es un asunto interno de cada país?
2. ¿Es importante asegurarse de la conservación del ambiente por parte de las industrias antes de entrar en negocios con los países de Centroamérica o tienen los centroamericanos derecho a utilizar sus recursos como les parezca mejor?
3. ¿Deben los países de Europa o de Norteamérica exigir que los países de Centroamérica mejoren su sistema de justicia como condición de entrar en negocios o es un tema que no tiene nada que ver con los negocios internacionales?
4. ¿Es justo que reciban algunos países preferencias económicas o deben tener todos los países las mismas oportunidades?

C Investigue o en el Internet o en la biblioteca los acuerdos que hay entre los Estados Unidos y Europa o los Estados Unidos y México en cuanto a las importaciones y exportaciones. ¿Cómo se comparan estos acuerdos con el acuerdo que hay entre Europa y Centroamérica? ¿También se mencionan problemas como los derechos humanos, el sistema de la justicia y la conservación del ambiente en los acuerdos? ¿Hay otros temas de importancia? Escriba un informe de una página, comparando los acuerdos. ¿Cuál le parece mejor y por qué?

La bandera de Nicaragua

La bandera de El Salvador

Actividades de expansión en la Red electrónica

Busque información sobre los siguientes temas en la Red y tráigala a la clase. Incluya las direcciones de las páginas e imprima la información.

1. Centroamérica se compone de siete paises incluyendo Belice, anteriormente conocido como *British Honduras,* hasta que logró su independencia de Inglaterra en 1981. Para entender mejor las diferencias y similitudes de cada país centroamericano, busque información en la Red y, después, rellene los cuadros con los datos que Ud. encuentre.

País	Capital	Ciudades principales	Productos importados	Industrias principales	Productos exportados	Grupos étnicos
Guatemala						
El Salvador						
Honduras						
Nicaragua						
Costa Rica						
Panamá						

2. Busque y resuma un artículo en una revista virtual hispana sobre uno de los temas de esta lección. Para encontrar una revista, se puede hacer una búsqueda en el Internet, usando palabras clave como *"Spanish magazine"* o *"revistas"*. También hay periódicos en español como *El País* (www.elpaís.es) o *El Mundo* (www.el-mundo.es) que tienen sus propias revistas accesibles por sus páginas web.

3. Quiere comprar artesanía típica centroamericana a través de la Red. Encuentre cinco productos que le gustaría comprar. Para cada producto, apunte los nombres de dos empresas que lo venden con sus direcciones de Internet y los precios en la divisa del país. Después, convierta el precio a dólares, usando la información más actual del periódico o de una de las muchas páginas financieras del Internet.

4. Compare las culturas de dos países de Centroamérica. Complete la tabla con datos sobre la gente, la geografía, las lenguas, la alfabetización, la música, el arte, la literatura, etcétera.

Diferencias

País: _____   **Semejanzas**

- _____
- _____   _____
- _____
- _____   _____
- _____

_____

_____   **Diferencias**

                                           País: _____

_____   - _____
                                           - _____
                                           - _____
_____   - _____
                                           - _____
_____   - _____

5. Su empresa quiere investigar la posibilidad de importar un producto de Centroamérica a los Estados Unidos. En la Red, busque un producto que le interese. Algunos productos de interés pueden ser la artesanía, los textiles, la fruta, la madera, el café, la cerámica, las flores, etcétera. Rellene el siguiente informe para su jefe/a con la información que Ud. ha encontrado en la Red.

MEMORÁNDUM

Descripción del producto

Nombre/dirección/teléfono/página web del exportador

Descripción breve de la economía del país

Posibilidades para transportar la mercancía del país a los Estados Unidos

Razones por las cuales le parece un buen negocio para la empresa

El comercio electrónico y la tecnología

En este capítulo Ud. conocerá mejor el mundo de la tecnología, el fenómeno del comercio electrónico y el funcionamiento del Internet.

Temas relacionados con los negocios

- El comercio electrónico
- El Internet y la tecnología
- Haciendo los negocios en Argentina

Vocabulario temático

- La computadora
- El Internet

Temas culturales

- Los países del Cono Sur

Gramática esencial

- El futuro simple y el futuro compuesto
- Los mandatos informales
- La forma comparativa, superlativa y de igualdad
- Los usos de **por** y **para**

¡Exploremos por video!

- «Las Madres de la Plaza de Mayo»

¡Escuchemos!

- Entrevista con un empresario de una empresa punto com
- Anuncio de una tienda virtual
- Anuncio del calendario cultural de Jujuy, Argentina

PASOS DE INICIACIÓN

La bandera de Argentina

Antes de leer

La lectura a continuación presenta al lector el mundo del comercio electrónico, su impacto revolucionario en los negocios y lo que se necesita para moverse por el ciberespacio.

¿Cuántas transacciones puede Ud. nombrar que se pueden realizar a través de la Red? ¿Cuántas ha hecho Ud. últimamente? ¿Cuál forma de pago es la normal? ¿Qué tipo de información se puede encontrar en la Red y qué se necesita para conectarse? ¿Qué formas de comunicación se están quedando obsoletas debido a la Red? ¿Cree Ud. que las empresas ya establecidas pueden vender más con una dirección "punto com"? ¿Cuáles son las ventajas de vender por la Red? ¿Y las desventajas?

Estrategias de comprensión

En el vocabulario técnico hay muchos cognados que son fáciles de entender si sabe algo de informática. A ver si sabe lo que significan las siguientes palabras.

1. el proveedor
2. el surfeador
3. la servidor
4. el formulario electrónico
5. el navegador
6. hacer clic
7. compañías "punto com"
8. el motor de búsqueda
9. el usuario
10. la Telaraña Mundial

Mientras lee. Subraye todos los términos informáticos que Ud. reconoce mientras lee.

I. Lectura

El mundo tecnológico y el futuro

La Red está cambiando la forma de hacer negocios. Con la evolución del comercio electrónico las opciones para los usuarios son inmensas. Los **navegantes** astutos no tienen que salir de casa y **con un toque del ratón** pueden comprar **desde** flores para el Día de la Madre **hasta muebles de hogar.** Tampoco hay que salir de casa para organizar un viaje. La compra de **pasajes aéreos** se puede realizar a través de las páginas web de las líneas aéreas.

La Telaraña Mundial es un fenómeno reciente que sólo existe desde hace una década. Sin embargo, su impacto sobre el mundo de los negocios ha sido tremendo y todavía se esperan importantes avances en el próximo futuro. Hace unos años sólo las empresas del campo de la tecnología tenían una página web, pero ahora es raro ver un anuncio para un producto sin una dirección del Internet. Hoy en día desde las empresas familiares hasta las empresas multinacionales tienen una página web para ofrecer sus productos al mercado global. Los abogados, los contables, los agentes de publicidad e incluso los políticos se han visto obligados a cambiar su forma de trabajar.

El usuario con una computadora y un módem todavía no está listo para conectarse a la Red electrónica. Falta contratar a un proveedor que conectará su computadora a un servidor. El servidor está conectado con todos los **demás** servidores del mundo y tiene la importante función de almacenar y transmitir todo lo que sus clientes mandan a y reciben de la Red. Es importante buscar un proveedor que ofrezca una conexión rápida al Internet. El tipo de módem también afecta la **rapidez** de la conexión, los que envían datos a través de la línea telefónica son bastante más lentos que los que utilizan el cable de televisión para transmitir datos.

Una vez conectado a la Red, el usuario necesita un **navegador,** un programa que sirve para moverse por el ciberespacio. Para buscar información concreta se utiliza un **buscador,** también conocido como el motor de búsqueda, como Yahoo, Altavista u Olé. Cuando el usuario escribe unas palabras en el **cajetín de búsqueda,** el buscador le saca una lista de páginas que contienen esas palabras. Sólo hay que hacer clic en una de las direcciones de la lista para ir a esa página.

Una de las expresiones más escuchadas en este momento es la del "comercio electrónico", pero muchos no saben exactamente lo que es. Básicamente, es el uso de las telecomunicaciones para participar en la compra y venta de productos y servicios que el cliente recibirá por vías tradicionales o digitales. Las empresas que participan en el comercio electrónico suelen tener un catálogo de productos que el consumidor puede pedir desde su página web, **metiendo** los datos de su tarjeta de crédito en el formulario electrónico.

Allí es donde surge una de las preguntas más importantes para el comercio electrónico: ¿Es **seguro** hacer transacciones monetarias por la Red? Las empresas insisten en que es más seguro usar una tarjeta de crédito por la Red que en una tienda o un restaurante. No obstante, la **desconfianza** del público **crece** cada vez que sale un caso en las noticias de **piratas informáticos (háckers)** que consiguen robar información financiera a través de una página web. Las grandes empresas tecnológicas como Microsoft están invirtiendo millones de dólares para mejorar la seguridad del comercio electrónico.

El uso de la tarjeta de crédito, tan **extendido** en los Estados Unidos, puede ser una desventaja para los negocios que quieran conseguir clientes en otros países a través de la Red. En Latinoamérica, por ejemplo, las cuentas bancarias y las tarjetas de crédito son mucho menos comunes que aquí. Menos gente tiene computadoras en casa, y los sistemas de correo son menos **fiables** que el sistema de EE.UU. También las tarifas de los proveedores del Internet y las compañías telefónicas de América Latina suelen ser muy altas. Sin embargo, el uso del Internet está **aumentando** más rápidamente en Latinoamérica que en el resto del mundo.

Algunos estudios indican que la gran mayoría de las empresas virtuales **fracasan** por distintas razones. **En esta época** de las compañías "punto com", hay muchísima competencia para conseguir inversores. También es importante recordar que la Red sólo es una **herramienta**. Una empresa virtual sigue necesitando la misma planificación y las mismas estrategias comerciales que cualquier otro negocio. La empresa tiene que **mantenerse informada** sobre los avances tecnológicos e intentar implementarlos para no **quedarse obsoleta**. Incluso las empresas ya establecidas tendrán que meterse en el mundo electrónico para no perder clientes a los nuevos vendedores virtuales. Con la llegada de *Amazon.com* al mercado electrónico, por ejemplo, todos los grandes vendedores de libros se han visto obligados a participar en el comercio electrónico para no perder clientes.

Para una empresa, la Red ofrece una multitud de ventajas sobre la forma tradicional de hacer negocios. Su publicidad llega a más socios, clientes y países con más facilidad que antes. En muchos casos la empresa gasta menos en publicidad, tiene menos **inventario almacenado** y puede ofrecer un servicio de atención al cliente más rápido y **eficaz** gracias al correo electrónico.

A pesar de los **riesgos**, el **internauta** puede **salir ganando** haciendo las compras a través de la Red. **Al encender** la computadora y al conectarse a la Telaraña Mundial, el **surfeador** puede mirar productos de todo el mundo, comparar precios, conseguir información inmediatamente y concertar la entrega de la mercancía, todo a cualquier hora del día. Cada día salen nuevos productos y servicios que se pueden conseguir por la Red. Se puede **hacer la compra**, mandar un regalo de cumpleaños, pedir un libro, pagar las facturas de casa, comprar y **descargar** un programa nuevo para la computadora y **planificar** las vacaciones sin salir de casa o de la oficina.

El comercio electrónico **se ha convertido en** una parte integral de la vida moderna pero es difícil saber cuál será el verdadero impacto de este fenómeno. ¿Cómo cambiará nuestra forma de vivir con la evolución del Internet? ¿Perderemos la oportunidad de tener contacto diario con otros **seres humanos**? ¿Sólo existirán las empresas del futuro virtualmente? ¿Todavía iremos al centro comercial, al supermercado, a la oficina o a la librería dentro de unos años? ¿Pagaremos impuestos sobre las compras electrónicas o no? ¿**Se desarrollarán** las economías de los países en vías de desarrollo gracias a la facilidad de comprar y vender virtualmente? **El tiempo lo dirá.**

II. Vocabulario activo

Sustantivos

el **cajetín de búsqueda** *search box*
la **desconfianza** *mistrust*
la **herramienta** *tool*
el/la **internauta** *internaut, cybernaut*
el **inventario almacenado** *warehoused inventory*
los **muebles de hogar** *home furnishings*

el **navegador** *web browser*
el/la **navegante** *(web) user*
el **pasaje aéreo** *airline ticket*
el/la **pirata informático/a, hácker** *hacker*
la **rapidez** *speed*
el **riesgo** *risk*
el **ser humano** *human being*

Verbos

al + infinitivo *upon + ing form*
aumentarse *to increase*
convertirse en (ie) *to become*
crecer *to grow*
desarrollarse *to develop*
descargar *to download*
encender (ie) *to turn on*

fracasar *to fail*
hacer la compra *to do the grocery shopping*
mantenerse informado/a *to stay informed*
meter *to enter; to put in*
planificar *to plan*
quedarse obsoleta *to become obsolete*
salir ganando *to come out ahead*

Adjetivos y adverbios

los demás *others; remaining*
eficaz *efficient*
extendido *widespread*

fiable *trustworthy*
seguro *safe; certain*

Expresiones

a pesar de *in spite of*
con un toque del ratón *with a click of the mouse*
desde... hasta *from . . . to*

El tiempo lo dirá. *Time will tell.*
en esta época *in these times*
una vez *once; as soon as*

A **Comprensión de lectura.** Complete las oraciones con la información que aparece en la lectura.

PRÁCTICAS

1. La función del proveedor es...
2. El término "comercio electrónico" se refiere al uso de las telecomunicaciones para...
3. Dos razones por qué el comercio electrónico no es tan extendido en Latinoamérica son...

4. Muchas compañías "punto com" fracasan porque...
5. Dos ventajas de usar la Red para hacer negocios son...
6. La desconfianza del público en cuanto al comercio electrónico existe porque...
7. Algunas cosas que el navegante puede hacer desde casa son...
8. En el futuro...

B **¿Verdadero o falso?** Basándose en la lectura, determine si las siguientes oraciones son verdaderas o falsas. Corrija la oración si es falsa.

1. A las grandes empresas tecnológicas no les importa el tema de la seguridad del Internet.
2. El uso del Internet todavía no está creciendo en Latinoamérica.
3. En Latinoamérica no es tan común hacer transacciones monetarias con tarjeta de crédito.
4. Las compañías "punto com" no tienen que tener las mismas estrategias y planificación que las empresas tradicionales.
5. Las empresas que participan en el comercio electrónico tienen que almacenar más mercancía que las empresas tradicionales.
6. En Latinoamérica es más barato hacer llamadas telefónicas y contratar a un proveedor de Internet que en los Estados Unidos.
7. El servidor tiene la función de almacenar y transmitir datos que mandan y reciben sus clientes.
8. El navegador es un programa que permite al navegante moverse por el ciberespacio.

C **Sinónimos.** Busque el sinónimo de cada palabra y escríbalo al lado de su pareja.

Palabra en el texto   **Sinónimo**

1. buscador   _____
2. tocar el ratón   _____
3. rapidez   _____
4. navegante   _____
5. riesgo   _____
6. pirata informático   _____
7. no obstante   _____
8. meter   _____
9. aumentar   _____
10. surgir   _____

> hácker   crecer
> peligro   sin embargo
> velocidad
> hacer clic
> motor de búsqueda
> aparecer   surfeador
> introducir

D **Antónimos.** Dé algunos antónimos para las siguientes palabras.

1. desconfianza   _____
2. empeorar   _____
3. tener éxito   _____
4. salir perdiendo   _____
5. apagar   _____
6. extendido   _____

7. inseguro   _____
8. descargar   _____
9. rapidez   _____
10. desconfiable   _____

E **Impresiones personales.** Conteste las siguientes preguntas y comparta sus opiniones y experiencia con la clase.

1. ¿Con qué frecuencia utiliza Ud. el Internet? ¿Para qué lo utiliza? ¿Le ayuda a ahorrar tiempo o cree que pierde tiempo usándolo?
2. ¿Cree Ud. que es seguro hacer transacciones monetarias a través de la Red? ¿Ha hecho Ud. alguna compra por el Internet? ¿Cómo ha sido su experiencia en cuanto a la rapidez de la llegada de la mercancía, la seguridad, la facilidad de encontrar y pedir el producto, etcétera?
3. ¿Cómo ha cambiado la Red nuestra forma de vivir? ¿Cuáles son las ventajas y desventajas de la Red?
4. ¿Cree Ud. que la Red nos ayuda a mantener contacto con otras personas o reduce el contacto que tenemos con otros seres humanos? ¿Por qué?
5. ¿Conoce Ud. a alguien que todavía no quiera aprender a navegar la Red? ¿Por qué está en contra de usarla?
6. ¿Cómo cree Ud. que el comercio electrónico va a cambiar en el futuro?

F **¿Cómo está su memoria?** Sin mirar la lista de vocabulario, ¿cuántas palabras nuevas relacionadas con cada categoría puede Ud. recordar? ¡No haga trampas!

1. Las personas relacionadas con la Red

_____

_____

_____

_____

2. Las partes de la computadora

_____

_____

_____

_____

3. Las cosas necesarias para conectarse a la Red

_____

_____

_____

_____

4. Los beneficios del comercio electrónico

_____

_____

_____

_____

¿Sabía Ud.... ?

¿Conoce el Cono Sur? Antes de leer, complete cada frase con la información o palabra correcta. Busque la información en el texto si no está seguro/a.

1. Los países del Cono Sur son...
2. ARGENTINA/VENEZUELA es el país con más usuarios del teléfono móvil.
3. Paraguay lleva MÁS/MENOS años como democracia que el resto de Latinoamérica.
4. Argentina, Brasil, Uruguay y Paraguay son los miembros del MERCOSUR/NAFTA.
5. Un tercio de los paraguayos no tienen LUZ ELÉCTRICA/TELÉFONOS.
6. En Buenos Aires el teléfono móvil ES/NO ES un privilegio que sólo tienen unos pocos.

EL CONO SUR

Los países integrantes del Cono Sur son Argentina, Chile, Uruguay y Paraguay. Muchas veces también se incluye el sur de Brasil cuando se refiere a esta zona. Estos países se han visto evolucionar, afectados por una gran diversidad geográfica y climática. El gaucho o *"cowboy"* de la pampa se convirtió en el símbolo nacional de Argentina y Uruguay, con su fuerte estoicismo y sentido de independencia hecho mito en el siglo XIX. Por ser un país pequeño, Uruguay se jacta de una clase media grande con un alto nivel cultural muy superior a otras naciones que le superan en tamaño. Paraguay se ha visto evolucionar de manera introspectiva sin costa, con poco contacto con el mundo externo y dominado por dictaduras militares y un fuerte mercado negro. La costa de Chile mide unas 2.600 millas. Este país ha estado históricamente aislado del resto de Sudamérica por los Andes. El valle central es el centro político, social, cultural e industrial del país. Casi el 70% de la población vive en las ciudades de Santiago, la capital, y Valparaíso, el puerto más grande del país.

La bandera de Chile

¿POR TREN O POR AVIÓN?

Desde un principio, la privatización del transporte de carga por ferrocarril en América Latina, que comenzó en Argentina en 1991, ha dado resultados decepcionantes en el intento de desarrollar redes ferroviarias interconectadas a escala regional, con el fin de aprovechar el proceso de integración económica. Sólo en Argentina existen cuatro tipos diferentes de anchos de vía. En Brasil hay tres y en Chile dos. Esto significa que la carga que llega por vía férrea tiene que ser trasladada a otro tren para cruzar las fronteras. En este proceso se pierde tiempo, dinero y seguridad. En el pasado, las vías férreas se diseñaban pensando en el transporte interno. Pero hoy en día hace falta un sistema de transporte interregional. Para el año 2005, se creará un Área de Libre Comercio de las Américas (ALCA).

La bandera de Uruguay

ARGENTINA A LA CABEZA

Atrás quedaron los tiempos en los que la telefonía celular constituía un privilegio para unos pocos. Las calles de Buenos Aires son un buen ejemplo: comerciantes, mensajeros, empleados y hasta dueños de puestos callejeros lucen muy orgullosos su teléfono móvil. Argentina es el país de América Latina con el mayor índice de penetración de la telefonía móvil. Con 2,2 millones de aparatos, el 6,2% de la población cuenta con un celular. Venezuela ocupa el segundo lugar de esta clasificación, con 890.000 usuarios, logrando una penetración del 4%. Chile ocupa el tercer lugar con 520.000 usuarios y un 3,6% de la población y Brasil ocupa el cuarto lugar de este ranking, con el 2,6% de sus habitantes con aparato inalámbrico. Sin embargo, en cuanto al total de teléfonos celulares en funcionamiento, Brasil ocupa el liderazgo absoluto, ya que cuenta con 4,28 millones de celulares habilitados.

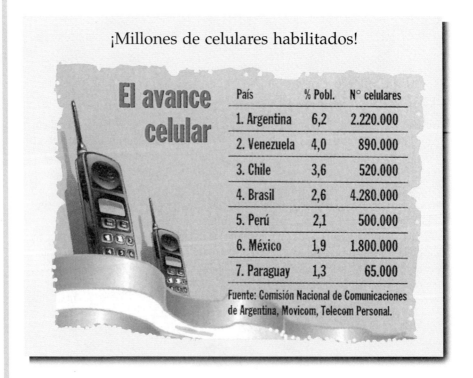

¡Millones de celulares habilitados!

El avance celular

País	% Pobl.	N° celulares
1. Argentina	6,2	2.220.000
2. Venezuela	4,0	890.000
3. Chile	3,6	520.000
4. Brasil	2,6	4.280.000
5. Perú	2,1	500.000
6. México	1,9	1.800.000
7. Paraguay	1,3	65.000

Fuente: Comisión Nacional de Comunicaciones de Argentina, Movicom, Telecom Personal.

PARAGUAY

El 15 de agosto, 1998, el presidente paraguayo, Juan Carlos Wasmosy, entregó el poder a Raúl Cubas en lo que fue el primer traspaso de un gobierno electo a otro en casi medio siglo. En esto, al menos Paraguay se puso al día con el resto de América Latina, donde la democracia política es nueva regla. Cubas, al igual que Wasmosy y el ex dictador General Alfredo Stroessner, pertenecen al Partido Colorado, que se mantuvo en el poder desde 1949. Con la creación del Mercado Común del Sur (Mercosur), que intenta crear una mayor integración económica entre los países miembros de Argentina, Brasil, Uruguay y Paraguay y la apertura comercial de la región, Paraguay se ve como el centro natural de distribución entre empresas que quieren hacer negocios en Mercosur. Paraguay es el socio más pequeño de Mercosur. Pero, para eso, el gobierno necesita mejorar la infraestructura del país. Sólo una décima parte de los caminos están pavimentados, existen apenas tres líneas telefónicas por cada 100 habitantes y un tercio de los paraguayos no cuenta con luz eléctrica en sus casas.

Extraído de *AméricaEconomía*, 1998

La bandera de Paraguay

Ahora le toca a Ud. terminar las oraciones con la información de los artículos anteriores.

PRÁCTICAS

1. No sabía que en Argentina...
2. El gaucho...
3. No sabía que Paraguay...
4. Mercosur...
5. Raúl Cubas, Juan Carlos Wasmosy y el ex dictador General Alfredo Stroessner...
6. En Paraguay...
7. Las siglas ALCA representan...
8. El transporte ferroviario en el Cono Sur es difícil porque...

III. Más terminología comercial

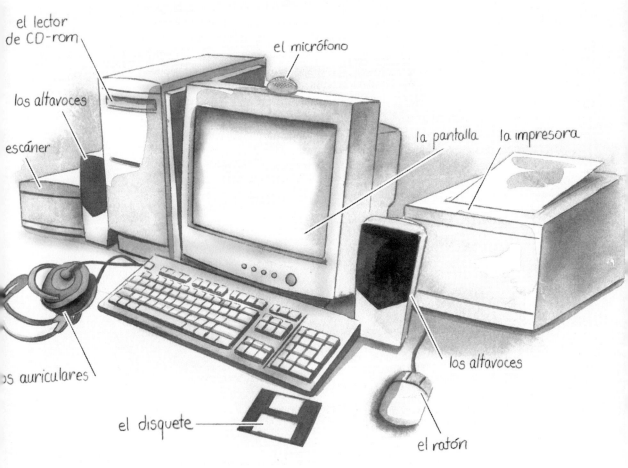

el lector de CD-rom

el micrófono

los altavoces

escáner

la pantalla   la impresora

os auriculares

los altavoces

el disquete

el ratón

adjuntar to attach
archivar/guardar to save (a file)
bajar archivos/descargar to download
borrar to delete
cargar to upload
cerrar/apagar to shut down
comenzar la sesión to log on
ejecutar un programa to run a program
enlazar to link
escanear to scan
formatear to format
hacer una copia de seguridad/un archivo de reserva to create a backup file
instalar to set up
pasar/retransmitir to forward

piratear to hack
recargar to reload
salir to exit
terminar la sesión to log off

A **Vamos de compras.** Ud. y su compañero/a de clase han ganado $5.000 en un concurso de su universidad. Ustedes deciden comprar un ordenador (una computadora). Escriba una lista de los componentes y los accesorios que tendrá su ordenador.

B **Conversación dirigida.** Su empresa vende computadoras y accesorios. Acaba de meterse en el comercio electrónico y ahora tienen clientes en todo el mundo. Un/a cliente de Chile quiere hacer un pedido por teléfono. Escriba y luego dramatice el diálogo que resulta.

Empleado/a	Cliente
Answers the phone, gives name of company	Says hello, wants to order a computer
Asks what type, speed, memory	Gives information, says would like the largest monitor available
Gives size of largest monitor, asks if customer needs scanner or printer	Says yes, would like a scanner and color printer, asks for price of digital camera
Says they are inexpensive now, explains benefits of sending photos attached to e-mails	Orders camera, asks about modem and Internet access
Explains special offer of one year of free Internet access since the order is over a certain amount	Asks when the computer can be delivered
Gives estimated delivery date by airmail, explains that the order is C.O.D. and that the client can check on the delivery date on the company web site	Thanks for assistance and asks if there is technical assistance available
Gives web site address, explains that there is assistance on the web and by phone, advises customer to call if there are problems setting up the computer, thanks caller for order	Thanks, goodbye

C **Navegando la Red.** Use la Red electrónica para hacer una guía del vocabulario esencial para el usuario que quiera navegar la Red en español. Incluya un mínimo de 20 palabras y expresiones como *join a chat group, shopping cart, webmaster*, etcétera. Comparta su lista con la clase para compilar una lista completa para todos.

¡EXPLOREMOS POR VIDEO!

La mujer hispana: "Las madres de la Plaza de Mayo"

Vocabulario útil del video

al correr los años *as the years pass(ed)*	**gritar** *to shout*
asesino *murderer*	**loco** *crazy*
la cárcel *jail*	**luchar** *to fight*
la comisión directiva *governing board*	**olvídese** *forget about it*
copar el poder *to come to power*	**perseguir** *to persecute*
de las entrañas *from your gut*	**patear la puerta** *to kick down the door*
desaparecer *to (make) disappear*	**reclamar** *to claim*
encapuchar *to put a hood on*	**reivindicar** *to vindicate*
embarazada *pregnant*	**subversivo** *subversive*
el genocidio *genocide*	**la tesorera** *treasurer*

Nota cultural

- El 24 de marzo de 1976, una Junta Militar dio un golpe de estado en Argentina e impuso una dictadura represiva y violenta que no respetó ni los derechos humanos ni la libertad de expresión. Entre 1976 y 1982, miles de personas, la mayoría estudiantes universitarios, fueron encarcelados, torturados y desaparecidos por ser considerados subversivos. Se refiere a este período como la **"guerra sucia"**. Unas 6.000 personas desaparecieron.
- Las **Madres de la Plaza de Mayo** hacen sus manifestaciones en la Plaza de Mayo en conmemoración de sus hijos desaparecidos durante la "guerra sucia". Las Madres todavía caminan alrededor del monumento central todos los jueves a las tres y media. Llevan la foto de su hijo prendida en el pecho.

A Termine las frases basándose en lo que Ud. oyó en el video.

1. Las Madres de la Plaza de Mayo se reúnen todavía para...
2. Las dos madres entrevistadas cuentan que sus hijos desaparecieron en el año...
3. Mercedes Meroño dice que sigue luchando para...
4. Según las madres, los militares...
5. Dicen que los militares se llevaron a los argentinos jóvenes porque éstos...
6. Las madres entendieron la importancia de...

B Escriba las palabras que Ud. oyó en el video que están relacionadas con las siguientes palabras. Puede ser un sustantivo o verbo que se deriva de esa palabra. Si es un sustantivo, escriba el artículo.

Ejemplo: desaparecer   *la desaparición*

1. la esperanza
2. reivindicar
3. el asesino
4. encapuchar
5. la cárcel
6. gritar
7. socializar
8. la aparición

C Escriba un ensayo corto de unas 12 oraciones mínimas de sus impresiones personales del video o del tema. ¿Puede pensar en algún caso en que el gobierno o la policía de EE.UU. haya abusado de su poder?

ESTRUCTURAS FUNDAMENTALES

Repaso gramatical
■■■

I. El futuro simple

A. Uso

Se usa el futuro para expresar algo que ocurrirá o existirá en el futuro.

B. Formación

Se añaden las siguientes terminaciones al infinitivo.

trabajar	-é	-emos
comer +	-ás	-éis
vivir	-á	-án

Ejemplos: Después de graduarme, **trabajaré** en una empresa multinacional y **viviré** en el extranjero.

Nosotros **iremos** a visitar las ruinas mayas de Tikal en mayo.

C. Irregulares

Se añaden las mismas terminaciones a los verbos con raíces irregulares.

Infinitivo	Raíz irregular
caber	cabr- (cabré, cabrás, cabrá, cabremos, cabréis, cabrán)
haber	habr- (habré, habrás, habrá, habremos, habréis, habrán)
poder	podr- (podré, podrás, podrá, podremos, podréis, podrán)
querer	querr- (querré, querrás, querrá, querremos, querréis, querrán)
saber	sabr- (sabré, sabrás, sabrá, sabremos, sabréis, sabrán)
poner	pondr- (pondré, pondrás, pondrá, pondremos, pondréis, pondrán)
salir	saldr- (saldré, saldrás, saldrá, saldremos, saldréis, saldrán)
tener	tendr- (tendré, tendrás, tendrá, tendremos, tendréis, tendrán)
valer	valdr- (valdré, valdrás, valdrá, valdremos, valdréis, valdrán)
venir	vendr- (vendré, vendrás, vendrá, vendremos, vendréis, vendrán)

decir	dir- (diré, dirás, dirá, diremos, diréis, dirán)
hacer	har- (haré, harás, hará, haremos, haréis, harán)
	Otros derivados de un verbo con raíz irregular tienen la misma conjugación.
deshacer:	deshar- (desharé, desharás, deshará, desharemos, desharéis, desharán)
suponer:	supondr- (supondré, supondrás, supondrá, supondremos, supondréis, supondrán)

Ejemplo: Los importadores **supondrán** que estamos de vacaciones si no contestamos el correo.

II. El futuro compuesto

A. Uso

Se usa para referirse a una acción futura anterior a otra acción futura.

B. Formación

Se forma con el futuro del verbo **haber** como auxiliar y el participio pasado del verbo que se conjuga. En inglés significa *will have + past participle*.

salir	
habré salido	habremos salido
habrás salido	habréis salido
habrá salido	habrán salido

Ejemplos: Para las dos de la tarde ya *habremos salido* de clase.
By two o'clock we will have already left the class.
Para esas fechas *habrán terminado* la página web.
By that time they will have finished the web page.

A Escriba oraciones sobre el futuro, usando las palabras entre paréntesis. ¿Está de acuerdo con las predicciones o no? Prepárese para explicar sus opiniones a sus compañeros.

Ejemplo: llover/mañana
Lloverá mañana.
Sí, creo que lloverá. / No, no creo que llueva. (presente de subjuntivo)

1. (haber/otra guerra mundial)
2. (los científicos/encontrar/una cura para el cáncer)
3. (los niños/ir/escuelas virtuales a través del Internet)
4. (más personas/trabajar desde casa)
5. (los turistas/viajar en el espacio)
6. (las tiendas/existir virtualmente)
7. (los coches/ser más rápidos)
8. (muchos países del mundo/usar la misma moneda)
9. (haber/más personas en el mundo)
10. (las computadoras/tener más importancia en la vida diaria)

B Escriba preguntas interesantes sobre los siguientes temas, utilizando el futuro. Luego entreviste a su compañero/a y comparta la información con la clase.

> **Ejemplo:** *¿Sacarás un título de posgrado después de graduarte de la universidad? No, trabajaré primero y luego lo pensaré.*

1. el matrimonio
2. los estudios
3. los hijos
4. la vivienda
5. el trabajo
6. el tiempo libre
7. el aspecto físico y la salud

C **Los inventos del futuro.** Termine las frases, utilizando el futuro simple.

1. En el futuro las computadoras...
2. En el futuro las oficinas...
3. En el futuro las casas...
4. En el futuro la televisión...
5. En el futuro el Internet...
6. En el futuro las universidades...
7. En el futuro las familias...
8. En el futuro el comercio electrónico...

D Según estudios del libro *"Exploring Your Future"*, editado por Edward Cornish éstos serán los inventos más importantes del futuro. A ver si Ud. está de acuerdo con sus pronósticos. También subraye (*underline*) todos los verbos que vienen en el tiempo futuro y conteste las preguntas a continuación.

performance
domestic; cleaning

Robot casero: Un equipo sofisticado de alto *rendimiento*° que hará todas las operaciones *caseras*° de *aseo*°, cocina, arreglo, decoración, vigilancia, control, mantenimiento y operación de electrodomésticos. Un excelente servidor que reemplazará a quien esté desarrollando funciones domésticas.

handling

Computador oral: Como la dificultad de mucha gente de hoy es el *manejo*° del computador, los del futuro no se operarán con la mano sino con la voz.

Los equipos V.I.V.O. *serán accionados°* por la voz humana. El operador le | *will be activated*
dictará instrucciones al computador y éste responderá a las órdenes de su
amo° y le *brindará°* la respuesta también por vía oral. Estos equipos podrán | *master; will offer*
ser personalizados y sólo responderán a sus *dueños°.* | *owners*

Computador personalizado: Los computadores del futuro cabrán en una
mano. Serán *'palm-tronic'.* Tendrán toda la información mundial *al alcance°* | *within reach*
de cualquier persona; combinarán la telefonía y la impresión en una sola
unidad que cumplirá al mismo tiempo funciones de teléfono, fax, impresora, computador e identificadora personal y que, según Bill Gates, el genio de Microsoft, será la revolución del estilo y la forma de vivir.

Localizador electrónico: La electrónica, las telecomunicaciones y los satélites
espaciales han avanzado a mayor velocidad de lo esperado. Hoy son realidades gigantescas de avanzada tecnología. Pero en el futuro la combinación de todos ellos dentro de parámetros comunes y colaterales producirá
elementos electrónicos de alta sofisticación, como el localizador instantáneo, que servirá para *ubicar°* a personas, lugares, objetos, materiales, direcciones urbanas, *cosechas°,* productos subterráneos, líquidos y animales, | *to locate* / *harvests*
niños, mujeres o maridos *infieles°.* La privacidad será cosa del pasado. | *unfaithful*

Minimini baterías: Los *adelantos°* de los sistemas de miniaturización permitirán *logros sorprendentes°* en la producción de chips, baterías y condensadores eléctricos y electrónicos del *tamaño de una cabeza de alfiler°* con | *advances* / *surprising achievements* / *size of a pinhead*
capacidad para ser implantados en los lugares más *inverosímiles°.* | *unimaginable*

Materiales sensorizados: Pisos, paredes, techos, divisiones, puertas y ventanas sensibles que reaccionarán y producirán cambios ambientales, de temperatura, de color, de densidad, de *grosor°* y de tamaño y se adaptarán a | *thickness*
las circunstancias del *entorno°* físico. | *surroundings*

Multicombustibles: Los automóviles y la mayoría de motores y máquinas
funcionarán con cualquier clase de combustible, líquido, sólido, gaseoso
derivado *bien sea°* del petróleo, de las plantas botánicas, del gas natural o | *from either*
de la energía térmica o solar. Los motores serán múltiples y la posibilidad
de moverlos con cualquier clase de combustible será una realidad.

Extraído de *Cambio*, Bogotá, Colombia 1999

1. ¿Qué funciones hará el robot casero? ¿A quién reemplazará?
2. ¿Cómo serán accionados los computadores orales?
3. Describa los computadores del futuro. ¿Cuáles funciones combinarán?
4. ¿Qué elemento electrónico nos espera y qué funciones hará? ¿Por qué dicen que la privacidad será cosa del pasado?
5. ¿De qué tamaño serán las baterías del futuro?
6. Describa los materiales sensorizados y los cambios que producirán.
7. Describa los combustibles y los motores del futuro.
8. Con su pareja, inventen una máquina o proceso. Discutan las ventajas y describan sus funciones.

E Según la hora, explique lo que ya habrá hecho Sandrita.

Ejemplo: *Para las ocho ya habrá preparado el desayuno.*

F **¿Cuáles son sus sueños?** Escriba un párrafo explicando lo que Ud. espera haber realizado para una fecha futura en cuanto a las categorías que aparecen en la siguiente página. Por ejemplo, para el año 2006: ¿Se habrá casado? ¿Se habrá comprado una casa? ¿Dónde? ¿Habrá acabado sus estudios? Luego, cambie papeles con su compañero/a y lea la información de su compañero/a a la clase mientras el/la profesor/a escribe la información en la pizarra de todos los estudiantes para evaluar las similitudes y diferencias de la clase en cuanto a sueños y fechas.

matrimonio   viajes
estudios   compras
trabajo   logros personales
hijos

III. Los mandatos informales

A. Uso

Se usa el mandato informal para dar órdenes a una persona que se conoce bien y a quién se tutea.

B. Formación del mandato informal afirmativo

El mandato informal afirmativo tiene la misma forma que la tercera persona singular del presente indicativo (**él, ella, Ud.**).

Infinitivo	Mandato informal afirmativo
buscar	busca
meter	mete
imprimir	imprime
recordar	recuerda
encender	enciende
invertir	invierte
pedir	pide

Se añaden los pronombres directamente al mandato afirmativo.

Ejemplos con pronombre:

¡Siéntate a mi lado!
Sit next to me!
¡Léemela!
Read it to me!
¡Transmítenoslos!
Transmit them to us!

C. Mandatos informales afirmativos irregulares

Hay algunos verbos que tienen una forma especial para el mandato informal afirmativo. Es necesario memorizarlos.

Infinitivo **Mandato informal afirmativo**

Infinitivo	Mandato informal afirmativo
decir	di
hacer	haz
ir	ve
poner	pon
salir	sal
ser	sé
tener	ten
venir	ven

Se añaden los pronombres directamente al mandato en este caso también.

Ejemplos con pronombre:

Ponlo en la mesa, por favor.
Put it on the table, please.
¡Házmelo!
Do it for me!

D. Formación de los mandatos informales negativos

Se forma el mandato informal negativo, añadiendo una "s" al mandato formal de Ud. (Véase capítulo 2.)

Infinitivo	Mandato formal	Mandato informal negativo
escuchar	escuche	no escuches
leer	lea	no leas
imprimir	imprima	no imprimas
pensar	piense	no pienses
hacer	haga	no hagas
decir	diga	no digas
ir	vaya	no vayas
saber	sepa	no sepas
ser	sea	no seas

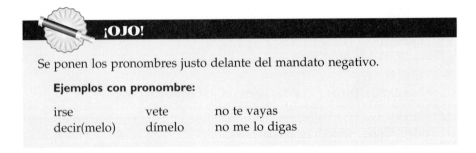

¡OJO!

Se ponen los pronombres justo delante del mandato negativo.

Ejemplos con pronombre:

irse	vete	no te vayas
decir(melo)	dímelo	no me lo digas

E. Algunos imperativos de uso diario

¡Cállate! *Be quiet!*
Dime... *Tell me...*
Entra. *Come in.*
No salgas./Sal. *Don't leave./Leave.*
No vengas./Ven. *Don't come./Come.*
Oye. *Hey. (literally, "Hear.")*
Pásame... *Pass (to) me...*
Pasa y siéntate. *Come in and sit down.*
Repite. *Repeat.*
Ten cuidado. *Be careful.*
Ven aquí/acá. *Come here.*

[handwritten margin notes: 203 B,C; 205 F; 212 A; 214-15 prácticas]

PRÁCTICAS

A Su compañero/a no sabe mucho sobre las computadoras y necesita su ayuda. Para cada problema que tiene, escriba unos mandatos informales, diciéndole lo que (no) tiene que hacer. ¡Incluya unos mandatos negativos también, diciéndole cosas que debe evitar! ¡Escriba instrucciones completas!

Ejemplo: No sé nada sobre las computadoras.
Toma un curso de computación en la universidad y no tengas miedo de las computadoras.

1. Tengo computadora, pero no sé conectarme a la Red.
2. No entiendo cómo buscar algo en la Red.
3. No sé mandar un correo electrónico.
4. Quiero comprar un regalo por el Internet, pero no sé cómo.
5. ¿Cómo puedo pagar las facturas de casa a través de la Red?

B Su jefe le ha pedido que escriba una lista de criterios para el diseño de una página web para su empresa. Ponga los verbos en paréntesis en la forma de un mandato informal.

1. _____Espera_____ (Esperar) a tener la página terminada antes de cargarla a la Red.
2. No _____utilices_____ (utilizar) la primera página para enseñarnos fotos de tus hijos, tu abuelita o tu gato favorito.
3. _____incluye_____ (Incluir) enlaces que permitan volver al índice rápidamente.
4. No _____pongas_____ (poner) imágenes y fotografías que no son necesarias, porque la página tardará más en abrirse y no _____pongas_____ (poner) una página "en obras", porque normalmente la gente no volverá a ella nunca más.
5. _____actualiza_____ (Actualizar) tu página a menudo añadiendo elementos novedosos, y cuando añades algo nuevo, _____pon_____ (poner) una etiqueta que dice, "¡Nuevo!"

6. ___incluye___ (Incluir) una sección pidiendo comentarios y sugerencias en tu página web para sondear la opinión de tus usuarios.

7. ___Sé___ (Ser) muy activo en mandarles mensajes electrónicos a posibles clientes incluyendo tu dirección electrónica y la dirección (URL) de tu página web. No _____ (ser) pasivo. _____ (hacer) promoción de tu página en tu correo electrónico. Cuando pongas tu firma, _____ (añadir) también tu dirección electrónica y la dirección (URL) de tu página.

8. Cuando la página esté lista, _____ (enviarla) al servidor para que la publique en la Red. No _____ (enviarla) antes.

9. Al terminar tu página, ___regístrala___ (registrarla) en directorios en otras páginas. Pero _____ (tener) cuidado con los sitios en cuestión.

C Su nuevo/a compañero/a es muy inseguro/a y le pide muchos consejos. Conteste cada pregunta con un mandato informal, usando los pronombres directos y/o indirectos cuando sea necesario.

Ejemplo: ¿Imprimo unas copias para el cliente? SÍ
Sí, imprímeselas.

1. ¿Mando el correo electrónico al cliente?   NO... Se lo mandes
2. ¿Te enseño la página web que diseñé?   SÍ...enséñamelo
3. ¿Apago la computadora antes de irme?   NO...
4. ¿Pongo la información en un disquete?   SÍ...
5. ¿Hago el informe en español?   SÍ...
6. ¿Pido más disquetes para el departamento?   SÍ...
7. ¿Utilizo mi computadora portátil?   NO...
8. ¿Busco la información en la Red?   NO...
9. ¿Te hago una copia de los datos?   NO...
10. ¿Formateo los disquetes nuevos?   SÍ...

D Su empresa quiere entrar en el mercado virtual. Su amigo/a es el/la director/a del proyecto y necesita saber más sobre cómo participar en el comercio electrónico. Lea el artículo y haga una lista de sugerencias en forma de mandato informal para su compañero/a.

9 claves para sobrevivir en el mercado electrónico

- Exponer contenidos innovadores, atractivos y diferenciadores.
- Planificar la inversión con un compromiso concreto de continuidad en la Red.
- Integrar plenamente la actividad *online* en la empresa, siempre bajo la responsabilidad de un cuadro superior.
- Actuar sólo sobre un segmento de mercado previamente determinado y conocer a fondo el producto a vender.

- Tener un plan de promoción y difusión, fuera del Internet, de la presencia comercial de la compañía en la Red.
- Cubrir la micrologística: el transporte rápido hacia el cliente es vital.
- Ofrecer soporte y atención preventa y postventa al comprador en tiempo real por teléfono o por correo electrónico.
- Tener soporte tecnológico adecuado.
- Adoptar un protocolo de cobro electrónico seguro y rápido.

Extraído de *Netsurf*, 1999

E Mire el dibujo de la pareja enamorada. Escriba cinco consejos para encontrar su media naranja. Utilice los mandatos informales y comparta los consejos con su pareja.

F **¿Qué aconseja Ud.?** Para cada tema, escriba un mandato informal afirmativo y uno negativo. Comparta sus consejos con la clase.

1. Para sacar buenas notas en la clase de español...
2. Para tener buena salud...
3. Para encontrar un trabajo bien pagado...

4. Para conseguir un trabajo en el campo de la tecnología...
5. Para ser feliz en la vida...
6. Para animarte después de un día muy malo...
7. Para reducir el estrés en la vida diaria...

G **Imperativos de uso diario.** Conteste con un mandato informal.

1. ¿Qué le dices a un amigo que ha bebido demasiado y habla muy alto?
2. ¿Qué le dices a un amigo que llega a tu casa?
3. ¿Qué le dices a un amigo que te dice algo que no entiendes?
4. ¿Cómo pides, por ejemplo, la sal cuando estás en la mesa y está lejos de ti?
5. ¿Qué le dices a un niño que va a cruzar la calle?

IV. La forma comparativa, superlativa y de igualdad

A. Comparativos

La comparación expresa la superioridad, inferioridad o igualdad entre dos conceptos.

Superioridad:	MÁS	sustantivo adjetivo adverbio	QUE

Ejemplos: La capital tiene **más habitantes que** los pueblos costeros.
La gente de la costa es **más abierta que** la gente del interior.
Los jóvenes salen **más a menudo que** los mayores.

Inferioridad:	MENOS	sustantivo adjetivo adverbio	QUE

Ejemplos: Tengo **menos clases que** tú.
Las tarifas en invierno son **menos altas que** en el verano.
Los sureños hablan **menos rápido que** los norteños.

Se usa **más de** y **menos de** cuando va seguido de un número o de una expresión de cantidad.

Ejemplos: Hay **más de 150** empresas argentinas que venden sus productos en el Internet.
Tienen **más de la cuota** legal.
Gané **menos de la mitad.**
Esperé **más de media hora.**

Igualdad:	TANTO/S TANTA/S	sustantivo	COMO
	TAN	adjetivo adverbio	COMO

Ejemplos: En Chile no hay **tanta influencia italiana como** en Argentina.
No hay **tantos usuarios en la Red en Latinoamérica como** en los Estados Unidos.
Una computadora normal no es **tan útil como** una computadora portátil.
Este módem no funciona **tan rápidamente como** el mío.

B. Superlativos

La forma superlativa expresa una cualidad en su grado máximo, comparado con los otros elementos de su grupo.

ARTÍCULO DEFINIDO + sustantivo + **MÁS** + adjetivo+ **(de)**

Ejemplos: Santiago es **la ciudad más poblada de** Chile.
Brasil es **el país más grande de** Sudamérica.
Tengo un proveedor que transmite y recibe información de **la forma más rápida**.
Los Estados Unidos es **el país más industrializado del** mundo.

C. Formas especiales de los comparativos y superlativos

Existen formas especiales de algunos adjetivos y adverbios:

*más bueno, bien = mejor/es	**más grande = mayor/es
*más malo, mal = peor/es	**más pequeño = menor/es
más mucho = más	*más poco = menos

*Note que no se usa "más" con estas formas especiales.
**Para referirse a la edad las dos formas valen.

La forma comparativa

Ejemplos: Has sacado **peores notas que** el año pasado.
Trabajar en casa a veces es **mejor que** ir a la oficina todos los días.
Tengo tres hermanas **mayores que** yo y un hermano menor.
Últimamente hay **más cantidad** y **menos calidad que** lo esperado.

La forma superlativa

Ejemplos: Ernesto es **el (hijo) mayor de** la familia y Lucía es **la (hija) menor.**
Nuestra empresa ganó el concurso para **la mejor página web.**
Algunas de **las peores (páginas web)** tenían demasiadas fotos y
tardaron mucho en abrirse.

PRÁCTICAS

A Complete las oraciones con las palabras adecuadas.

Comparativo

1. Últimamente nos visitan _____ a menudo _____ antes.
2. Mi oficina nueva es _____ elegante _____ la vieja.
3. En abril hace _____ frío _____ en marzo.
4. Los ordenadores portátiles cuestan _____ _____ los grandes.
5. Yo tengo _____ dinero _____ un millonario.
6. Es _____ visitar Sudamérica durante nuestro invierno _____ durante
   nuestro verano.
7. Nuestro profesor es _____ _____ nosotros. Tiene 55 años. Y por supuesto, nosotros somos _____ _____ él.
8. Paraguay es _____ grande _____ Uruguay y no tiene costa.

Superlativo

1. Buenos Aires es _____ ciudad _____ poblada _____ Argentina.
2. El fútbol es _____ deporte _____ popular _____ Latinoamérica.
3. Aconcagua es _____ pico _____ alto _____ los Andes.
4. Isabel Allende es _____ autora _____ conocida _____ la literatura
   chilena contemporánea.
5. Mi abuelo es _____ _____ de la familia. Tiene 91 años.
6. Brasil es _____ país _____ rico _____ Sudamérica.
7. El Río Amazonas es _____ río _____ largo _____ Sudamérica.
8. Los Alpes son _____ montañas _____ altas _____ Europa.

B A continuación, Ud. tiene las respuestas obtenidas tras contestar una encuesta interactiva de la revista *Expansión*, a partir de la cual un hipotético ejecutivo de México —de 34 años, casado y con dos hijos— puede compararse
con su equivalente estadounidense. Con su pareja, formulen preguntas y respuestas sobre la información dada. Después, preparen un resumen para presentarlo a la clase.

Actividad	Horas estimadas/semana (ejecutivo mexicano)	Promedio horas/semana (ejecutivo de EU)
Trabajo	50	36.0
Traslado al trabajo	12	4.1
Trabajo en casa	3	9.2
Cuidado de los hijos	7	1.7
Compras	2	4.7
Sueño	56	54.9
Comidas	10	9.5
Arreglo personal	7	9.2
Educación	2	1.5
Deportes	2	2.9
Visitas sociales	4	6.6
Ver televisión	10	16.1
Lectura	1	2.6
Escuchar música/radio	7	0.5

Ejemplos: ¿Quién trabaja más horas, un ejecutivo mexicano o un ejecutivo estadounidense?
Un ejecutivo mexicano trabaja un promedio de 14 horas más a la semana que un ejecutivo estadounidense.
¿Pasa tantas horas un ejecutivo estadounidense durmiendo que un ejecutivo mexicano?
No, un ejecutivo estadounidense no duerme tantas horas como un ejecutivo mexicano. Duerme un promedio de una hora menos.

C Ud. se siente muy positivo/a últimamente y se cree super hombre/mujer. Explíquele a su compañero/a de clase cinco cualidades suyas usando el superlativo.

Ejemplo: Yo soy el/la mejor estudiante de la clase. También soy el/la más inteligente.

D Con su pareja conteste las siguientes preguntas.

1. ¿Quién es el/la estudiante más alto/a?
2. ¿Quién es el/la mayor de la clase? ¿Y el/la menor?
3. ¿Quién es el/la estudiante más cómico/a; tímido/a; extrovertido/a; paciente; responsable... ?

4. ¿Cuál es el mejor restaurante de su ciudad? ¿Y el peor?
5. ¿Cuál es el mejor libro que ha leído? ¿Y el peor?
6. ¿Trabaja tantas horas como su pareja?
7. ¿Tiene tantos problemas con el español como su pareja?
8. ¿Duerme tantas horas como su pareja?
9. ¿Sale con sus amigos tan a menudo como su pareja?
10. ¿Pasa tantas horas en la Red como su pareja?

E Mire los dibujos y escriba oraciones comparativas, superlativas y de igualdad.

PACO   JULIO

V. Preposiciones: por y para

A. Los usos de por y para

Por	Para
Causa, razón, motivo (anterior)	**Propósito, intención, finalidad, destino, uso (posterior)**
Se mudaron de la ciudad por el crimen. *Lo haré por ti.* *Está enfadado por culpa de Uds.* *Habla portugués por ser de Lisboa.*	*Uso el módem para conectarme a la Red.* *Para cruzar las fronteras hay que trasladar la carga a otro tren.* *Compré una silla para la cocina.* *Una impresora sirve para imprimir.*
Movimiento, a través de	**Movimiento, en dirección a, destino**
Pasaremos por el tunel. *Dimos un paseo por el barrio.*	*¿A qué hora sale el tren para Montevideo?* *El avión ha salido para San José.*
Sentido temporal	**Sentido temporal**
• Tiempo durante el que ocurre una acción *Firmamos el contrato por un año.*	• Fecha tope (*deadline*) de una acción *Tenemos que tener el proyecto hecho para el lunes próximo.*
Otros usos	**Otros usos**
• A cambio de (*in exchange for*) *Pagué 60 pesos chilenos por ello.* • Sustitución *El sustituto enseña por el profesor.* • En beneficio de *Lo hice por ti.* • Intención (delante de un sustantivo con verbos de movimiento) *Voy por pan.* • Usos especiales *por correo aéreo, por teléfono*	• Según, en opinión de *Para la mayoría de los paraguayos la democracia es algo nuevo.* • Ser contratado, trabajar en *Trabajaré para una empresa local.* • En lo que afecta a *Fumar es malo para la salud.* • Comparación *Para disfrutar de una buena carne, no hay como la argentina.* *¡Para profesor no sabe mucho!*

B. Los usos de por y para con el verbo estar

Estar para: Tener un estado de ánimo adecuado para algo.

Ejemplo: No estoy para salir esta noche.
I'm not in the mood to go out tonight.

Estar por: Dudar antes de tomar una decisión.

Ejemplo: Estoy por comprar esa computadora, pero necesito saber más de los programas que tiene.
I'm almost ready to buy that computer, but I need to know more about the software that it has.

C. Expresiones con por

por ahora *for now*
por casualidad *by any chance*
por dentro *on the inside*
por el momento *for now*
por fin *finally*
por fuera *on the outside*
por lo menos *at least*
por lo tanto *therefore*
por mi cuenta *on my own*
por si acaso *just in case*
por supuesto *of course*
por todas partes *everywhere*

PRÁCTICAS   **A** Complete las oraciones con **por** o **para.**

1. Voté ___*por*___ el candidato con más experiencia política.
2. Me conecté a la Red ___*para*___ buscar información sobre el tango.
3. Pagué muy buen precio ___*para*___ el equipo de música.
4. ___*para*___ llegar al Museo de Bellas Artes hay que pasar ___*por*___ el centro.
5. Yo descargué un programa ___*para*___ mi cuenta e hice una copia de seguridad ___*por*___ si acaso.
6. La primera cosa que hago ___*por*___ la mañana es leer el correo electrónico.
7. Tenemos que acabar la página web ___*para*___ el lunes próximo.
8. ___*para*___ ir a esa página hay que hacer clic.

9. Mi cuñado trabaja __por__ Microsoft en el Departamento de Atención al Cliente.

10. La mayoría de las empresas virtuales fracasan __por__ distintas razones.

11. Saldremos __para__ Santiago mañana __por__ la mañana.

12. En algunos países se conduce __por__ la izquierda; esto es complicado __para__ los turistas extranjeros, __por~~el~~__ falta de costumbre.

13. El accidente ocurrió __por__ un descuido del taxista pero __por__ fortuna no hubo heridos.

14. El niño fue a la tienda __para__ leche __para__ su madre.

15. __Por__ fin el paquete llegó __por__ correo aéreo __para__ ti.

B Escriba oraciones utilizando las expresiones a continuación y el vocabulario de este capítulo.

1. por ahora
2. por correo electrónico
3. por dentro/por fuera
4. por fin
5. por todas partes
6. por lo menos
7. por lo tanto
8. por mi cuenta
9. por si acaso
10. por supuesto

C Escriba una respuesta utilizando la construcción con **estar para.**

Ejemplo: —¿Quieres apuntarte (*join us*) para el cine?/no dormir lo suficiente anoche

—*No estoy para ir al cine, porque no dormí lo suficiente anoche.*

1. ¿Quieres salir a tomar un vino?/no tener ganas
2. ¿Quieren Uds. ordenar los archivos de la oficina?/no tener tiempo
3. ¿Quieres pagar las facturas de casa hoy?/no tener dinero
4. ¿Quieres invitar a todos los de la oficina a tu casa?/la casa estar patas arriba (*a mess*)

D Escriba cuatro cosas que estuvo por hacer pero decidió en contra de hacerlo. Explique por qué no lo hizo.

Ejemplo: *Estuve por tomar un crucero por el Caribe, pero al final decidí no hacerlo por falta de tiempo.*

VI. Palabras que engañan

Existen varias palabras que nos confunden fácilmente. Para dominar el español, es importante entender sus significados. A continuación tiene los usos de cada una.

continuar: *to resume, to continue*
resumir: *to summarize*

ejecutar: *to run (a computer program)*
correr: *to run (physically)*
dirigir: *to run (a business, a project...)*

el tema, la cuestión, el asunto: *topic, issue*
el tópico: *cliché*

el consejo: *advice*
el aviso: *warning*
la noticia: *piece of news*

grabar: *to record*
recordar: *to remember*

 **PRÁCTICAS** Escoja el verbo correcto y conjúguelo en el tiempo correcto si es necesario.

Continuar/resumir

1. Las negociaciones _continuarán_ por lo menos hasta el viernes. Al final cada lado _resumirán_ su argumento, y un árbitro tomará la decisión final.

Ejecutar/correr/dirigir

2. La señora que _dirigi_ la agencia se habrá ido temprano porque no contesta el teléfono.

3. ¡No _ejecutes_ archivos que te mandan por correo electrónico si no sabes de quién son, especialmente si no tienes un antivirus!

4. No _corras_ prisa. Puedes buscar la información en la Red cuando tengas un momento libre.

Cuestión/asunto/tópico

5. El _asunto_ de la protección de los datos personales de los usuarios de la Red sale en las noticias todos los días últimamente. El gobierno va a imponer muchas restricciones sobre el uso de los datos personales de los navegantes. Sólo es una _cuestión_ de tiempo.

6. Ahora, con el éxito de las empresas de la Red, muchos programadores son jóvenes, ricos y modernos. ¡La imagen del programador feo y extraño es un ___Tópico___ !

Consejo/aviso/noticia

7. ¿Has escuchado la _noticia_? Nos mandaron un ___aviso___ por correo electrónico diciendo que hay un virus muy peligroso en las computadoras de muchas empresas grandes. El único ___Consejo___ que nos ha dado la directora de informática es no usar ningún disquete de la oficina en casa hasta que eliminen el virus.

Grabar/recordar

8. ¡___recuerda___ que tienes que ___grabar___ la presentación de la directora en video! La vamos a ver en la próxima reunión.

ACTIVIDADES COMUNICATIVAS

I. ¡Escuchemos!

A Escuche la entrevista con un empresario que ha fundado una compañía "punto com" y decida si las siguientes oraciones son verdaderas o falsas según la conversación.

1. Uno de los problemas de tener una tienda virtual es la seguridad.
2. Miguel empezó su empresa hace dos años y tiene 75 empleados.
3. Menos compañías "punto com" fracasan que en el mercado de los negocios en general.
4. Todavía es bueno incluir "punto com" en el nombre de una empresa nueva.
5. Muchos que empiezan compañías "punto com" no tienen éxito porque no tienen suficientes fondos para comprar las computadoras más nuevas.
6. Una vez que una empresa tenga medidas de seguridad, no tienen que preocuparse más por los piratas informáticos.
7. Mañana habrá otro invitado en el programa.

B Escuche el anuncio para la tienda "Infomundo" y llene los espacios en blanco.

Si su _____ se está quedando _____, pero cree que no tiene dinero para comprarse una nueva, venga a "Infomundo", la tienda más grande de _____ en Buenos Aires. Sólo esta semana vendemos las computadoras más rápidas del mercado con un _____ de descuento. Si Ud. compra una hoy, recibirá una _____ gratis. También hay módems, _____, _____ y muchos otros accesorios a mitad de precio. Los _____ ergonómicos y los _____ tienen un descuento de _____ pero sólo hasta mañana. Para los que nunca _____ una computadora pero tienen ganas de aprender, ofrecemos clases sobre el uso de la computadora completamente _____ todos los _____ para los que compran una computadora esta semana. ¡No pierdan las mejores _____ del año de "Infomundo"!

C Escuche el calendario cultural para la provincia de Jujuy en Argentina y rellene la tabla con la información que falta.

FECHA	LUGAR	NOMBRE DE LA FIESTA	ACTIVIDADES
el 1 de agosto			
el 15 de agosto		Virgen de Canchillas	
	Casabindo		
		Semana de Jujuy	

II. Prácticas orales

A **Vamos a comer.** Vaya a la biblioteca y busque información sobre la gastronomía de uno de los países del Cono Sur. Traiga fotos a clase si es posible. A continuación tiene unos ejemplos. El mate es la bebida nacional de Argentina. Es una infusión, similar al té, preparada con unas hojas procesadas que se colocan en una calabaza ahuecada y secada, donde se añade agua caliente. Se sorbe con una bombilla. El plato nacional argentino es el asado dada la calidad extraordinaria de la carne vacuna...

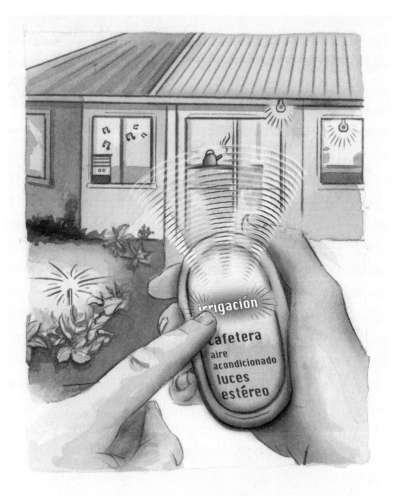

B   La casa.com. Gracias a los avances tecnológicos, cada vez más se pueden llevar a cabo los trabajos laborales sin salir de casa. Es muy conocido el anuncio publicitario de la televisión donde una mujer vestida de pijama trabaja desde su casa y está muy contenta porque no tiene que arreglarse en todo el día. Ahora, piense Ud. en su trabajo ideal en el cual Ud. no tiene que salir de casa tampoco para realizar su actividad laboral. ¿A cuál trabajo se dedicará? ¿Cómo será su casa y cuáles aparatos tendrá? ¿Cómo cambiará su estilo de vida? ¿Podrá ir a jugar al golf o tomar una clase de aeróbica a cualquier hora del día? Explique a la clase en detalle cómo será un día típico en su casa Internet.

C   En pareja y luego a dramatizar. Dramatice el papel con otro/a estudiante para luego hacer presentaciones a la clase.
   1. Con un/a compañero/a diseñen un producto o servicio que Uds. creen que habrá en el futuro. Hagan una presentación sobre su invento en la cual

describen lo que hará, cómo cambiará la vida del usuario, dónde se venderá, etcétera. Si prefieren, pueden diseñar la casa, la oficina, la universidad o la ciudad del futuro. Incluyan dibujos de su nuevo diseño. Hagan una presentación multimedia si Uds. tienen la capacidad de hacer presentaciones multimedia en su aula.

2. En pareja, hagan una demostración de algo que Uds. ya saben hacer bien o han aprendido a hacer. Incluyan un mínimo de diez mandatos informales afirmativos. Algunas ideas son: cómo preparar el mate, cómo bailar el tango, cómo diseñar una página web, cómo hacer algún tipo de artesanía, etcétera. ¡Sean creativos! A ver si hay voluntarios para participar en la demostración.

III. ¡Escribamos!

A A continuación, Ud. verá dos artículos que presentan, por una parte, las ventajas de vender por Internet, y por otra, algunos obstáculos que presenta este método de ventas. Antes de leer *"Comercio por Internet"*, piense en cinco ventajas y cinco desventajas de vender electrónicamente. Luego, compare su lista a la información en los artículos.

VENTAJAS	DESVENTAJAS
_____	_____
_____	_____
_____	_____
_____	_____
_____	_____

Decida si las palabras siguientes son sinónimas o antónimas

	Sinónimo	Antónimo
1. repercutir/afectar	_____	_____
2. ahorrar/gastar	_____	_____
3. así como/también	_____	_____
4. devolver/recibir	_____	_____
5. novedades/noticias	_____	_____
6. sorteo/lotería	_____	_____
7. quincenal/cada 2 semanas	_____	_____

COMERCIO POR INTERNET

SportArea (www.sportarea.com) nació en septiembre de 1998 como un centro comercial por Internet, dedicado al mundo de los deportes.

Según Alfonso Silva, responsable de relaciones públicas de atención al cliente, este canal directo permite ofrecer precios más ajustados que los canales de venta tradicionales. "La utilización de esta tecnología permite ofrecer productos de la más alta calidad a precios reducidos, ya que el ahorro de costes de almacenaje y establecimiento físico repercute directamente en el consumidor."

"Es además una forma cómoda de venta, ya que se pueden realizar los pedidos a cualquier hora del día, cualquier día de la semana y recibirlo en cualquier lugar, dando las indicaciones pertinentes."

Su web facilita fotografías y una descripción de los productos, así como valoraciones de sus características por parte de personal cualificado. En cualquier caso, se garantiza la devolución del dinero si el cliente no está satisfecho con el producto.

SportArea realiza márketing directo vía Internet. "Ofrecemos la posibilidad de registrarse para recibir información periódica sobre novedades, ofertas y promociones especiales sobre los deportes que interesen a cada cliente de forma individual. Entre los clientes registrados, se realizan sorteos quincenales de material deportivo", indica Alfonso Silva.

Extraído de *Emprendedores*, 1999

INTERNET, EL 'ORO NEGRO' DEL SIGLO XXI

"Internet será en los años 2000 tan básico como el petróleo en el siglo XX". Son palabras de Craig Barrett, presidente y CEO de Intel Corporation. España puede convertirse en el centro de Internet en idioma español, aunque aún hay que solventar algunos obstáculos. Entre ellos Barrett subraya la necesidad de agilizar la velocidad, conceder mayor importancia al departamento de informática de las empresas y abaratar los costes.

Barrett advierte que las nuevas tecnologías siempre despiertan cierto temor. Un punto importante es la relación entre tecnología y humanismo. También es necesario que el Internet sea seguro. Las compañías deben hacer hincapié en este hecho. Empresas como IBM siguen esta iniciativa. El símbolo @IBM en sus páginas significa que éstas han pasado la homologación, es decir, un control de seguridad que garantiza la privacidad de los datos del usuario.

Podemos beneficiarnos de la experiencia de países como Estados Unidos. "Aquí cuando un usuario entra en una página web se le garantiza que sus datos personales no serán reservados si él no lo desea."

Extraído de *Emprendedores*, 1999

B Escriba una carta tipo "Querida Abby", explicando un problema de que Ud. sufre y unas preguntas que tiene para el/la experto/a. Luego, intercambie cartas con otra persona de la clase. Ahora Ud. es el/la experto/a. Conteste la carta de su compañero/a, incluyendo una lista de diez cosas que debe y no debe hacer para solucionar su problema. Use los mandatos familiares para hacer la lista de consejos.

PANORAMA CULTURAL

El Cono Sur
■ ■ ■

Antes de leer

A continuación, vamos a explorar las diferencias y similitudes que existen entre los varios países de habla hispana, para luego enfocarnos en el Cono Sur con un énfasis especial en cómo hacer negocios en Argentina. Antes de leer, discuta con la clase lo que ya sabe de Sudamérica y después, conteste las preguntas a continuación. ¿Sabe cuál es la diferencia entre los términos Sudamérica e Hispanoamérica? ¿Cuántos países con sus respectivas capitales puede nombrar? ¿Qué sabe ya de estos países?

1. En Argentina y Uruguay la mayoría de la población es...

   a. indígena.
   b. europea.
   c. mestiza.

2. El país de Sudamérica con la mayor mezcla racial es...

   a. Bolivia.
   b. Brasil.
   c. Ecuador.

3. El país de Sudamérica con una mayor población indígena es...

   a. Chile.
   b. Perú.
   c. Bolivia.

4. Todos los países de Hispanoamérica lograron su independencia de España en el siglo...

   a. XX.
   b. XIX.
   c. XVIII.

5. El "gaucho" es un/a...

   a. jefe o "patrón" de una estancia.
   b. "cowboy" de las pampas.
   c. héroe nacional de la Independencia de Argentina.

6. La mayoría de los inmigrantes que llegaron a Sudamérica fueron a...

   a. Colombia y Ecuador.
   b. Argentina y Uruguay.
   c. Chile y Paraguay.

7. Augusto Pinochet era...

    a. un gaucho famoso del siglo XIX.

    b. un dictador de Chile.

    c. un pintor surrealista chileno.

ASPECTOS DE LATINOAMÉRICA

La composición étnica: La realidad de Latinoamérica está marcada por una multiplicidad compleja de culturas étnicas. Estas culturas están formadas por una fantástica *mezcla°* de gentes: europea, africana e indígena. La presencia *mix* indígena es más fuerte en las repúblicas andinas de Perú, Ecuador y Bolivia. Bolivia es el país más indígena con la mitad de la población identificada así. En Argentina y Uruguay la mayoría de la población es europea (85%) sin el *mestizaje°* que se encuentra en otros países como Paraguay donde el 95% de la *mixing of white and* población es mestiza. En Colombia y Venezuela tres grupos étnicos *Indian races* predominan: español, indígena y africano pero un 60% es mestizo o pardo (sangre mezclada). Brasil es el país con más mezcla racial de todos.

Valores compartidos: No se puede hablar de una sola cultura cuando se habla del mundo hispano porque existen profundas diferencias entre las varias naciones y regiones. Sin embargo, hay elementos que dominan y unen a los diferentes países de habla hispana y por eso se puede hablar de la cultura hispana. Todos los países de Hispanoamérica *fueron colonizados°* por los *were colonized* españoles en el siglo XVI y han derivado elementos culturales de la *"madre patria°"*. *Comparten°* valores intrínsecamente españoles como la importancia de *mother country; they share* la familia, el mismo idioma y la presencia de la religión católica en muchos aspectos de la vida. Todos los países, a menos que Cuba y Puerto Rico, *lograron°* su independencia de España en las primeras décadas del siglo XIX y *achieved* tenían la ardua labor de *forjarse°* en nuevas naciones sin un modelo *autóctono°*. *forge themselves; native* Todas las ciudades fundadas por los españoles también comparten el mismo modelo *arquitectónico°* que consiste en una plaza central rodeada de una iglesia, *architectural* el *Ayuntamiento°* y otros edificios *gubernamentales°* y casas *particulares°* de la *Town Hall; governmental;* clase élite gobernante. Los conquistadores impusieron un sistema de gobierno *private* autoritario en la época colonial, lo cual continúa hasta hoy en día. Crearon una sociedad estratificada dividida fundamentalmente en dos sectores: la clase élite blanca que gobernaba y una mayoría gobernada.

La geografía y el clima: Sudamérica es el cuarto continente más grande del mundo. La diversidad geográfica y climática también ha jugado un papel importante en la evolución cultural de cada país. En Sudamérica se pueden encontrar desde *bosques lluviosos°*, como los que hay en Brasil, Ecuador, *rain forests* Colombia y Venezuela hasta desiertos costeros en Perú y en el norte de Chile. Los *llanos°* y las *pampas°* se extienden en Argentina, Uruguay, la parte central de *plains; extended plains* Venezuela, el este de Colombia y el sur de Brasil. La Cordillera de los Andes forma el *espinazo°* del continente, con su pico más alto, Aconcagua, de unos *spinal cord* 23.000 pies de altura. Con frecuencia esta zona del mundo sufre de desastres

earthquakes; landslides;
floods; droughts; fatal
isolation
have exploded

naturales como *terremotos*°, erupciones volcánicas, *aguajes*°, *inundaciones*°, *sequías*° y avalanchas con sus consecuencias *funestas*° de muertes. Todos estos factores han contribuido a una realidad de *aislamiento*° y fuertes regionalismos que *han estallado*° en frecuentes guerras civiles.

El factor inmigrante: La mayoría de los inmigrantes que llegaron a Sudamérica fueron a Argentina y Uruguay. La mayoría de éstos procedían de centros urbanos de Italia y llegaron hacia finales del siglo XIX y las primeras décadas del XX, cuando Argentina experimentaba un boom económico. ¡En las primeras décadas del siglo XX la mitad de la población de Buenos Aires *había nacido*° en el extranjero! Era por la mayor parte gente preparada que pronto ocupó posiciones comerciales de la clase media. La gente menos preparada encontró trabajo en la construcción ferroviaria dominada por los británicos, en los puertos marítimos o en el campo. La llegada de los italianos inspiró una transformación rápida en el sector del vino y por lo tanto, hoy en día el vino argentino es considerado uno de los mejores del mundo. La tierra de Argentina es sumamente fértil y produce una gran parte de los granos y carne del mundo. En Chile llegaron colonizadores alemanes al sur del país y se dedicaron a la *industria lechera*°. Colonizadores de *Gales*° se establecieron en Patagonia donde *crearon estancias de ovejas*°. Los ingleses introdujeron el fútbol, el juego más popular de Sudamérica. Como vemos, las influencias extranjeras son enormes en esta zona y en las últimas décadas hay que añadir la llegada de japoneses, chinos e inmigrantes de la antigua Unión Soviética entre otros.

had been born

dairy industry; Wales
created sheep farms

La política y las fuerzas armadas: Otro elemento que comparten los diferentes países de Hispanoamérica es el *compromiso*° que se sienten los artistas con cuestiones sociales y políticas. Escritores como Pablo Neruda e Isabel Allende en Chile, Manuel Puig y Julio Cortázar en Argentina y Augusto Roa Bastos en Paraguay han escrito obras con un fuerte contenido social y político. A través de su arte hacen denuncias de las violentas atrocidades en contra de los derechos humanos, cometidas por los abusos y la corrupción de las dictaduras militares. Desde 1930, el ejército ha dado un mínimo de seis *golpes de estado*° en Argentina. El período argentino más reciente de dictadura militar ha sido llamado la *Guerra Sucia*° por su marcado clima de violencia. Más de 6.000 personas desaparecieron entre 1976–1982. A estas víctimas se refieren como los "desaparecidos". Fueron años dominados por terrorismo, censura, torturas y abusos de derechos humanos. En 1983, Argentina volvió a un gobierno electo democrático con la elección del Raúl Alfonsín como presidente. Tuvo éxito en persuadir al Fondo Internacional Monetario a renegociar su enorme deuda externa de unos mil millones de dólares. En 1989, Carlos Ménem fue elegido presidente y estableció una política de amnistía a los militares culpables en la Guerra Sucia, un tema muy polémico entre los argentinos. También creó una comisión para tratar el problema de los niños de los desaparecidos que fueron adoptados por otras familias.

commitment

coup d'etats

Dirty War

Históricamente, Chile ha gozado de elecciones libres y democráticas, respeto por los derechos humanos y libertad de prensa. Esta tradición democrática fue transformada en 1973 cuando Chile sufrió un violento golpe de estado por parte de las fuerzas militares chilenas, dirigidas por el General Augusto Pinochet, y la ayuda secreta de la Agencia Central de Inteligencia (C.I.A.) de los Estados Unidos. El presidente electo Salvador Allende fue asesinado y miles de personas fueron arrestadas, torturadas y asesinadas. En 1990, Chile volvió a la democracia con la elección de Patricio Aylwin como presidente.

Estas y otras intervenciones militares han dominado la historia de muchos países latinoamericanos en las últimas décadas. Llegar a un sistema democrático que respete los derechos de sus ciudadanos es un largo proceso que no se cumple en una generación. La situación ha mejorado mucho en Latinoamérica en los últimos años, pero todavía queda mucho por hacer.

Actividades de comprensión

A Explique el significado de cada palabra o concepto dentro del contexto del artículo.

1. la "madre patria"
2. los desastres naturales
3. un gaucho
4. las dictaduras
5. la Guerra Sucia
6. los desaparecidos
7. el golpe de estado
8. los derechos democráticos

B Complete la tabla según la información del artículo.

1. Los desastres naturales

_____

_____

_____

_____

3. La geografía

_____

_____

_____

_____

2. Las similitudes culturales

_____

_____

_____

_____

4. Las influencias extranjeras

_____

_____

_____

_____

C Un compañero suyo va a pasar un año estudiando en la Universidad Autónoma de Buenos Aires. En grupos pequeños, ayúdele a prepararse para su estancia en el Cono Sur explicándole sobre los siguientes temas. Prepárense para presentar la información a la clase. Busquen más información en otras fuentes como el Internet si es necesario.

1. la evolución de los países en Sudamérica
2. la diversidad étnica
3. la diversidad geográfica y climática
4. los inmigrantes
5. el compromiso social de los escritores
6. el papel de las fuerzas armadas en la política

Buenos Aires es una de las ciudades más cosmopolitas y pobladas del mundo con unos 13 millones de habitantes.

HACIENDO NEGOCIOS EN ARGENTINA

Conocer la historia del país donde visite es *imprescindible°* a la hora de hacer negocios en Latinoamérica, debido a la importancia y el tiempo que dan a las conversaciones informales. Existe un énfasis en la creación de relaciones basadas en la *confianza°* lo cual es *nutrida°* durante prolongadas charlas en las largas comidas donde la conversación *salta°* de un tema a otro. Por lo tanto, las negociaciones no se cumplen en una visita, o en una comida, sino que requieren, muchas veces, varias reuniones. Es necesario entender las costumbres locales del país, como por ejemplo, llegar a horario a las citas, pero no esperar que le atiendan puntualmente. Seguramente las reuniones durarán más, y Ud. pasará más tiempo esperando de lo que pensaba, incluso más si es una persona de alto cargo o de un rango importante. El que invita normalmente paga, y es normal consumir bebidas alcohólicas en las comidas. Si es una mujer quien invita, es mejor que ella invite a un colega también, porque es raro que un argentino deje pagar a una mujer.

Los argentinos son más formales que los otros sudamericanos a la hora de hacer negocios y es necesario *tener en cuenta°* que la imagen es todo. Es importante vestirse bien y de manera conservadora con ropa de calidad; incluso el maletín y los zapatos que Ud. usa deben ser de buena marca y presencia y no olvidarse de *alojarse°* en un buen hotel. La fuerte influencia europea que domina muchos aspectos de la vida en Argentina también se extiende al modo de hacer negocios en el país. Igual que en muchos países de Europa, *ir al grano°* es *mal visto°*. Las reuniones comerciales siempre empiezan y acaban con conversaciones informales. Por esto es importante estar al día de la historia y los acontecimientos actuales del país. Nunca *saque el tema°* de los negocios *hasta que sea introducido°* en la conversación. Un tema común entre los argentinos es el fútbol, el juego nacional, y cada argentino tiene un equipo *predilecto°*. Es aconsejable *ponerse al día°* de los diferentes equipos. No es aconsejable hablar de la política como la guerra con Inglaterra sobre las *Islas Malvinas°*, la Guerra Sucia o la presidencia de Juan Perón, todavía temas *polémicos°* en Argentina. Siempre es bueno pedir sugerencias de un buen restaurante, sitios interesantes para visitar o una *tanguería°* de moda. Puesto que los argentinos prefieren hacer negocios con alguien que conozcan, como en el resto de Latinoamérica, estas conversaciones informales les sirven a los argentinos para formular una opinión de la *conveniencia°* de hacer negocios o no. Es rarísimo que extiendan invitaciones a sus casas, casas de campo o clubes privados, pero si Ud. se encuentra en esta situación, puede estar seguro de que *el trato está hecho°* y que Ud. tiene un nuevo socio comercial. Pero no se olvide de llevar un regalo como una buena botella de whisky escocés (una bebida muy popular), dulces o algún regalo.

essential

trust; promoted
jumps

to take into account

to stay

to cut to the chase
frowned upon

bring up the subject;
until it is introduced
favorite
be up to date
Faulkland Islands
controversial

tango bars

advantage

it's a done deal

first cousin

Buenos Aires es considerado el *"primo hermano°"* de París por sus anchas avenidas, edificios elegantes y aire moderno y cosmopolita. Es el centro comercial, cultural y político de Argentina donde vive un tercio de la población. Es una ciudad enorme con más de 13 millones de habitantes, situada junto al famoso Río de la Plata. Los porteños son los habitantes de Buenos Aires y son extremadamente orgullosos de su ciudad y la consideran la París de Sudamérica. Seguramente, al visitar el país, Ud. notará que existe una larga e histórica rivalidad entre la capital y las otras regiones del país. Cuando se hace negocios en Buenos Aires u otras partes del país, es necesario ser sensible a los sentidos regionalistas de cada zona.

unleashed
went bankrupt

resort (to)

enterprising financial
maneuvers

Existe una clase media grande y próspera que depende de la industria agrícola. Durante la década de los setenta, Argentina sufrió una fuerte crisis económica que incrementó la deuda externa en los mil millones de dólares y *desencadenó°* una hiperinflación que alteraba los precios a un ritmo diario, y miles de empresas *se declararon en quiebra°*. Debido a este pasado reciente de inflación, los argentinos piensan más en términos de tiempo corto, y muchas empresas extranjeras que hacen negocios en Argentina tienen que *recurrir°* al sistema de *"leasing"* muchas veces. Con la llegada del presidente Carlos Ménem en 1989, Argentina experimentó una transformación espectacular económica debido a unas *emprendedoras maniobras financieras°* en las que se redujeron las barreras comerciales como los aranceles. Para una empresa estadounidense con negocios en Argentina, u otros países del Cono Sur, la accesibilidad a los otros mercados miembros del Mercosur es más fácil sin los obstáculos de antes. [En el año 2001 Argentina sufrió una crisis económica muy grave.]

Extraído de *"Doing Business in Argentina"*, *Big World Inc.*

Actividades de comprensión

A Conteste las preguntas sobre los negocios en Argentina con frases completas. Prepárese para explicar su opinión a la clase.

1. ¿Por qué es tan importante participar en conversaciones informales durante las comidas de negocios en Argentina? ¿Cree Ud. que las conversaciones informales tienen la misma importancia en los Estados Unidos? ¿Por qué (no)?
2. ¿Cuáles son algunos temas políticos de los que no se debe conversar en Argentina? ¿Hay temas "prohibidos" aquí?
3. ¿Tienen las apariencias la misma importancia en los Estados Unidos como en Argentina? En su opinión, ¿es justo juzgarle a uno por su apariencia? ¿Por qué (no)?
4. ¿Cuál es la relación entre Buenos Aires y las otras regiones de Argentina? ¿Hay una situación similar en los Estados Unidos? Dé algunos ejemplos.

B Investigue uno de los siguientes temas u otro tema sobre Argentina que le interese. Haga una presentación a la clase. ¡Busque fotos, video, música, etcétera para que la presentación sea más interesante!

el tango

la Guerra Sucia

Juan Perón

Evita Perón

las Islas Malvinas

Carlos Ménem

los gauchos

la Pampa

la inmigración

C Ud. va con un grupo de compañeros a Argentina para importantes negocios. Los demás no saben español y tampoco conocen las costumbres de los argentinos. Complete la tabla para sus compañeros con la información correspondiente del artículo.

Costumbre	Recomendado	No aconsejable
la puntualidad		
el alcohol		
la ropa		
las comidas de negocios		
la conversación		

D Aquí en los Estados Unidos, las costumbres en cuanto a los negocios son diferentes. Haga una tabla similar para sus compañeros argentinos sobre las costumbres de aquí.

Costumbre	Recomendado	No aconsejable
la puntualidad		
el alcohol		
la ropa		
las comidas de negocios		
la conversación		

Actividades de expansión en la Red electrónica

Busque información sobre los siguientes temas en la Red y tráigala a la clase. Incluya las direcciones de las páginas e imprima la información.

1. Busque una página web en la Red donde se pueden mandar postales electrónicas en español. Escriba un mensaje en español de un párrafo o más a un/a compañero/a de clase y mándeselo. Conteste el correo electrónico que Ud. recibe y transmita los dos a su profesor/a.

2. Cree su propia página web personal en español sobre algo que le interesa. Puede utilizar una de las muchas aplicaciones que hay en el Internet para diseñar páginas fácilmente. Incluya un contenido interesante, una lista de enlaces en español y un sitio donde los navegantes pueden mandarle correo electrónico a Ud. Si Ud. tiene un escáner, también puede incluir fotos. Publique la página en la Red según las instrucciones de los navegadores de páginas web (*web browsers*).

3. Busque una página web de una empresa estadounidense multinacional que tenga una versión en español. Haga una comparación de las dos versiones. ¿Hay diferencias en cuanto al estilo o presentación de la información? Si no hay, haga una lista de recomendaciones para que la versión española sea más apropiada culturalmente.

4. Busque por lo menos tres páginas web comerciales de uno de los países que hemos estudiado en esta lección. Haga una comparación de precios, presentación, estilo, fotos e información con una página similar de un producto de los Estados Unidos. Por ejemplo, compare los vinos chilenos o argentinos con los vinos de California. ¿Se puede pedir los vinos sudamericanos a través del Internet? ¿Hay que pagar gastos de envío?

5. Haga una investigación de uno de los cuatro países del Cono Sur. Incluya la siguiente información: capital, ciudades principales, industrias principales, productos exportados e importados, composición étnica, alfabetismo, acontecimientos históricos importantes, artistas famosos...

El mercadeo y la publicidad

En este capítulo se presentará el mundo del mercadeo internacional dentro del contexto del nuevo fenómeno de la globalización y la creación del Internet.

Temas relacionados con los negocios

- Las estrategias para la promoción de productos en el extranjero
- El crecimiento del mercado hispano y la promoción en español
- Los bloques comerciales y regionales

Vocabulario temático

- Las campañas publicitarias y el mercadeo
- La distribución, la promoción y el consumo

Temas culturales

- El bloque andino
- La integración económica regional en las Américas
- La identidad cultural frente a la migración

Gramática esencial

- El presente de subjuntivo
- El pretérito perfecto de subjuntivo
- Las construcciones pasivas
- Los usos de **se**

¡Exploremos por video!

- «Univisión»

¡Escuchemos!

- Llamada telefónica de televenta
- Conversación telefónica a una agencia de viajes
- Guía turístico habla de Machu Picchu

PASOS DE INICIACIÓN

La bandera de Colombia

Antes de leer

La siguiente lectura trata de los cambios en el mercadeo internacional, especialmente en Latinoamérica y la comunidad hispana de los Estados Unidos.

¿Ha visto Ud. anuncios publicitarios en español en el periódico o en la televisión alguna vez? ¿Ha notado un cambio en la publicidad en EE.UU. últimamente? ¿Cree que la publicidad es universal o hay que tener en cuenta las diferencias culturales? ¿Qué determina la compra para Ud.: la marca, el precio, el envase... ?

Estrategias de comprensión

Escoja la palabra o frase que tiene un significado similar. Si necesita más ayuda, busque la expresión en la lectura y determine el significado según el contexto.

1. **perder de vista**
   a. olvidarse de   b. relacionarse con   c. mirar
2. **picar el interés de**
   a. desgustar   b. atraer   c. estudiar

3. **tomar en cuenta**
   a. pagar   b. ser consciente de   c. llevar al cabo
4. **tratar de**
   a. intentar   b. contribuir   c. tener que ver con
5. **de cierto modo**
   a. seguramente   b. de alguna forma   c. en cuanto a
6. **al fin y al cabo**
   a. últimamente   b. finalmente   c. después de todo

Mientras lee. Busque dos ejemplos para cada uno:

1. los bloques comerciales
2. las marcas
3. los avances que facilitan el comercio internacional
4. los elementos que requieren flexibilidad

I. Lectura

El mercadeo internacional y la globalización

En las últimas décadas se han producido tremendos cambios sociales, políticos, económicos y tecnológicos que han transformado nuestra forma de relacionarnos con el resto del mundo. Los **bloques comerciales** como la Unión Europea y el Mercosur y los tratados económicos como el **Tratado de Libre Comercio** entre Canadá, los Estados Unidos y México han contribuido al nuevo fenómeno de la globalización. Otros avances como la creación del Internet han facilitado el comercio internacional, permitiendo al negocio más pequeño de cualquier parte del mundo participar en el mercado global con éxito. **De cierto modo**, la televisión por satélite, el Internet, el transporte internacional y otros avances han unido a los países del mundo, creando un mercado global para productos como automóviles, moda, **electrodomésticos** y muchos **comestibles**. Hay pocos lugares en el mundo donde todavía no conocen las **marcas** Coca-Cola, Pepsi, Mercedes o McDonald's.

La tendencia reciente hacia la globalización ha creado nuevos problemas **en cuanto al** mercadeo internacional. ¿Hasta qué punto se puede crear un plan de mercadeo internacional sin tomar en cuenta las diferencias culturales, políticas, económicas y lingüísticas entre los países, incluso los de la misma región? Es cierto que hay productos que son necesidades en cualquier país del mundo como el champú, las computadoras y los coches, pero hay que acordarse de que cada producto se va a vender en un mercado local con sus propias regulaciones sobre el **envase**, la **etiqueta**, los ingredientes, las especificaciones técnicas e incluso el idioma utilizado en la fabricación del producto. Tampoco hay que **perder de vista** los gustos, las costumbres y las **creencias** del consumidor porque, **al fin y**

al cabo, cada uno es producto de su **entorno**. Todos conocen la anécdota del Chevy Nova que no se vendía en los países de habla hispana hasta que alguien se dio cuenta de que "No va" significa *"doesn't go"* en español.

El mercado latinoamericano ha **experimentado** muchos cambios en los últimos años que han **picado el interés** de nuevos inversores y multinacionales. Tanto el sueldo promedio como la **esperanza de vida** han subido; los niveles de **escolarización** y **alfabetismo** también se han mejorado considerablemente. Mayor acceso a la publicidad internacional gracias a la introducción de más media internacional por satélite e Internet ha subido la demanda por productos de marca extranjera en Latinoamérica. Los grupos socioeconómicos más altos tienen **gustos** muy parecidos a los de los estadounidenses del mismo nivel. Los jóvenes de la clase alta piden los productos más de moda, muchos de los cuales son de las mismas marcas internacionales reconocidas en todo el mundo.

En otros casos, la estrategia más adecuada para promocionar un producto no está tan clara. El actual énfasis en la globalización se tiene que **medir** con las tendencias y peculiaridades del mercado local, según muchos expertos de la mercadotecnia. Cierta flexibilidad es necesaria en cuanto a:

- El ciclo de vida del producto. Con el ciclo de vida se refiere a la curva de crecimiento, **madurez** y **declinación** del producto.
- La promoción. La **disponibilidad** de los medios de comunicación y las **reglas gubernamentales** pueden **restringir** la **campaña publicitaria.**
- La distribución. Una distribución eficaz depende del estado del sistema de transportes de la zona, las carreteras, los aeropuertos y correos.
- El precio. El precio depende también de la competencia que existe ya en el mercado local, el nivel económico de la zona y el estado de la economía local en general.

En general, los expertos dicen que se puede estandarizar **el plan de mercadeo** del producto cuando **se trata de** un producto o servicio industrial, hay poca competencia local, el producto no tiene implicaciones culturales y es un producto de necesidad. Los productos de lujo con mucha competencia local y mucha relevancia cultural que son para **consumo propio** deben ser promocionados **tomando en cuenta** el mercado local.

Está claro que el mercado latinoamericano, igual que el mercado hispano en los Estados Unidos, está experimentando un periodo de fuerte **crecimiento**. Incluso los grandes multinacionales están gastando más dinero en crear publicidad en español para no perder las nuevas oportunidades en estos mercados. Los expertos del mercadeo internacional esperan un **aumento** en el mercado hispano gracias al Internet y al comercio electrónico. Grandes empresas como Pepsi, Procter & Gamble y Tabasco ya han contratado a una agencia de publicidad para entrar en este mercado electrónico.

II. Vocabulario activo

Sustantivos

el **alfabetismo** *literacy rate*
el **aumento** *increase*
el **bloque comercial** *trade block*
la **campaña publicitaria** *advertising campaign*
el **crecimiento** *growth*
la **creencia** *belief*
los **comestibles** *foodstuffs*
el **consumo propio** *personal consumption*
la **declinación** *decline*
la **disponibilidad** *availability*
los **electrodomésticos** *small appliances*
el **entorno** *environment, surroundings*

el **envase** *package (of a product)*
la **escolarización** *education rate, schooling*
la **esperanza de vida** *life expectancy*
la **etiqueta** *label*
el **gusto** *taste, individual liking*
la **madurez** *maturity*
la **marca** *brand*
el **plan de mercadeo** *marketing plan*
la **regla gubernamental** *government regulation*
el **Tratado Libre de Comercio (TLCAN)**
   NAFTA

Verbos

experimentar *to experience*
medir (i) *to measure*
perder (ie) de vista *to lose sight of*
picar el interés de *to pique the interest or curiosity of*

restringir *to restrict*
tomar en cuenta *to take into account*

Expresiones

al fin y al cabo *in the end*
de cierto modo *in a way*

en cuanto a *with regard to*
se trata de *it is about; it is a question of*

A **Comprensión de lectura.** Explique cada tema según la información de la lectura. ¡Use sus propias palabras!

Ejemplo: la marca

> *La marca es el nombre que tiene un producto específico. La Coca Cola es la marca de un refresco, por ejemplo. Algunas marcas son conocidas en casi todo el mundo.*

1. los bloques comerciales
2. los gustos, las costumbres y las creencias del consumidor
3. el ciclo de vida del producto
4. la promoción de los productos de lujo
5. el mercado hispano en los Estados Unidos
6. la distribución
7. el mercado local
8. las reglas gubernamentales

B **Vocabulario.** Escriba cada oración otra vez, expresando las palabras en cursiva de otra forma utilizando el vocabulario nuevo de la lectura.

1. En Costa Rica *más personas saben leer* que en casi ningún otro país del mundo.
2. *Los habitantes del país viven más años* que antes gracias al desarrollo de vacunas y medicinas nuevas.
3. No hay que *olvidarse de* los gustos y las costumbres del consumidor cuando se hace un plan de mercadeo.
4. Muchos inversores *tienen más interés* en el mercado latinoamericano debido a los cambios que *han ocurrido* allí en los últimos años.
5. Cuando se crea un plan de mercadeo internacional, *se tiene que pensar en* las diferencias culturales, económicas, políticas y lingüísticas que hay entre las regiones del mundo.

C **Antónimos.** Busque un antónimo de la lectura para cada palabra o expresión.

1. antes de todo
2. librar
3. declinación
4. incapaz
5. producto de necesidad
6. acordarse de
7. infancia
8. de ningún modo
9. olvidadas, no percibidas
10. crecimiento

D **Impresiones personales.** Conteste las preguntas con oraciones completas. ¡Explique su punto de vista!

1. ¿Es la globalización comercial una ventaja o desventaja para un país en desarrollo, como los de Latinoamérica, en cuanto a la economía/la cultura/la lengua/la política? ¿Y para los países desarrollados como los Estados Unidos?
2. ¿Conoce Ud. otros ejemplos de productos que no se han promocionado bien en el extranjero por falta de información sobre los gustos, etcétera, de los consumidores de la región? Si no, busque un caso en el Internet o en la biblioteca para compartir con la clase.
3. ¿Por qué es tan importante saber el nivel de escolarización y de alfabetismo de un país para promocionar un producto allí?
4. ¿Qué opina Ud. del hecho de que las marcas como Coca-Cola, Pepsi y McDonald's se conocen en casi todo el mundo? ¿Cómo ayudan a crear un estereotipo mundial sobre los Estados Unidos?
5. ¿Qué cambios ha notado Ud. últimamente en la publicidad que Ud. lee, escucha y ve en los medios de comunicación de su región? ¿Hay más anuncios en otros idiomas? ¿Hay más modelos de otras razas o grupos étnicos? ¿Hay más publicidad para productos extranjeros?

¿Sabía Ud.... ?

¿Cuántos bloques económicos puede Ud. nombrar y cuáles son los países miembros? ¿Puede pensar en algunas ventajas de pertenecer a un bloque regional?

LA INTEGRACIÓN ECONÓMICA REGIONAL Y LA COMUNIDAD ANDINA (CAN): BOLIVIA, COLOMBIA, ECUADOR, PERÚ, VENEZUELA

La integración económica regional ha sido un tema de importancia en el Hemisferio Occidental por más de cuatro décadas. En la era posterior a la Segunda Guerra Mundial, y en parte estimulados por los hechos que se desarrollaban en Europa, los países Latinoamericanos y del Caribe (LAC) se vieron envueltos en distintos procesos de integración regional.

En los años 60, se inició en la región un movimiento de cooperación económica que trajo como consecuencia la firma de distintos acuerdos como la Asociación Latinoamericana de Libre Comercio, El Mercado Común Centroamericano (MCCA), el Pacto Andino y la Asociación Caribeña de Libre Comercio (CARIFTA). Con la excepción del MCCA, muy poco resultó de estas iniciativas en esta década y la próxima.

Durante los años 80, el impacto de la crisis de la deuda externa en América Latina y el Caribe centró la agenda hemisférica en asuntos financieros. Los temas de comercio e inversión fueron relegados, aunque es necesario reconocer que paralelamente al problema de la deuda, se alcanzaron importantes avances en el área comercial. Para esa época, la mayoría de los países adoptó políticas de mercado con una fuerte orientación hacia la exportación y las ideas de sustitución de importaciones, planeamiento estatal y comercio controlado como ejes de desarrollo, fueron rápidamente superadas.

La bandera de Perú

Para los inicios de la década de los 90, prácticamente todos los países del área habían conseguido progresos sustanciales y las tendencias de liberalización del comercio, desregulación y privatización comenzaban a influenciar la política económica. Debido en mucho a estas nuevas circunstancias, los acuerdos de integración y cooperación económica revivieron, gracias también a la influencia de los eventos que acontecían en la esfera global.

Esta corriente mundial, en la cual sobresalían entre otros hechos la inminente creación de un Mercado Único en Europa, el importante crecimiento del comercio entre Japón y el Sudeste Asiático y el fin de la Guerra Fría provocaron un cambio importante en la agenda política de los Estados Unidos. Los asuntos hemisféricos se convirtieron en un objetivo fundamental en Washington, y el camino hacia una nueva articulación de regionalismo en América comenzó a trazarse. La iniciativa para la Cuenca del Caribe, el Acuerdo de Libre Comercio con Canadá, la negociación del NAFTA, y la iniciativa para las Américas constituyeron pasos importantes en la nueva estrategia regional de los Estados Unidos.

Fernando Ocampo Sánchez, Asesor del Despacho del Ministro de Comercio Exterior de Costa Rica, artículo extraído de *http://www.comex.go.cr*

PRÁCTICAS   Resuma el artículo sobre la historia de los bloques comerciales, rellenando las cajas con el/los acontecimiento(s) ocurrido(s) en cada década.

DÉCADA	TEMAS MÁS IMPORTANTES	RAZONES
los sesenta/setenta		
los ochenta		
los noventa		

III. Más terminología comercial

la cuota del mercado
market share
dar a conocer productos nuevos
to introduce new products

empaquetar
to package
engañoso
deceptive

exponer	**la portada**
to display	front page, cover
la feria de muestras	**la prensa**
trade show	press
el lanzamiento	**la propaganda**
launching	advertisements
el logotipo	**la prueba**
logo	trial
los medios de comunicación	**el público objetivo**
media	target market
el mercado de ensayo	**el telemercadeo**
test market	telemarketing
montar una campaña	**los titulares**
to launch a campaign	headlines
la muestra	**la vidriera, el escaparate**
sample	display window
el poder adquisitivo	
purchasing power	

A Llene los espacios en blanco con la expresión o palabra más adecuada.

PRÁCTICAS

1. En la feria de _____ en Quito nuestra empresa va a
   ___dar a conocer___ el producto nuevo y regalar _____
   gratuitas.
2. El fenómeno del _____ ha tenido mucho éxito en la última década aunque a muchos consumidores les molesta recibir llamadas
   publicitarias en casa.
3. Hay cada vez más _____ en la _____ y
   menos noticias.
4. Para el _____ de la nueva línea de zapatos contratamos
   una _____ para crear un _____ nuevo
   para nuestra empresa. Tiene una S negra con tres estrellas rojas abajo.
5. Antes de lanzar el producto es importante hacer una _____
   con un _____ de ensayo para determinar el público
   objetivo.

B **Conversación dirigida.** Una compañía de textiles indígenas en Bolivia
quiere lanzar una campaña publicitaria en los Estados Unidos. Con su pareja,
hagan los papeles de dos ejecutivos, uno/a de la empresa boliviana y el/la
otro/a de la agencia de publicidad norteamericana.

La bandera de Bolivia

Ejecutivo/a boliviano/a	Agente de publicidad
Greets ad executive	Welcomes client
Explains business proposition	Asks to see a sample
Explains the characteristics and quality of the product	Comments that the product should sell well with the right advertising
Asks how they will introduce the product to the market in U.S.	Suggests showing product at a clothing trade show in Seattle next month
Asks if they plan to advertise in the media	Explains their plan to show the product line on the cover of the trade show catalog
Asks what they think the target market is	Explains that U.S. teenagers have a lot of purchasing power in the fashion industry
Asks about possibility of displaying the product in the display windows of popular clothing stores	Explains that they will need time to contact stores and that they will have more information in a couple of days
Thanks executive and says that his/her secretary will call to set up another meeting	Thanks client and expresses optimism about the launching of the product

¡EXPLOREMOS POR VIDEO!

La creciente influencia hispana en los Estados Unidos: "Univisión"

Vocabulario útil del video

las altas y bajas *highs and lows*
el asunto *affair, matter*
la cadena *network*
durar *to last*
la empresa emisora *broadcasting company*
entregarse (a) *to give yourself over (to)*
grabar *to tape*

el entretenimiento *entertainment*
el/la intérprete *singer, performer*
el lema *slogan, motto*
el/la personaje *character*
sinnúmero *infinite amount*
la (tele)novela *soap opera*
el tema *topic*

Nota cultural

El programa de televisión *Sábado Gigante* empezó su larga carrera en el mundo de la televisión en 1962 en Chile. En 1986 ya se podía ver en EE.UU. Logró aparecer en el *Guinness Book of World Records* como el programa con más tiempo en las Américas.

A Empareje cada cosa con su descripción.

_____ 1. Sábado Gigante
_____ 2. Pachanga Latina
_____ 3. Qué Pasa
_____ 4. Control
_____ 5. Dolores Calaf
_____ 6. Univisión
_____ 7. (Don) Francisco

a. programa musical de revista
b. programa para la audiencia juvenil
c. directora de Asuntos a la Comunidad
d. dura tres horas
e. antes conocido como *"Spanish Network"*
f. presentador de origen chileno
g. tu ventana al mundo de arte, cultura y entretenimiento

B Llene los espacios en blanco con la información del video.

1. Hoy día Univisión llega a más de _____ personas.
2. _____ estaciones son parte de la corporación de Univisión.
3. Univisión comenzó hace _____ años.
4. Univisión llega a _____ países latinoamericanos.
5. El canal _____ tiene programas locales como *Qué Pasa*.

C Elija uno de los siguientes temas para escribir un ensayo corto de unas diez oraciones como mínimo.

1. Mire un programa de Univisión o de otro canal hispano que se ve en su ciudad. Haga un resumen del programa y los anuncios comparándolos a los que se ve en un programa similar en inglés.

2. ¿Qué programas le gusta mirar en la televisión? Escriba los nombres de los programas, su horario (día y hora), el canal donde se ven y una descripción de los programas y personajes.

ESTRUCTURAS FUNDAMENTALES

Repaso gramatical
■ ■ ■

I. El presente de subjuntivo

A. Uso

El subjuntivo es un modo verbal que indica una actitud del hablante de incertidumbre, posibilidad, duda, necesidad, deseo... El modo del indicativo, por otra parte, indica algo objetivo, seguro, real y existente. La forma subjuntiva expresa algo subjetivo y tiene cuatro tiempos: presente, imperfecto, pretérito perfecto y pluscuamperfecto. A continuación, se presenta el tiempo presente de subjuntivo que se refiere al presente y al futuro.

Ejemplos:	Indicativo:	*Voy* al mercado y *hago* la compra. (hecho real, objetivo)
	Subjuntivo:	Quiero que tú *vayas* al mercado y que *hagas* la compra. (hecho deseado, subjetivo)
	Indicativo:	Estoy seguro de que Julián *habla* el castellano. (hecho real, seguro)
	Subjuntivo:	No estoy seguro de que Julián *hable* el castellano. (actitud dudosa)

En general, cuando el verbo principal y el subordinado tienen el mismo sujeto, no se usa el subjuntivo sino un infinitivo.

Manuel quiere ir a la discoteca pero Pilar prefiere descansar.

B. Formación

Se conjuga igual que los mandatos formales. Es necesario saber la forma de **yo** del verbo (hablo, pongo, digo, salgo, tengo, dirijo...). Luego es necesario quitar la **-o** (habl-, pong-, dig-, salg-, teng-, dirij-...) y añadir las terminaciones siguientes:

Para los verbos que acaban en **-ar**: **e, es, e, emos, éis, en**
Para los verbos que acaban en **-er/-ir**: **a, as, a, amos, áis, an**

hablar:	hable, hables, hable, hablemos, habléis, hablen
estudiar:	estudie, estudies, estudie, estudiemos, estudiéis, estudien
beber:	beba, bebas, beba, bebamos, bebáis, beban
poner:	ponga, pongas, ponga, pongamos, pongáis, pongan
vivir:	viva, vivas, viva, vivamos, viváis, vivan
salir:	salga, salgas, salga, salgamos, salgáis, salgan

 ¡OJO!

Como en otros tiempos verbales, los complementos directos, indirectos y reflexivos se colocan inmediatamente antes del verbo.

Infinitivo	Forma de yo	Raíz	Forma de yo (subjuntivo)
preparar	preparo	prepar-	prepare
ponerse	me pongo	pong-	me ponga
decir	digo	dig-	diga
coger	cojo	coj-	coja
conocer	conozco	conozc-	conozca
distribuir	distribuyo	distribuy-	distribuya
continuar	continúo	continú-	continúe

PRÁCTICAS ¿Cuál es la forma del subjuntivo de los verbos a continuación? En pareja, hagan los papeles de profesor/a y estudiante. El/la profesor/a pedirá la forma y el/la estudiante contestará con la forma correcta del subjuntivo.

1. que yo: trabajar, responder, traer, exigir, traducir
2. que tú: cenar, recoger, conducir, ver, valer
3. que ella: conocer, dirigir, enseñar, poner, tener
4. que nosotros: distribuir, suponer, salir, aportar, mantener
5. que vosotros: contratar, hacer, poseer, cambiar, subir
6. que ellos: negociar, solicitar, vender, reducir, recoger

C. Verbos con cambio de raíz (e>ie; o>ue; e>i)

Los verbos con cambio de raíz que acaban en -**ar** y -**er** siguen los mismos cambios que en el presente de indicativo. No cambian de raíz en las formas de **nosotros** y **vosotros.**

cerrar (e>ie)		volver (o>ue)	
cierre	cerremos	vuelva	volvamos
cierres	cerréis	vuelvas	volváis
cierre	cierren	vuelva	vuelvan

Los verbos con cambio de raíz que acaban en -**ir** tienen cambios especiales. Los verbos que cambian (**e>ie**) y (**o>ue**) pierden la **e** en las formas de **nosotros** y **vosotros.**

invertir (e>ie)		dormir (o>ue)	
invierta	invirtamos	duerma	durmamos
inviertas	invirtáis	duermas	durmáis
invierta	inviertan	duerma	duerman

Los verbos que terminan en -**ir** con cambio de radical (**e>i**), mantienen el mismo cambio en todas las formas.

medir (e>i)		pedir (e>i)		servir (e>i)		seguir (e>i)	
mida	midamos	pida	pidamos	sirva	sirvamos	siga	sigamos
midas	midáis	pidas	pidáis	sirvas	sirváis	sigas	sigáis
mida	midan	pida	pidan	sirva	sirvan	siga	sigan

¿Cuál es la forma del subjuntivo de los verbos a continuación? En pareja, dramaticen los papeles de profesor/a y estudiante. El/la profesor/a pedirá la forma y el/la estudiante contestará con la forma correcta del subjuntivo.

PRÁCTICAS

1. que yo: moverse, morir, entender, conseguir, pensar
2. que tú: mentir, recordar, perder, repetir, referirse
3. que Ud.: sentirse, pedir, dormirse, recomendar, divertirse
4. que nosotros: volver, mentir, perder, servir, divertirse
5. que vosotros: dormir, preferir, entender, pedir, sentarse
6. que Uds.: perder, invertir, mentir, soñar, sonar

D. Irregulares

Si la forma de **yo** del verbo no acaba en **o**, la forma de la raíz del subjuntivo es totalmente irregular y hay que memorizarlas.

dar	estar	haber	ir	saber	ser
dé	esté	haya	vaya	sepa	sea
des	estés	hayas	vayas	sepas	seas
dé	esté	haya	vaya	sepa	sea
demos	estemos	hayamos	vayamos	sepamos	seamos
deis	estéis	hayáis	vayáis	sepáis	seáis
den	estén	hayan	vayan	sepan	sean

El verbo **haber** usado con el participio pasado del verbo, forma el **pretérito perfecto de subjuntivo**.

Ejemplos: Espero que hayas terminado.
I hope that you have finished.
Me alegro de que vosotros lo hayáis pasado bien.
I'm happy that you have had a good time.

E. Cambios ortográficos

Para mantener los sonidos originales de los infinitivos, los verbos que acaban en -**car**, -**gar**, -**zar** tienen cambios ortográficos antes de la letra **e**.

Cambio	Infinitivo	Subjuntivo
c > **qu** antes de -**e**	picar	pique, piques, pique, piquemos, piquéis, piquen
	fabricar	fabrique, fabriques, fabrique, fabriquemos, fabriquéis, fabriquen
g > **gu** antes de -**e**	pagar	pague, pagues, pague, paguemos, paguéis, paguen,
	llegar	llegue, llegues, llegue, lleguemos, lleguéis, lleguen
z > **ce** antes de -**e**	almorzar	almuerce, almuerces, almuerce, almorcemos, almorcéis, almuercen
	empezar	empiece, empieces, empiece, empecemos, empecéis, empiecen

 **¡OJO!**

Seguir cambia a **siga.** Estos cambios ortográficos sólo ocurren antes de la -**e.**

¿Cuál es la forma del subjuntivo de los verbos a continuación? En pareja, hagan los papeles de profesor/a y estudiante. El/la profesor/a pedirá la forma y el/la estudiante contestará con la forma correcta del subjuntivo.

1. que yo: buscar, estar, apagar, navegar
2. que tú: agregar, ir, ser, avanzar
3. que él: saber, almorzar, secar, negar
4. que nosotros: irse, dar, empezar, llegar
5. que vosotros: seguir, haber, almorzar, fabricar
6. que ellas: ser, saber, pagar, sacar

F. Usos

La siguiente estructura es la más corriente en la que se usa el subjuntivo.

> VERBO PRINCIPAL + **QUE** + VERBO SUBORDINADO

1. El verbo subordinado es conjugado en la forma subjuntiva cuando el verbo principal cabe en los siguientes grupos:

   - **verbos de voluntad:** aconsejar, desear, necesitar, ordenar, pedir (i), permitir, querer (ie), recomendar (ie), rogar (ue), sugerir (ie)

   Ejemplos: Los bloques económicos *permiten* **que** *haya* menos barreras económicas.
   No nos *recomiendan* **que** *fabriquemos* más productos de esa marca.
   Nuestros profesores nos *sugieren* **que** *vayamos* al laboratorio cada semana.
   Mis padres me *aconsejan* **que** *siga* con mis estudios y **que** no *deje* la universidad.

   - **verbos de sentimiento o emoción:** alegrarse (de), celebrar, esperar, lamentar, sentir (ie), temer, molestar, parecerle bien/mal

   Ejemplos: La agencia local *teme* **que** la casa matriz *pierda* de vista las costumbres locales y **que** no *pique* el interés del consumidor.
   Los distribuidores *se alegran de* **que** *vayan* a construir una carretera mejor.

Los fabricantes *esperan* **que** su nuevo producto *sea* distribuido globalmente y **que** *tenga* mucho éxito.

Me *molesta* **que** las revistas *tengan* tanta publicidad.

Me *parece* bien **que** las empresas *hagan* publicidad en español.

- **verbos de duda o incertidumbre:** dudar, no creer, no estar seguro

Ejemplos: Los inspectores *dudan* **que** la inspección *se realice* si sigue lloviendo.

No creo **que** *hagan* promociones en la radio.

No están seguros de **que** la mercancía *llegue* con las etiquetas correctas.

¡OJO!

No se usa el subjuntivo con: creer, estar seguro, no dudar, no hay duda... porque implican seguridad.

Ejemplo: *Estamos seguros* de **que** el mercado hispano *está* en un momento de crecimiento y *creemos* **que** *va* a seguir así.

2. Existen en español algunas expresiones impersonales que expresan emoción, duda, necesidad, posibilidad e irrealidad. Se usa la forma del subjuntivo con estas expresiones cuando hay un sujeto en la cláusula subordinada. Si no, se usa un infinitivo.

Ejemplo: Es importante *estudiar.*

Es importante que tú *estudies.*

Expresiones impersonales

es bueno	*it is good*	es malo	*it is bad*
es difícil	*it is difficult*	es necesario	*it is necessary*
es importante	*it is important*	es imprescindible	*it is essential*
es lástima	*it is a pity*	es mejor	*it is better*
puede ser	*it may be*	ojalá	*If only . . . !; I hope*

3. Se usa el subjuntivo cuando el verbo subordinado expresa algo indefinido y no existente. Si la cláusula subordinada se refiere a algo definido, existente o a una persona o cosa específicas, se usa el indicativo.

Ejemplos: **real, definido:** Tenemos una campaña publicitaria que *es* muy económica.

no definido, ideal: Vamos a montar una campaña publicitaria que *sea* económica.

existente:	Hay productos que *venden* con poca publicidad.
no existente:	No hay productos que *vendan* sin un vendedor.
específico:	Busco a la secretaria que *sabe* alemán.
no específico:	Busco una secretaria que *sepa* alemán.

¡OJO!

Nunca se usa el presente de subjuntivo inmediatamente después de **si**.

Ejemplos: No sé si *puedo* ir.

No sé si *hay* reglas gubernamentales que *gobiernen* las campañas.

A Utilizando los elementos de cada columna, construya oraciones usando el subjuntivo.

PRÁCTICAS

Ejemplo: A   **B**   **C**

la azafata   los pasajeros   sentarse

La azafata les pide que los pasajeros se sienten.

A	B	C
los expertos	las empresas	estandarizar los planes
el gobierno	los fabricantes	poner etiquetas bilingües
los bloques comerciales	los países miembros	firmar el tratado de comercio
la agencia de publicidad	su cliente	hacer una campaña publicitaria
los jóvenes de la clase alta	las tiendas	ofrecer ropa de marca internacional
los expertos del mercadeo	los exportadores	no perder de vista las diferencias culturales

B Haga una lista de cinco (o más) problemas de que Ud. sufre como, por ejemplo: saco malas notas, no duermo lo suficiente... Intercambie papeles con su compañero/a y déle dos soluciones para cada problema, una afirmativa y otra negativa. Utilice expresiones como: Te recomiendo que...; Te sugiero que...; No te aconsejo que...

C **¿Cuál es su opinión?** Para cada tema, escriba su opinión en una oración utilizando expresiones como: me molesta que, me parece bien/mal que, es bueno que... Después comparta sus opiniones con la clase en un debate.

Ejemplo: muchos estudiantes no vienen a clase preparados
A mí me molesta que los estudiantes no vengan a clase preparados porque tenemos que explicarles todo.

1. algunos estudiantes copian durante los exámenes
2. hay mucha construcción en las calles
3. hay mucho ruido en las residencias estudiantiles
4. el límite de velocidad no excede las 65 millas por hora
5. los libros de texto cuestan mucho
6. el examen final vale mucho
7. la comida en la cafetería engorda y no es sana
8. hay tantos requisitos para graduarse
9. el aparcamiento de la universidad es limitado
10. ???

D **¿Conoce Ud. bien a su compañero/a?** Escriba diez oraciones sobre la vida de Ud., algunas verdaderas y otras falsas. Después, cambie papeles con su compañero/a a ver si Uds. saben cuáles de las oraciones son mentiras. Use las expresiones "Dudo que", "No es cierto que" y "No es verdad que" para las oraciones que Ud. cree que son mentiras y "Es cierto que", "Es verdad que" y "Estoy seguro/a de que" para las oraciones que Ud. cree que son falsas.

Ejemplo: Su compañero escribe: Tengo cinco hijos y una esposa.
Al leer la oración, Ud. escribe: *¡No es cierto que tú tengas cinco hijos y una esposa!*

E **Situaciones ideales.** Termine la frase con el subjuntivo para explicar lo que Ud. aspira a tener en el futuro. Incluya por lo menos dos cosas.

Ejemplo: Busco un carro que...
Busco un carro que sea rápido y que tenga buen consumo de gasolina.

1. Busco una casa que...
2. Espero tener un/una esposo/a que...
3. Aspiro a tener un trabajo que...
4. Espero vivir en un lugar que...
5. Ojalá que mis hijos...
6. Necesito amigos que...
7. Ojalá que mi situación económica...
8. No quiero tener un trabajo que...
9. Ojalá que mi pareja no...
10. Espero que mi familia...

II. Las construcciones pasivas

A. El pasivo reflexivo

Se usa el pasivo reflexivo cuando no se sabe el agente de un suceso o cuando un fenómeno natural causó lo ocurrido. Normalmente se coloca el sujeto después del verbo. Hay concordancia entre el sujeto y el verbo.

> **Ejemplos:** Se rompió la silla.
> *The chair broke.*
> Se quemaron dos departamentos.
> *Two apartments caught fire.*
> Se cayó un árbol durante la tormenta.
> *A tree fell down during the storm.*
> El sol se pone cada vez más tarde en primavera.
> *The sun sets later and later in springtime.*

B. La voz pasiva con ser + participio pasado

El uso de la voz pasiva con el verbo **ser** es menos común que en inglés. Normalmente se usa la voz pasiva con **ser** en contextos más formales como la literatura y los medios de comunicación. En contextos informales es más típico usar la voz activa o el pasivo reflexivo.

En la voz pasiva con **ser** el sujeto de la frase es el recipiente de una acción provocada por un agente. Se puede incluir el agente de la acción usando la preposición **por**. El participio pasado concuerda con el sujeto de la frase en número y género.

> **Ejemplos:** Las ruinas fueron descubiertas por los arqueólogos.
> *The ruins were discovered by the archaeologists.*
> Un hombre fue detenido durante las manifestaciones.
> *One man was arrested during the demonstrations.*

A **Los titulares.** El pasivo se ve mucho en los titulares del periódico. Convierta los siguientes titulares en oraciones pasivas, usando **por** para incluir el agente si puede.

PRÁCTICAS

> **Ejemplo:** Director despedido
> *El director de la empresa fue despedido por la junta de accionistas.*

Niño Atropellado
Tres Casas Destruidas
Ciudades Inundadas
Huesos de Dinosaurio
Encontrados
Ruinas Incas Descubiertas

Cuatro Soldados Heridos
Grupo Pacifista Nominado
por Premio Nobel
12 Presos Políticos Liberados
Grupo Paramilitar Detenido
4 Narcotraficantes Asesinados

B **La historia de Venezuela.** Escriba oraciones pasivas sobre la historia de Venezuela usando la información en paréntesis.

La bandera de Venezuela

Ejemplo: El himno nacional de los Estados Unidos/escribir/Francis Scott Key

El himno nacional de los Estados Unidos fue escrito por Francis Scott Key.

1. El país/colonizar/los españoles/1498
2. Los españoles/derrotar/las fuerzas de Simón Bolívar/1821
3. La primera ciudad Cumaná/fundar/1523
4. Un presidente civil/elegir/1959/después de muchos años de dictadura militar
5. La ciudad de Caracas/destruir/terremotos/1755 y 1812

C El siglo XX ha sido marcado por muchos inventos. Escriba oraciones con la forma pasiva como en el ejercicio anterior.

1. la fotografía en color (1907)
2. la cremallera *(zipper)* (1912)
3. el refrigerador (1923)
4. productos congelados *(frozen)* (1924)
5. el bolígrafo (1944)
6. el microondas (1946)
7. el tocadiscos (1946)
8. el láser (1960)

D **¡Uds. son los periodistas!** En grupos de tres, escriban un reportaje (puede ser inventado) sobre algo que ocurrió en su universidad o ciudad. ¡Después, durante las "telenoticias", cada grupo le presentará su reportaje a la clase!

E Busque un periódico en español en el Internet (por ejemplo: *www.elpaís.es*) o en la biblioteca y lea varios artículos para encontrar diez ejemplos del pasivo. Apunte las oraciones y cámbielas a oraciones activas.

> **Ejemplo:** La novela *Cien años de soledad* fue escrita por Gabriel García Márquez.
> *Gabriel García Márquez escribió la novela Cien años de soledad.*

III. Los usos de se

En adición al uso de **se** en la forma pasiva, **se** tiene otras funciones y valores variados. A continuación se presentan los usos más comunes.

A. Se en oraciones impersonales

Hay varias maneras de indicar que el sujeto es desconocido o que no es importante identificarlo. En inglés se usa: *one, people, you...*

1. Se + verbo en 3ª persona singular (la forma más frecuente)

> **Ejemplos:** ¿Cómo *se dice* "papa" en inglés?
> *How do you say "papa" in English?*
> ¿Cómo *se va* al centro desde el hotel?
> *How do you get downtown from the hotel?*
> *Se ven* los picos de los Andes de acá.
> *You can see the peaks of the Andes from here.*

2. Uno + verbo en 3ª persona singular

Esta forma se usa poco y no es tan elegante como la forma con **se.**

> **Ejemplos:** En una situación así, uno tiene que hacer algo.
> *In a situation like that, you have to do something.*

3. En las recetas, los manuales y las instrucciones se usa la forma pasiva con el pronombre **se** con el verbo en 3ª persona singular o plural (se cortan las patatas, se ponen las baterías...).

B. Se con valor recíproco

Se usa esta forma para mostrar que varias personas realizan y reciben la acción del verbo.

Ejemplos: Los novios se besaron y se abrazaron.
The boyfriend and girlfriend kissed and hugged each other.
Se quieren mucho.
They love each other very much.

C. Se + pronombres de complemento indirecto + verbo + sujeto

Se usa esta forma cuando se quiere indicar que hay una falta de voluntariedad; que fue un accidente o que algo pasó sin quererlo. El verbo concuerda con el complemento directo y viene en la 3ª persona singular o plural. Algunos verbos que se usan de esta forma son **olvidar, perder, quedar, romper, escapar, caer, estropear, quemar.**

Ejemplos: Se me olvidó la contraseña, pero no se me olvidaron las direcciones electrónicas.
I forgot my password, but I didn't forget the e-mail addresses.
A Marta se le cayó el vaso, pero no se le cayeron los platos.
Marta dropped the glass, but she didn't drop the plates.
Se te rompió el espejo, pero no se te rompieron las gafas de sol.
The mirror broke, but the sunglasses did not.

PRÁCTICAS   **A** Cambie las palabras en cursiva utilizando el **se** impersonal.

Ejemplo: *Es posible vender* más creando publicidad en español.
Se puede vender más creando publicidad en español.

1. *Todos tienen que* pensar en las diferencias culturales entre las regiones del mundo cuando se hacen publicidad.
2. *Uno debe invertir* en la bolsa para estimular la economía.
3. *Es posible estandarizar* el plan de mercadeo del producto.
4. *Ellos han producido* tremendos cambios sociales.
5. *No es posible pagar* con tarjeta de crédito en esa tienda.
6. *Uno puede cambiar* moneda extranjera en la Casa de Cambio.
7. *Ellos no venden* productos de lujo.
8. *Ellos compiten* con el mercado local.

B **La gastronomía peruana.** A continuación aparece una receta de la bebida nacional peruana. Cambie los infinitivos a la forma pasiva con **se**.

El pisco peruano es un aguardiente elaborado de uvas. Su nombre proviene del puerto de Pisco, en el departamento (estado) de Ica en Perú. Es una bebida muy rica pero fuerte en alcohol, así que tenga cuidado si tiene la ocasión de probarlo.

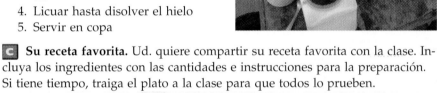

Pisco Sour

Ingredientes: (para 3 personas)
3 medidas de Pisco
1 medida de jugo de limón exprimido
2/3 medida de azúcar blanca
una clara de huevo
hielo picado

Preparación:

1. Disolver el azúcar blanca en el Pisco y agregar el jugo de limón
2. Colocar la mezcla en la licuadora hasta la mitad
3. Añadir la clara de huevo y el hielo llenando la licuadora a las ¾ partes
4. Licuar hasta disolver el hielo
5. Servir en copa

C **Su receta favorita.** Ud. quiere compartir su receta favorita con la clase. Incluya los ingredientes con las cantidades e instrucciones para la preparación. Si tiene tiempo, traiga el plato a la clase para que todos lo prueben.

Se baten dos huevos y se echa sal.

D **Ahora le toca a Ud.** Normalmente se usa el **se** impersonal en los anuncios breves pero algunas veces no. Cambie los verbos de los anuncios a la forma del **se** impersonal.

Necesito guardias de seguridad. Hágase guardia en dos días.
Av. México 1004 La Victoria Lima 18 Perú;
Central Telefónica 310-9345

Hacemos y remodelamos gabinetes, cocina y casas.
Telf: 323-1985

Necesitamos vendedores(as) productos indus.
Experiencia para cita llame, 422-3098

Solicito matrimonio Sr. mecánico autos y Sra. atender casa.
Vivir dentro, sueldo a convenir
telf: 463-1333

COMPRO CARROS
Todos modelos. Pago en el acto
9034445

Vendo salón de belleza 6 estaciones.
En Jaén establecido 16 años
448-2100

Cía Sopeca Int'l solicita damas y caballeros para Dpto. de ventas.
Entrenamiento gratis. Paseo de la República 2400
Telf: 987-3456

Alquilo casa en la playa
sólo veranos Playa Miramar, Tumbes
llamar 875-0908

E **Los carteles** *(signs).* A veces se usa la forma del **se** impersonal en los anuncios y en los carteles. Escoja el verbo correcto y cred un cartel en español usando el **se** impersonal.

prohibir, admitir, vender, alquilar, hacer, hablar, buscar, necesitar, arreglar

F **¿Cómo se hace?** Un amigo de Bolivia ha venido para sacar una carrera en mercadeo y necesita que le explique cómo se hace lo siguiente.

Ejemplo: ir al centro
Se va al centro en autobús o en metro.

1. hacer una llamada de larga distancia
2. comprar un carro
3. abrir una cuenta corriente

4. usar el cajero automático
5. sacar una licencia de manejar
6. matricularse en la universidad
7. alquilar un departamento (apartamento)
8. pagar las facturas de la casa

G **El mercadeo.** A continuación tiene una lista de factores importantes para realizar una buena campaña publicitaria. Prepare una lista de sugerencias usando el **se** impersonal para el equipo de mercadeo de una empresa publicitaria.

Ejemplo: identificar el público objetivo
Primero se identifica el público objetivo.

1. decidir el presupuesto para la campaña publicitaria
2. hacer un estudio del mercado
3. hacer una encuesta
4. escoger la zona ideal para establecer el negocio
5. identificar a los clientes potenciales
6. crear una base de datos
7. diseñar anuncios publicitarios
8. hacer un mercadeo promocional para captar a los nuevos consumidores
9. ofrecer descuentos en el producto
10. repartir muestras gratuitas

H Utilizando la forma del **se** recíproco explique lo que hace la gente en los dibujos.

1 **¿Qué pasó?** Explique a su compañero/a lo que pasó dándole una explicación o una excusa usando la forma de **se** + complemento indirecto + verbo. Use los siguientes verbos: **olvidar, perder, quedar, romper, escapar, caer, estropear, quemar.**

Ejemplo: ¿Por qué está el perro de Pedro en la calle?
Porque se le escapó.

1. ¿Por qué está roto tu vaso?
2. ¿Por qué no tienen los estudiantes sus libros?
3. ¿Por qué has venido en autobús hoy?
4. ¿Por qué haces otra tostada?
5. ¿Por qué están las llaves de Alicia en el suelo?
6. ¿Por qué te compras otro par de anteojos?

IV. Palabras que engañan

A continuación hay más palabras que le suelen engañar al estudiante del español. Recuerde que es importante saber la diferencia entre palabras como éstas.

finalmente: *finally, lastly*
últimamente: *lately*

extranjero: *foreign*
extraño: *strange*
desconocido: *unknown*
forastero: *alien, strange, from another town*

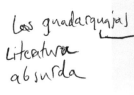

tener intención de: *to have the intention*
intentar: *to attempt, to try to*
probar: *to try, to sample*
probarse: *to try on (clothing)*
pensar (+ inf): *to intend*
pensar en (+ inf): *to think about doing something*

PRÁCTICAS Escoja la palabra correcta para completar las oraciones. Use la forma correcta del verbo.

Finalmente/últimamente

1. No nos gustó la campaña de publicidad que creó la agencia de publicidad para nosotros. _____, después de muchas negociaciones, decidimos romper el contrato que teníamos con ellos.

2. Se habla mucho de la publicidad a través del Internet _____.
Entonces estamos pensando en crear una página para nuestra empresa en lugar de hacer una campaña publicitaria por otros medios de comunicación.

Extranjero/extraño/desconocido/forastero

3. Para muchos turistas cuando viajan al _____ es _____ no entender las costumbres locales porque son _____. Y cuando van a un pueblo pequeño, todos se dan cuenta de que son _____.

Tener intención de/intentar/probar/probarse/ pensar/pensar en

4. Muchas veces voy a las tiendas elegantes para _____ la ropa y los zapatos aunque no _____ comprar nada. Estoy _____ no gastar tanto dinero en la ropa.
5. Esta tarde vamos a _____ ir al nuevo restaurante peruano que han abierto en el centro. Queremos _____ unas papas al horno que sirven.
6. Estoy _____ ir a otro país de vacaciones este año pero no _tengo intención_ comprar el billete hasta que haya estudiado los folletos que me dieron en la agencia de viajes.

ACTIVIDADES COMUNICATIVAS

El 17 de diciembre de 1996 la embajada japonesa en Lima fue tomada por un comando del autodenominado Movimiento Revolucionario Túpac Amaru (MRTA). El embajador japonés en Perú ofrecía una fiesta para celebrar el aniversario del Emperador Akihito invitando a las más altas esferas de la política limeña. Incluso el entonces presidente Alberto Fujimori, de origen nipón, había sido invitado pero nunca llegó a la fiesta por un retraso aéreo. En pocos minutos, un grupo de 17 hombres y mujeres armados y disfrazados de camareros, tomaron el control del edificio convirtiendo a unas ochocientas personas en sus rehenes. Como se supo más tarde, el objetivo del grupo sólo se había realizado a medias, puesto que intentaba secuestrar al propio presidente para propiciar una negociación para la liberación de unos cuatrocientos presos del MRTA. Lo que sí lograron los revolucionarios fue demostrarle al mundo la cara autoritaria del régimen fujimorista que empezó a gobernar en 1990. Las negociaciones duraron entre enero y el 22 de abril cuando una fuerza del Ejército entró violentamente en la embajada dando un saldo de 17 muertos, 14 guerrilleros, dos soldados y un juez opositor a Fujimori.

Temas de conversación
1. ¿Cuáles son las diferencias y similitudes entre un revolucionario y un terrorista?
2. ¿Existe una amenaza similar en los Estados Unidos?

3. ¿Puede Ud. pensar en algunos actos de violencia en este país en los cuales hayan muerto seres inocentes?
4. ¿Cree Ud. que existan casos en los cuales la violencia sea justificada?
5. ¿Está Ud. de acuerdo con la forma en que el gobierno fujimorista resolvió la crisis?

I. ¡Escuchemos!

A **La televenta.** Escuche la conversación entre una operadora de telemarketing y un cliente. Después, acierte si las oraciones son verdaderas o falsas.

1. V F
2. V F
3. V F
4. V F
5. V F
6. V F
7. V F

B Escuche la conversación telefónica y apunte la información que falta.

Viajes a Galápagos:
  Mejor fecha...
  Cuesta...
  Incluye...
  Vuelos de...   a...
  Otro vuelo de...   a...
  Estancia y media pensión en...
  Habitación...
  Puedes pagar con...   o...

Viajes a Perú:
  Precios de...   por...   días
  Viaje más barato va a...
  Viaje más caro va a...

Horario de la agencia:

C Escuche al guía turístico y llene los espacios en blanco con las palabras que faltan.

Bueno, señores, aquí es donde Uds. se tienen que decidir si van a ir a Machu Picchu _____ o en tren. Si tienen tiempo, recomiendo que _____ _____ porque es una experiencia

inolvidable. Los demás iremos en tren de Cuzco a _____
_____ que está cerca de Machu Picchu. Primero, voy a darles
un pequeño resumen de lo que es la enigmática ciudad de Machu Picchu.

Se cree que la ciudad fue una de las últimas ciudades incas y que servía durante un tiempo como una _____ para protegerse de los españoles. De hecho, los _____ nunca llegaron a encontrar la
ciudad durante los _____ años que estuvieron en Perú. Tampoco los propios peruanos sabían que existía esa ciudad escondida.

Las ruinas se encuentran a unas _____ millas de _____
_____ a unos _____ metros de altura y cubren unas
_____ millas cuadradas de terreno. El profesor y explorador
norteamericano Hiram Bingham descubrió la antigua ciudad de la civilización
inca en _____. Allí veremos magníficos templos, _____
_____ y plazas conectados por numerosas _____. Machu Picchu sigue siendo un _____ en muchos sentidos. Todavía no se sabe cómo los quechuas _____ los enormes bloques
de piedra que utilizaron para construir la ciudad. Tampoco entendemos por
qué la gran mayoría de los restos humanos que han encontrado son de
_____. En fin, Machu Picchu guarda muchos secretos. Por
eso, va a ser una _____ realmente fascinante.

Bueno, los que quieren ir andando, _____ con mi compañero
y los que quieren subir en tren, _____ conmigo...

II. Prácticas orales

A Lea el párrafo sobre algunos de los problemas que sufre Perú en estos
momentos.

Los problemas más graves que enfrenta Perú ahora son: la burocracia; la violencia por parte de los grupos revolucionarios, los grupos paramilitares de la extrema derecha, las fuerzas armadas, la policía y los traficantes de drogas; la
reconversión de los cultivos de coca; el hambre y la pobreza y la enorme deuda
externa. En 1999 Perú exportó por un total de $6,8 mil millones pero importó
por un total de unos $10,3 mil millones. Las lluvias e inundaciones causadas por
El Niño también destruyeron mucha de la infraestructura como calles, puentes,
escuelas, clínicas y casas.

Ahora, en grupos de 3 ó 4, escojan 5 de los problemas mencionados y hagan
una lista de sugerencias y recomendaciones para solucionarlos. Usen la forma
del subjuntivo e incorporen sugerencias afirmativas y negativas. Expliquen sus
opiniones.

Ejemplo: la violencia:

> *Recomendamos que el gobierno entre en negociaciones con los grupos paramilitares, porque es bueno que haya buena comunicación entre los diferentes partidos políticos.*
>
> *Sugerimos que los grupos paramilitares no usen la violencia para resolver sus problemas, porque es malo que sufran personas inocentes.*

B Primero piensen en una situación en la cual aparezca la forma del subjuntivo, como por ejemplo una conversación entre un policía y un conductor o un jefe y sus empleados. Basándose en esa situación, escriban y luego dramaticen un minidrama. Se recomienda que incorporen objetos para que parezca más real.

C Con un/a compañero/a analicen el siguiente anuncio. Hagan una presentación sobre las técnicas que han usado los expertos de la mercadotecnia para dirigir el anuncio al mercado hispano de los Estados Unidos. ¿Cómo se diferencia este anuncio a los anuncios de la misma compañía hechos para revistas publicadas en inglés? Después, busquen un anuncio en inglés de una revista norteamericana que se podría dirigir al mercado hispano y explique las técnicas que se pueden usar para hacerlo.

¿Qué sabe Ud. de la historia? Busque información sobre diez sucesos importantes en la historia de su país/de su estado/de su ciudad/del mundo. Sin identificar el suceso, escriba una oración pasiva explicando lo que fue descubierto, etcétera. Use verbos como **fundar, crear, establecer, encontrar, escribir, inventar** y **descubrir.** Intercambie papeles con un/a compañero/a de clase para ver quién puede identificar más sucesos.

Ejemplo: *Fue descubierto en California en 1849. (respuesta: el oro)*

III. ¡Escribamos!

Ud. y su compañero/a trabajan en una agencia de publicidad. Su jefe quiere que Uds. diseñen un folleto publicitario de su ciudad para los turistas hispanoparlantes. Incluyan recomendaciones sobre los hoteles, los restaurantes, las atracciones turísticas, dónde comprar ciertos productos como zapatos, ropa de calidad, recuerdos... También incluyan sugerencias de qué ropa se debe llevar según las diferentes estaciones y situaciones culturales. Recuerden que es importante que el folleto sea atractivo y el uso de colores es recomendado.

B **Su trabajo ideal.** Estudie los anuncios breves y después escriba un anuncio similar para el trabajo que espera encontrar al graduarse. Empiece con la expresión "Se busca..." seguido por la forma del subjuntivo. Incluya un mínimo de 10 requisitos.

Ejemplo: *Se busca una secretaria que sea bilingüe y que tenga tres años de experiencia...*

C **¿Qué opina Ud.?** Elija uno de los temas y redacte un párrafo incorporando el subjuntivo para expresar su opinión. Defienda su postura.

1. La presencia de productos y marcas de los Estados Unidos se encuentra por todo el mundo. ¿Le parece bien que haya un McDonald's en Nigeria o que vendan Coca-Cola en un parque natural de Costa Rica?
2. Cuando algunos turistas viajan, se quejan cuando no todo es como en casa. ¿Es necesario que un viajero se adapte a las costumbres locales? ¿Es bueno que la industria de turismo o sitios turísticos como Club Med creen un ambiente que no refleje la cultura del país?
3. Una de cada diez personas que viven en los Estados Unidos habla español. ¿Qué le parece que haya publicidad en español? ¿Piensa Ud. que se debe hacer los negocios sólo en inglés o es bueno que seamos un país multicultural y bilingüe?

D Una empresa norteamericana quiere organizar viajes a Ecuador para estudiantes. Ud. trabaja en la agencia de publicidad contratada por la empresa. Tiene la responsabilidad de darles consejos a los ejecutivos de la sección de mercadotecnia de cómo preparar una campaña publicitaria sobre el país. Lea el artículo sobre Ecuador y, para cada tema, escriba tres recomendaciones, utilizando el subjuntivo. Incluya ideas sobre los folletos, los anuncios de televisión, los artículos en las revistas de viajes, los carteles para las agencias de viajes, etcétera.

Ejemplo: *Nosotros recomendamos que Uds. diseñen un folleto que incluya fotos de los picos de los Andes.*

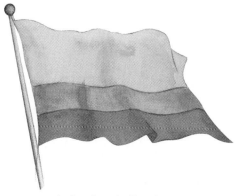

La bandera de Ecuador

ECUADOR

Sitios turísticos de interés:
Volcanes, playas, el Bosque de Lluvia de la zona de la Amazonia, herencia colonial española frente a una cultura indígena. Escalar los picos de los Andes, visitar las Islas Galápagos con su fauna y flora únicas, visitar mercados indígenas
como en el pueblo de Otavalo donde venden artesanía, textiles, artículos de
cuero y de lana, cerámicas, instrumentos musicales, ver arquitectura colonial,
tomar el sol en las muchas playas y visitar selvas exóticas. Quito, la capital está
a 2,827 metros (9,250 pies) de altura situada en un valle rodeado de volcanes.
Desde junio hasta principios de octubre es la mejor época para visitar el país.
Mañanas frescas de primavera, mediodías cálidos y a veces lluviosos del verano, los atardeceres frescos del otoño, el frío invernal de las noches. Se puede
visitar el monumento La Mitad del Mundo que marca la línea exacta del Ecuador a unos 40 minutos al norte de Quito. La comida ofrece muchos mariscos y
pescados como el cebiche, los langostinos y camarones, empanadas, tamales,
pastelillos de yuca, sopas, arroces.

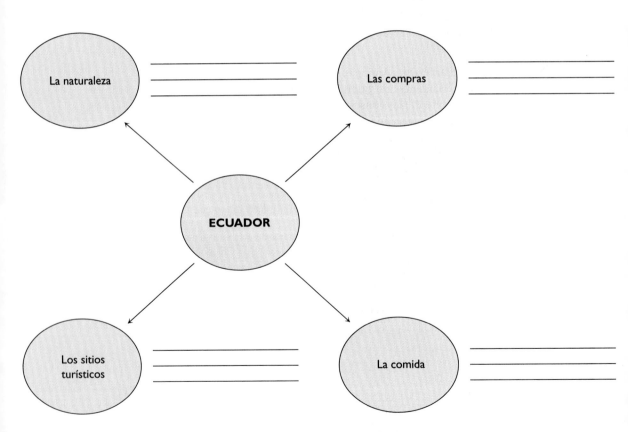

PANORAMA CULTURAL

El bloque andino
■ ■ ■

Antes de leer

¿Conoce Ud. la música andina? ¿Ha escuchado alguna vez la canción peruana "El Cóndor pasa"? ¿Ha visto grupos musicales de migrantes andinos en algún festival o feria aquí en los Estados Unidos? En la comunidad andina ha habido una gran ola migratoria debido a diversos factores que se presentan en el artículo a continuación. ¿Puede pensar en algunas de las razones por esta migración al extranjero o de los pueblos a las ciudades? ¿Cuáles son los problemas que sufren los migrantes en el extranjero? ¿Qué hacen los migrantes para no perder su identidad cultural?

Desde que llegaron los colonizadores españoles, ha habido en Latinoamérica un intento de integrar a los diferentes pueblos indígenas en la sociedad. En el bloque andino la población indígena es mayor que en países como Argentina y Uruguay donde pasó una exterminación indígena similar a la de los Estados Unidos. Hay racismo incluso entre los propios indígenas que se han internalizado el estigma de ser indígena. Según el artículo del profesor Ulises Juan Zevallos Aguilar existe un nuevo fenómeno entre los migrantes andinos que con orgullo intentan mantener su cultura utilizándola tanto como arma para sobrevivir que para tener éxito en el extranjero.

MIGRACIONES TRANSNACIONALES ANDINAS

En los estudios andinos existe el consenso en considerar que el fenómeno sociocultural más importante de la región andina en el siglo XX son las migraciones del campo a la ciudad. Estos *flujos*° migratorios que han transformado las repúblicas andinas de rurales a urbanas han rebasado las fronteras nacionales. En las dos últimas décadas las migraciones masivas de ciudadanos, bolivianos, ecuatorianos y peruanos al extranjero se han incrementado. La violencia política y crisis económica en sus países de origen han sido los factores más importantes para que se intensifique el éxodo masivo. La migración está principalmente dirigida a países del hemisferio norte (EE.UU., Canadá, varias repúblicas europeas y el Japón) y países sudamericanos (Argentina, Chile, Colombia y Venezuela) con economías más sólidas. El *rasgo*° distintivo de esta última ola migratoria es que está constituida en una buena parte por ciudadanos pobres o clase media baja, que con orgullo asumen una identidad cultural indígena o indigenizada.

Las *trayectorias*° de la migración han tenido varios itinerarios. Para muchos esta migración al extranjero es la segunda migración. La primera migración que realizaron fue de los Andes rurales a las ciudades en sus países de origen. Después de *andinizar*° las ciudades, llevaron a cabo la segunda migración al extranjero. Para otros ésta es su primera migración. Estos migrantes son los hijos y nietos de migrantes andinos rurales que han decidido establecerse en otros países. También están aquellos migrantes que sin establecerse *temporalmente*° en las ciudades han migrado directamente del campo al extranjero. En un extremo están los indígenas *otavaleños*° que migran temporalmente para evitar las intermediaciones comerciales ecuatorianas e incrementar sus márgenes de ganancia en la venta de sus productos en el extranjero. En el otro extremo están campesinos peruanos que tuvieron que abandonar sus lugares de residencia para salvar sus vidas. Los andes peruanos fueron el escenario del *enfrentamiento*° de las fuerzas armadas del estado y *grupos alzados*° en armas.

La *asunción*° con orgullo de una identidad andina por un numeroso grupo de ciudadanos de la región es un hecho *novísimo*° y de vital importancia. Esta nueva ola migratoria está constituida en el caso peruano por dos generaciones de personas que nacieron entre los cincuenta y sesenta. Los miembros de estas

flows

característica

caminos

to make Andean

no permanentemente

grupo indígena
ecuatoriano

conflicto
rebels
assumption
muy nuevo

generaciones crecieron y fueron educados durante el gobierno nacionalista del General Juan Velasco Alvarado (1968–1974) que promovió en los medios masivos y programas curriculares de su reforma educativa una política cultural que revalorizaba y respetaba a las culturas indígenas. Según Rodrigo Montoya, durante el gobierno de Velasco "lo andino se puso de moda". Había un ambiente tan favorable a lo andino que muchas personas que *habían ocultado°* su origen andino empezaron a salir del clóset y hacer público una parte o la totalidad de su identidad andina.

    La consecuencia actual de este proceso social y político es que los migrantes y sus hijos respetan la cultura indígena, la reconocen como parte de su identidad y la utilizan para *instalarse°* de mejor manera en los lugares a los que migran. Sin embargo, en un proceso de restauración conservadora, a partir de 1974, sucesivos gobiernos desmantelaron las reformas nacionalistas de Velasco y se creó *zozobra°* y descontento en toda una generación que parecía tener un brillante *porvenir°*. Finalmente, la realidad económica y política peruana de los 80 terminó de destruir sus esperanzas y sueños y los obligó a migrar.

    Si bien estos migrantes sufrieron las *taras°* del racismo en sus lugares de origen, su identidad andina es un capital cultural que les ayuda a adaptarse y conseguir el éxito en el extranjero. Los sistemas fonéticos de lenguas maternas amerindias y bilingüismo en lenguas indígenas y castellano les ayuda a aprender con mayor facilidad las lenguas extranjeras, en comparación a sus monolin-

habían escondido

establecerse

unrest
futuro

consecuencias
negativas

gües compatriotas en castellano. En comparación con sus connacionales criollos y mestizos su ética de trabajo y los *saberes*° especializados hace que sean preferidos por empleadores. Del mismo modo, las prácticas sociales de la familia extendida y las relaciones comunitarias ayudan a la migración en sí y a un más rápido establecimiento y adaptación en el exilio que sus individualistas compatriotas. En el caso de los EEUU que vengo estudiando, ciertos barrios y pueblos de los estados de Nueva York, Nueva Jersey, Florida y California atraen la mayor cantidad de migrantes bolivianos, peruanos y ecuatorianos. Tan grande es la presencia de inmigrantes del mismo origen en focos de migración que el barrio o pueblo es renombrado extraoficialmente con el nombre del pueblo de origen. Así se escucha los nuevos nombres, Huancayo Chico, Callao City o Quitolandia para referirse a barrios o pueblos con una gran concentración de inmigrantes andinos.

Los migrantes andinos utilizan como marcadores de identidad cultural estilos de vestir y cortes de pelo, la comunicación en lenguas amerindias, el consumo de ritmos musicales, el baile de danzas andinas y el consumo de platos típicos de sus lugares de origen. Así ya no es raro ver vendedores de artesanías otavaleños con su largas *trenzas*° que ofrecen sus productos o tocan música andina en calles, plazas y ferias en pueblos y ciudades del extranjero. Tampoco es extraño escuchar diálogos en *aymara*° o dialectos del *quechua*° en lugares públicos como *código cifrado*°, con el propósito de no ser entendidos por hablantes de castellano y lenguas extranjeras cuando hacen comentarios críticos a la sociedad receptora. En fiestas familiares, desfiles o festivales se tocan y se bailan ritmos y se comen platillos andinos. La comida es un marcador de identidad cultural tan grande que cada vez son más numerosas las tiendas que venden productos de la región andina, y restaurantes que sirven culinarias regionales.

Es cierto que existen grupos de personas *desperdigados*° en el planeta que *se aferran*° a sus prácticas y valores culturales indígenas o indigenizados y sueñan con el retorno a sus lugares de origen. Sin embargo, una gran mayoría de migrantes andinos ya quemó sus naves para no volver a sus lugares de origen. Si vuelven es solo de visita porque han logrado un mejor status y standard de vida, imposibles de lograr en sus sociedades de origen. Si bien es difícil superar la nostalgia y el sentimiento de *desarraigo*° son conscientes de que terminarán sus días en el extranjero. La concepción familiar juega un papel paradójico en la decisión de quedarse en tierras extrañas. Las *remesas*° de dinero que hacen los migrantes a sus países de origen se han constituido en complemento o la única fuente de ingresos para que puedan sobrevivir sus familiares que residen en los países de la región andina. Asimismo, muchos migrantes, a pesar de que ya consiguieron estabilidad económica y status social, deciden prolongar su *estadía*° para proteger a sus hijos y ayudar en la *crianza*° de sus nietos nacidos en el extranjero.

Ulises Juan Zevallos Aguilar

Margin glosses:

conocimientos

braids

lengua del grupo indígena del altiplano de Bolivia y Perú; lengua de los incas todavía hablada en Perú; *secret code*

scattered
cling to

uprooting

shipments

stay; raising

Actividades de comprensión

A Conteste las preguntas con oraciones completas.

1. Describa los tipos de migración que hay en la población andina. Para los que van al extranjero, ¿cuáles son los destinos principales y por qué?
2. ¿Cuándo y por qué "se puso de moda lo andino"? ¿Cuáles han sido las consecuencias de este cambio en la identidad andina?
3. ¿Cuáles son unas razones por las cuales han tenido éxito en el extranjero los migrantes andinos?
4. ¿Cómo conservan los migrantes andinos su identidad cultural mientras están en el extranjero?
5. ¿Por qué no vuelve la mayoría de los migrantes andinos a sus países permanentemente?

B **Comparaciones culturales.** Investigue la migración de otro grupo étnico (como las tribus indígenas norteamericanas o los hispanos) a los Estados Unidos o a la ciudad y compárela con la migración andina. Incluya algunas ideas sobre los siguientes temas y compártalas con la clase.

TEMA	MIGRACIÓN ANDINA	MIGRACIÓN
La identidad cultural y el orgullo		
El contacto con el lugar de origen		
Las formas de mantener viva su cultura		
Las razones por la migración		
El papel en la sociedad receptora		

C **¿Qué opinan Uds.?** Con un/a compañero/a de clase, contesten las siguientes preguntas. ¿Están Uds. de acuerdo o no? Si no, explique Ud. su punto de vista a ver si su compañero/a se cambia de opinión.

1. ¿Es bueno o malo que los grupos migratorios mantengan vivas su lengua, sus costumbres, su comida, etcétera cuando viven en el extranjero? ¿Por qué?

2. ¿Cree que en los Estados Unidos se aprecian las culturas de los grupos migratorios o no? ¿Por qué?

3. El autor explica que los migrantes andinos se adaptan mejor a nuevas culturas que otros migrantes por su facilidad de aprender otros idiomas, por su ética de trabajo y por sus conocimientos laborales especializados. ¿Hay grupos que se adaptan mejor o peor a la vida en los Estados Unidos? ¿Por qué? ¿Qué papel tiene el gobierno o la sociedad en ayudarles a los migrantes a adaptarse mejor?

4. ¿Cuál es el grupo migratorio más importante de la región donde viven Uds.? ¿Cómo se han adaptado? ¿Hay problemas entre los ciudadanos y los migrantes o no?

5. Muchos hijos de migrantes nacen en el extranjero y se crían como miembros de la sociedad nueva. ¿Es mejor que la familia se quede en el extranjero para criarles a los hijos como miembros de la nueva cultura, o que los padres les lleven a los hijos a su país de origen? ¿Por qué?

¿Qué quieren mostrar los artistas Arias y Aragón en su cuadro "De Cusco a Miami" en cuanto al fenómeno de la migración andina?

Actividades de expansión en la Red electrónica

Busque información sobre los siguientes temas en la Red y tráigala a la clase. Incluya las direcciones de las páginas e imprima la información.

1. Vaya a cinco páginas web que tengan anuncios en español. Haga un análisis de cómo hacen la publicidad de sus productos para presentárselo a la clase. En su análisis, incluya una comparación entre la publicidad de ese producto y un producto similar de los Estados Unidos. Traiga ejemplos impresos para que su presentación sea más interesante.

2. Escoja uno de los países presentados en esta lección e investigue en la Red su situación política, económica, social y cultural actual. Luego, prepare una lista de recomendaciones para el turista que visite ese país. Utilice expresiones como: **es bueno que, es necesario que, es importante que...**

3. Busque y resuma un artículo sobre uno de los temas de esta lección en una revista virtual hispana usando el buscador: yahoo.es.

4. Perú posee unas 3.000 variedades de papas y es el alimento esencial de los peruanos. Uno de los platos peruanos más conocidos en el mundo es la Papa a la Huancaína. ¿Cuáles platos son reconocidos como platos nacionales de los países estudiados en esta lección? Busque recetas en las páginas web de gastronomía y explíquelas utilizando la forma del **se** impersonal.

5. Haga un recorrido virtual de uno de los países presentados en esta lección. Imprima fotos de cinco monumentos importantes del país y prepare una presentación con datos históricos de cada uno utilizando la voz pasiva. Por ejemplo: Las ruinas de Machu Picchu, la "Ciudad Perdida" de los incas donde no llegaron los españoles, fueron descubiertas en 1911 por un investigador y explorador norteamericano, Hiram Bingham.

Los viajes de negocios y la industria del turismo

En este capítulo se presentará el mundo del transporte y los servicios de viaje y de turismo. También se hablará del impacto del turismo sobre el medio ambiente y la economía del Caribe.

Temas relacionados con los negocios

- Los viajes de negocios
- La industria del turismo y hostelería
- El ecoturismo

Vocabulario temático

- El alojamiento
- Las operaciones y servicios turísticos
- Los problemas ambientales
- El clima

Temas culturales

- El turismo en Puerto Rico, la República Dominicana y Cuba
- La cultura caribeña
- La independencia de Puerto Rico
- La música y el baile de la República Dominicana

Gramática esencial

- El condicional simple y el condicional compuesto
- El imperfecto de subjuntivo
- El pluscuamperfecto de subjuntivo
- Las cláusulas con **si**

¡Exploremos por video!

- «Puerto Rico»

¡Escuchemos!

- Anuncio de una agencia de viajes
- Anuncios en el aeropuerto y el avión
- El pronóstico del tiempo

PASOS DE INICIACIÓN

La bandera de la República Dominicana

Antes de leer

El artículo a continuación describe los diferentes métodos de viajar y trasladar mercancía a América Latina. También presenta la industria del turismo del Caribe que ha cambiado mucho en los últimos años.

    ¿Se ha ido Ud. de vacaciones al Caribe alguna vez? ¿Le gustaría hacer un crucero a tierras exóticas? ¿Adónde? ¿Cuál es su forma favorita de viajar y por qué? Si Ud. fuera de vacaciones al Caribe, ¿preferiría Ud. alojarse en un hotel de lujo, un complejo turístico todo incluido como *Club Med* o en un hostal típico del país? ¿Cuáles son algunos de los problemas que sufre un país o una zona turística? ¿Tiene Ud. alguna preferencia de aerolínea? ¿Por qué?

Estrategias de comprensión

Como ya sabe, los cognados son palabras que se parecen y que tienen el mismo significado en dos idiomas. A continuación se presentan varios cognados de la siguiente lectura. ¿Sabe Ud. qué significan?

    la aerolínea
    el destino
    el pasajero

despachar
duplicarse
el centro vacacional
el puerto marítimo
el plan de viajero frecuente/preferente
el tráfico aéreo

Mientras lee. Mientras lee la lectura, apunte algunos de los cambios que han ocurrido en el mundo del turismo en el Caribe.

I. Lectura

Viajes y transporte en las Américas

¿Tiene Ud. planes para trasladar personas, cosas y servicios? En el ámbito comercial de América Latina, los servicios de viaje y transporte nunca habían adquirido una importancia tan crítica como ahora. Hoy el mundo es un medio en constante movimiento... una confusa masa de personas, cosas y servicios que pasan del punto A al B. Si bien el Internet y las telecomunicaciones han hecho del planeta un lugar mucho más pequeño, todavía hay una **pasmosa** necesidad de servicios en el **renglón** de viajes y transporte, particularmente en América Latina y el Caribe.

Los ejecutivos de negocio viajan en misiones internacionales, los fabricantes **despachan** piezas y componentes y los agricultores se apresuran a llevar sus cosechas al mercado. Gracias a la fortaleza de las economías de toda la región, los aeropuertos internacionales y los puertos marítimos están en auge. El tráfico de **pasajeros** y el volumen de carga siguen aumentando a un ritmo constante. Se construyen hoteles para viajeros de negocios y nuevos centros vacacionales. Las agencias dedicadas al alquiler de automóviles amplían sus flotas y han surgido nuevas herramientas para ayudarle tanto al viajero como a las empresas expedidoras de carga a **seguir el rastro** de horarios y programas de servicio.

Una señal notable de ese crecimiento es que entre 1990 y 1996 el tráfico aéreo **se duplicó** en la región a 33,2 millones de pasajeros, según un estudio del sector. El tráfico de pasajeros entre Estados Unidos y América Latina, que por segundo año consecutivo **rebasó** el tráfico entre Estados Unidos y Europa, alcanzó 48,6 millones de pasajeros en el año 2001. Y actualmente el mercado latinoamericano crece tres veces más rápido que el promedio mundial.

Los aeropuertos internacionales de las Américas amplían sus instalaciones de pasajeros y de carga para mantenerse al mismo ritmo de crecimiento de la demanda. En 1998, el Aeropuerto Internacional de Dallas/Fort Worth (DFW) se convirtió en la **puerta de acceso** de mayor crecimiento a América Latina, con nueve destinos nuevos **sin escala** y otros servicios por parte de aerolíneas latinoamericanas. "Tenemos una situación estratégica y ofrecemos excelentes conexiones a prácticamente todas las ciudades importantes de Estados Unidos" afirma Jeff Fegan, director ejecutivo de DFW. "Una de nuestras iniciativas estratégicas es ampliar nuestras operaciones hacia América Latina". El aeropuerto ofrece servicio de pasajeros y carga a 17 destinos de América Latina.

Tanto las aerolíneas estadounidenses como las extranjeras invierten recursos **cuantiosos** en las rutas latinoamericanas. United Airlines, por ejemplo, el transportista de pasajeros más grande de los Estados Unidos, ha comenzado a aumentar sus vuelos hacia América Latina y ofrece nuevos servicios para viajeros. United cuenta con una de las flotas más avanzadas del mundo, incluidos los nuevos Boeing 777, con muchos destinos latinoamericanos. Con ayuda de su personal, que habla inglés, español y portugués, United ofrece numerosas comodidades para los viajeros hispanos, como un servicio de comida de alta cocina en primera clase. Además, en 1998–99 la empresa instaló puertos para computadoras portátiles en los **asientos** de primera clase y en los de los viajeros de negocio.

Continental, otra importante aerolínea estadounidense, ha emprendido un programa valorado en US$1 millón para reducir las barreras lingüísticas de su clientela hispana. "Ninguna otra aerolínea estadounidense realiza un esfuerzo tan especial para hacer más cómoda la experiencia del pasajero latinoamericano en los aeropuertos", afirma Barry Simon, primer vicepresidente a cargo de actividades internacionales. El programa de Continental incluye comidas con sabor hispano, preparadas por hispanos. Los **mostradores de boletos** y los **puntos de registro** en las **puertas de salida** están atendidos por personal bilingüe. La empresa ofrece servicios de conserjería en las puertas de entrada y salida, así como asistencia para los **trámites** de **aduanas** e inmigración.

Otras **aerolíneas** regionales se benefician del marcado aumento en los viajes hacia América Latina. Compañía Panameña de Aviación, S.A. (COPA) vuela a 24 ciudades de 18 países en Centro y Sudamérica, México y Miami. Desde su base en el Aeropuerto Internacional de Tocumén, en la capital panameña, COPA opera una de las centrales de conexión más eficientes de América Latina. COPA cuenta con una flota de 12 Boeing 737-200. Es una firma privada con ingresos de US$125 millones en 1997. La aerolínea panameña ofrece numerosos servicios a los viajeros de negocios. En marzo del 1998 inició un **plan de viajero frecuente** con American Airlines mediante el programa Distancia, que representa el primer paso de una relación comercial más amplia. COPA es la primera aerolínea panameña con un centro de reparaciones acreditado por la Agencia de Aviación Federal (*FAA*) de los Estados Unidos.

Una vez en tierra, los viajeros que salen del aeropuerto recurren a los servicios de taxi, autobús y de automóviles de alquiler. Y los viajeros de América Latina y el Caribe saben que hay una oficina cercana de Budget Rent a Car. Tanto los viajeros de negocio como los turistas pueden aprovechar las 270 franquicias de Budget en 43 países de la región, que forman parte de la red mundial de 3.200 oficinas de esta compañía con sede en Chicago.

Para muchos viajeros latinoamericanos, lo último en **destino** es un hotel **lujoso** que atienda a viajeros de negocio, un centro vacacional o una **unidad de tiempo compartido** que ofrezca la ventaja de largo plazo típica de una propiedad. Sol Meliá, líder establecido en los mercados europeos de hostelería turística y hostelería para viajeros de negocios, actualmente amplía sus operaciones en las Américas. Muchas de las propiedades nuevas de Sol Meliá se encuentran en ciudades como São Paulo y Caracas, orientadas al viajero de negocios, con salas de reunión, centros comerciales y tecnología de punta. La compañía cuenta con 7.425 habitaciones en las Américas, en hoteles distribuidos en Brasil, Colombia, Costa Rica, República Dominicana, Guatemala, México, Perú, Uruguay y Venezuela. Las reservaciones, ventas, mercadeo y servicios de apoyo son tarea del equipo de la División de las Américas en Miami. Con más de 225 hoteles en 25 países, Sol Meliá es la principal compañía de hostelería de España, la tercera de Europa y está entre las 15 primeras del mundo.

Para los latinoamericanos que disfrutan **irse de vacaciones** a diferentes partes del mundo, Interval International ofrece planes de tiempo compartido en más de 1.600 centros vacacionales en 65 países. "Nuestros miembros generalmente son copropietarios de centros vacacionales en sus propios países", comenta Teras Juliao, directora de ventas y servicio para Sudamérica. El propietario latinoamericano promedio compra 1,5 semanas. "Nuestros miembros son generalmente familias", aclara Juliao. "Por lo general es una pareja de 30 o 40 años con dos niños, que disfruta pasar sus vacaciones en diferentes lugares del mundo."

Extraído de *Latin Trade*, 1998: *http://www.LatinTrade.com*

LA INDUSTRIA DEL TURISMO EN EL CARIBE

La industria del turismo es una de las más importantes en el Caribe. Más de medio millón de personas trabajan en la hostelería, es decir que uno de cada cuatro trabajos está relacionado con el turismo. Entre 1980 y 1996 el número de llegadas de turistas a la región subió un 108,8% y el número de **habitaciones disponibles** también se ha duplicado. Durante los próximos años se espera una subida del 36% en el número de turistas que visitarán las islas. Este auge significará la creación de 2,2 millones de trabajos nuevos para el año 2007.

Los animales exóticos, los bosques tropicales, los **arrecifes coralinos,** las playas exquisitas... las mismas características naturales que atraen a turistas de todo el mundo también sufren las consecuencias negativas que puede producir el turismo masivo en cuanto al **medio ambiente.** El desarrollo del ecoturismo es sólo uno de muchos métodos que los gobiernos caribeños están utilizando para combatir la destrucción de la naturaleza en el Caribe y, como consecuencia, una de sus mayores fuentes de ingresos.

PROBLEMAS MEDIOAMBIENTALES DEL CARIBE						
País	Aguas residuales	Petróleo	Pesticidas/ fertilizantes	Minería/ industrias	Residuos sólidos	Construcción
Puerto Rico	X	X		X		
Cuba	X	X		X		
República Dominicana	X	X		X		
México	X	X		X		
Costa Rica	X	X	X			
Panamá	X	X				
Honduras	X	X	X	X		
Guatemala		X				X
Nicaragua		X				

Extraído de http://www.irf.org/ir_bmp.html

II. Vocabulario activo

Sustantivos

la **aduana** *customs*
la **aerolínea** *airline*
el **arrecife coralino** *coral reef*
el **asiento** *seat*
el **destino** *destination*
las **habitaciones disponibles** *available rooms*
el **medio ambiente** *environment*
el **mostrador de boletos** *ticket counter*

el/la **pasajero/a** *passenger*
el **plan de viajero frecuente** *frequent flyer plan*
la **puerta de acceso** *gateway*
la **puerta de salida/entrada** *departure/arrival gate*
el **punto de registro** *check-in counter*
el **renglón** *line*
los **trámites** *steps*
la **unidad de tiempo compartido** *time share*

Verbos

despachar *to send*
duplicarse *to double*
irse de vacaciones *to go on vacation*

rebasar *to exceed*
seguir el rastro *to keep track of, to track*

Adjetivos

cuantioso *numerous*
lujoso *luxurious*

pasmoso *awesome, astonishing*
sin escala *direct, without layovers/stopovers*

A **Comprensión de lectura.** Escriba sus propias oraciones, explicando los siguientes términos según la información que aparece en la lectura.

Ejemplo: El Caribe/la industria del turismo
La industria del turismo del Caribe es una industria muy importante porque más de medio millón de personas trabajan en la hostelería.

1. El tráfico aéreo entre América Latina y Estados Unidos/el tráfico aéreo entre Europa y Estados Unidos
2. Aeropuerto Internacional de Dallas/Fort Worth/la puerta de acceso
3. United Airlines/servicios para viajeros latinoamericanos
4. Continental/las barreras lingüísticas
5. Aerolíneas regionales latinoamericanas/COPA
6. Sol Meliá/sus operaciones en las Américas
7. Planes de tiempo compartido/los miembros
8. El turismo al Caribe/el medio ambiente

B **¿Sinónimos o antónimos?** Decida si las palabras siguientes son sinónimos o antónimos y marque la columna apropiada.

	Sinónimo	Antónimo
1. pasmoso–increíble	_____	_____
2. despachar–recibir	_____	_____
3. sin escala–directo	_____	_____
4. trámites–procedimientos	_____	_____
5. cuantioso–escaso	_____	_____
6. lujoso–de alta calidad	_____	_____
7. rebasar–no alcanzar	_____	_____
8. viajero–pasajero	_____	_____
9. rastro–camino	_____	_____
10. duplicarse–reducirse	_____	_____

C **Los datos esenciales de la industria del turismo en América Latina.**

Llene la tabla con la información correspondiente de la lectura.

Número de pasajeros con destino a Latinoamérica entre 1990 y 1996	
Crecimiento del mercado latinoamericano en cuanto al tráfico aéreo	
Crecimiento del número de turistas al Caribe entre 1980 y 1996	
Número de trabajos nuevos en el campo del turismo caribeño para el año 2007	
Problemas medioambientales que sufre el Caribe por causa del turismo	

D **¿Tiene Ud. buena memoria?** Sin mirar el texto, ¿cuánta información relacionada con cada categoría recuerda Ud.?

1. Algunos problemas relacionados con el turismo

   _____

   _____

   _____

   _____

3. Servicios nuevos para los viajeros latinoamericanos

   _____

   _____

   _____

   _____

2. La industria del turismo en el Caribe

   _____

   _____

   _____

4. El alojamiento en Latinoamérica

   _____

   _____

   _____

E **Correspondencia internacional.** Un compañero de trabajo va de viaje al Caribe y necesita mandar un fax a la compañía aérea que lo va a trasladar de Santo Domingo a San Juan para que pueda asistir a una conferencia mientras está de vacaciones. ¡El problema es que no sabe español! Escriba el fax en español, utilizando el vocabulario de la lectura e incluyendo lo siguiente:

- have reservations on airline to fly from Santo Domingo to San Juan on July 26th
- flight number: A344
- departs at 7:50 a.m.
- arrival time and gate in San Juan?
- departure time and gate for flight to Santo Domingo on 27th of July?
- seat number?
- flight nonstop to San Juan?

F **Impresiones personales.** Conteste las siguientes preguntas con oraciones completas. Comparta sus opiniones y experiencias con la clase.

1. ¿Hay mucho turismo en la zona donde vive Ud.? ¿Cuáles son las ventajas y desventajas del turismo?
2. ¿Cuáles son algunos de los inconvenientes de viajar por avión? ¿Cuáles son algunos servicios nuevos que podrían ofrecer las líneas aéreas a sus pasajeros?
3. ¿A Ud. le interesa viajar a algún país de Latinoamérica? ¿Cuál? ¿Cuáles son las cosas que le atraen de la región? ¿Cuáles son algunas razones por las cuales a Ud. no le interesaría un viaje a algunas zonas de Latinoamérica?

Secuestro

4. Mucha gente se queja del servicio que recibe de parte del personal de las líneas aéreas. ¿Cuál ha sido su experiencia? ¿Conoce Ud. a alguien que haya tenido grandes problemas durante un viaje?

5. ¿Cómo pasa Ud. sus vacaciones normalmente? ¿Suele Ud. hacer un viaje a un lugar nuevo o siempre va al mismo lugar cada año? ¿Cómo llega Ud. a su destino —en coche, en avión, en tren...? ¿Cómo decide Ud. adónde ir? ¿Con quién va de vacaciones normalmente —con su pareja, con la familia, con los amigos, solo/a?

III. Más terminología comercial

A. En el aeropuerto

asiento de ventanilla/de pasillo en la fila número
window seat, aisle seat in row number

el/la auxiliar de vuelo/la azafata
flight attendant

el boleto/el pasaje/el billete
ticket

la consigna/la contraseña
baggage check

las etiquetas de maletas
baggage tags

facturar el equipaje
to check in the baggage

la recepción y despedida en el aeropuerto/traslado de aeropuerto/de hotel
airport pick up and drop off/hotel shuttle

la renta/el alquiler de autos
car rentals

las salidas y llegadas
departures and arrivals

la tarjeta de embarque/el pase de abordar
boarding pass

las tasas/los impuestos de aeropuerto
airport taxes

tener el pasaporte en regla
to have one's passport in order

el traslado al aeropuerto
airport transfer

la tripulación
flight crew

el vuelo diario/semanal
daily flight/weekly flight

el vuelo de ida y vuelta/de ida
round-trip flight/one-way flight

el vuelo directo/vuelo sin escala
direct flight/nonstop flight

B. En el hotel

el alojamiento en una cadena hotelera
lodging in a hotel chain

el botones/los botones
bellhop

el desayuno incluido
breakfast included

la habitación/recámara sencilla/doble/triple/cuádruple
single/double/triple/quadruple room

la habitación con vista al mar/con vista al jardín
room with ocean view/garden view

las habitaciones insonorizadas y equipadas con aire acondicionado	**el hotel en primera línea de playa**
	oceanfront hotel
soundproofed and air-conditioned rooms	**el minibar, el teléfono directo, la música ambiental, el secador de pelo, la tele en color y antena parabólica**
el hostal	
inexpensive hotel	mini-bar, direct access telephone, atmosphere music, hair dryer, color T.V. and satellite dish
el hotel de una/dos/tres/cuatro o cinco estrellas	
one-/two-/three-/four-/ or five-star hotel	**la pensión**
	boarding house

PRÁCTICAS

A **¡Vamos a la República Dominicana!** Mire el anuncio de la agencia *Halcón Viajes* y conteste las preguntas. Después, rellene el formulario según la información que aparece en el anuncio.

1. ¿Cuántas habitaciones tiene el Hotel Punta Cana?
2. ¿Cómo son las habitaciones?
3. ¿Qué comodidades tiene el hotel para familias? ¿Y para solteros?

4. ¿Dónde está ubicado el hotel?
5. ¿Cuándo fue construido?
6. ¿Cuáles son los números de contacto para el hotel?

Aeropuerto de salida	
Fechas del viaje	El 14 al 20 de julio
Número de personas	4 (dos adultos/dos niños)
Precio total	
Tasas por persona	
Precio del transporte al hotel	

B **Vamos de viaje.** Ud. y su compañero/a de clase desean irse de vacaciones a Puerto Rico y necesitan escribir un fax a una agencia de viajes en San Juan porque la línea telefónica no funciona. Incluya toda la información en cuanto al vuelo, aerolínea, asientos, destino, hotel, habitación, etc., que Uds. buscan. Utilicen las expresiones de cortesía para empezar y terminar el fax.

La bandera de Puerto Rico

C **Conversación dirigida.** Ud. es un/a agente de viajes bilingüe en una agencia de viajes de Miami. Se especializa en preparar viajes al Caribe. Su compañero/a quiere ir de vacaciones al Caribe pero no sabe nada de la región y necesita sus consejos.

Agente de viajes	Viajero/a
Welcomes customer	Greetings, explains desire to go to island in the Caribbean
Asks what sort of vacation he/she is looking for	Says he/she wants to go somewhere that has an exciting night life and a lot of history
Offers options such as San Juan and Santo Domingo	Asks what the weather is like in July
Explains that the temperature is warm all year but that in July there is a chance of hurricanes	Asks what the best time of year to go is
Replies that all seasons are nice but that in winter there are no hurricanes	Suggests possible dates of trip in December
Asks what class the customer wants to fly in and what sort of hotel he/she prefers	Wants to fly tourist class and prefers a hotel that is near the beach, has air conditioning, and has at least three stars
Gives the name of an excellent hotel that is on the beach, has four stars, and is very reasonable	Customer agrees, asks about price of ticket and hotel for a week
Gives prices and asks how the customer wishes to pay	Customer wants to pay with a credit card in order to have extra travel insurance
Makes transaction, recommends that the customer read over brochures and call with any questions	Thanks agent, goodbye

D **¿Qué sabe Ud. del clima de Cuba?** ¿Son verdaderas o falsas las siguientes oraciones? Después de leer el texto, corrija sus respuestas.

1. La mejor época del año para ir a Cuba es en verano porque en invierno puede que haga frío.
2. No hay mucha humedad en Cuba.
3. Cuba tiene más días soleados que nublados en un año.
4. Un riesgo grande que existe en Cuba durante ciertas fechas es el tornado.
5. El agua del Caribe es fría.
6. Hay dos estaciones en Cuba, la lluviosa y la seca.

¿Sabía Ud...? Lea el siguiente artículo sobre el clima de Cuba.

La bandera de Cuba

EL CLIMA DE CUBA

La temperatura a lo largo de todo el año es muy similar a la que tenemos en España en verano, oscila entre los 20 y los 35°C, rara vez la temperatura baja hasta los 10°C, esta situación se puede producir en los meses de noviembre y enero y nunca afecta a zonas de turismo. La temperatura media mensual más baja se produce en los meses de enero y febrero (20,7°C), teniendo éstas su valor medio más alto en los meses de julio y agosto (27°C), para volver a bajar paulatinamente hasta los 21,5°C en diciembre. Como consecuencia del alto grado de humedad, que alcanza normalmente el 80 y 100%, la sensación de calor es mucho mayor que la temperatura real, de ahí el que sea normal el intenso sudor corporal.

En los más de 300 días soleados y veraniegos al año, puede que algún día y sin darnos cuenta el cielo se cubra de nubes y en unos minutos descargue una tormenta, pero pasa pronto. Para aquellos que acudan a las playas, estas son de una arena finísima, poco profundas, de aguas cristalinas y la temperatura media del agua supera los 25°C.

Por su situación geográfica, el país se ve afectado entre el 1 de junio y el 30 de noviembre por la temporada ciclónica, siendo el mes de mayor riesgo octubre.

Algunos de éstos pueden afectar a la isla en forma de huracán —vientos con velocidades máximas de 200 km/h— y fuertes tormentas. Esta etapa de ciclones coincide aproximadamente con la estación lluviosa (mayo a octubre), frente a la seca (noviembre a abril).

La experiencia de una emergencia ciclónica es un hecho sobrecogedor pero no peligroso. Todos los hoteles tienen estructura moderna o están bien rehabilitados y protegidos para recibir el fenómeno. Por todas las calles circulan vehículos con megafonía en el que dan instrucciones a la población y en los que se pide que sólo abandonen las casas en caso de extrema necesidad.

Temperatura media mensual en La Habana (°C)

enero	20,7	mayo	25,6	septiembre	26,5
febrero	20,7	junio	26,6	octubre	25,4
marzo	21,9	julio	27	noviembre	22,4
abril	24,2	agosto	27	diciembre	21,5

Extraído de: *"Mi guía de Cuba"*: *http://www.amsystem.es/alramogar*

E Compare el clima de su región con el clima de Cuba. Escriba oraciones completas, incorporando las palabras entre paréntesis. Para comparar las temperaturas hay que convertir grados Celsio a grados Fahrenheit, usando la siguiente formula:

$$(\text{grados Celsio} \times 1.8) + 32$$

1. (la humedad)
2. (la temperatura en verano)
3. (los huracanes)
4. (los días soleados)
5. (la temperatura en invierno)
6. (las estaciones)

HOY

**Santo Domingo,
República Dominicana**

máx 34°C
mín 22°C

parcialmente nublado

**La Habana,
Cuba**

máx 33°C
mín 20°C

tormentas aisladas

**San Juan,
Puerto Rico**

máx 31°C
mín 21°C

chubascos dispersos

PRONÓSTICO

SÁB

máx 36°C
mín 23°C

soleado

máx 31°C
mín 21°C

parcialmente nublado

máx 30°C
mín 21°C

tormentas

DOM

máx 35°C
mín 21°C

soleado

máx 36°C
mín 24°C

soleado

máx 3°C
mín 22°C

chubascos dispersos

AHORA EN CUBA

Temperatura: 34.1°C

Viento: desde el sur a 26 km/h

Humedad relativa: 65%

Presión: 1016.00 milibares

F Llene los espacios con la información presentada en los dibujos.

1. Hoy hace mucho calor en _____.
2. Mañana estará parcialmente _____ en La Habana.
3. Ahora, la temperatura está a _____ Celsio y _____ Fahrenheit.
4. El domingo habrá _____ en San Juan.
5. Hoy en La Habana habrá _____ con una temperatura mínima de _____ C.
6. El sábado hará _____ en Santo Domingo y estará _____.
7. El sábado habrá _____ en San Juan.
8. Hoy habrá _____ en San Juan con una temperatura máxima de _____ C.

G Ahora Ud. es el/la meteorólogo/a. Usando el mapa, escriba el pronóstico del tiempo en español.

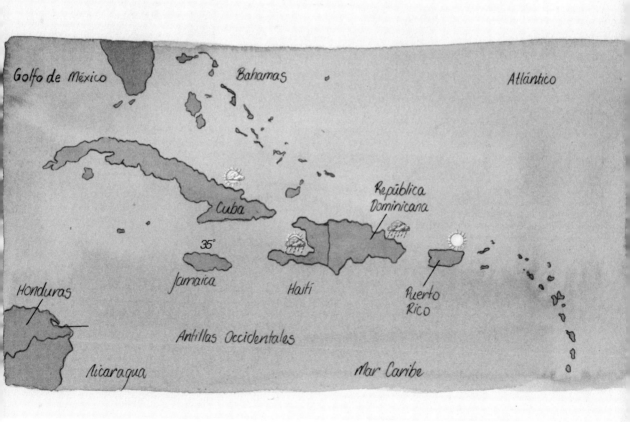

1. En Puerto Rico...
2. En La República Dominicana...
3. En Cuba...

4. En Jamaica...
5. En Haití...

¡EXPLOREMOS POR VIDEO!

De viaje: "Puerto Rico"

Aquí se ve la arquitectura típica del viejo San Juan.

Vocabulario útil del video

abogar por *to advocate*
alcanzar *to reach*
el bosque tropical *tropical forest*
el ciudadano *citizen*
el coloniaje *colonial period or government*
concernir (ie) *to concern*
la estadidad *statehood*

la fortaleza *fortress*
el invasor *invader*
la leyenda *legend*
el partido *(political) party*
pluvioso *rainy*
vinculado *connected, bound together*
el yugo *yoke*

Nota cultural

- Los **taínos** son los indios arawakos que ocupaban las Antillas antes de los caribes. Éstos fueron feroces guerreros que vencieron a los arawakos en el siglo XV.
- **Juan Ponce de León**, conquistador español, exploró Puerto Rico y fue su primer gobernador en 1509. Fundó la ciudad de San Juan y descubrió la Florida en 1512.
- En lugar de usar la palabra **puertorriqueño**, muchos puertorriqueños usan la expresión **boricua** para mostrar su orgullo nacional.

A Complete la oración según la información presentada en el video.

1. El nombre taíno de Puerto Rico era _____.
2. Puerto Rico fue una colonia de España hasta el año _____.
3. Los puertorriqueños tienen nacionalidad _____ pero no tienen derecho a _____.
4. La capital de Puerto Rico es _____ y tiene dos fortalezas famosas que se llaman _____ y _____.
5. El único bosque tropical en los Estados Unidos está en Puerto Rico y se llama _____.
6. La playa más popular de Puerto Rico se llama _____ y está cerca de _____.
7. La segunda ciudad más grande de la isla es _____ y está situada en el mar _____.
8. El estado político de la isla es de _____ de los Estados Unidos, una situación que ha mantenido desde el año _____.

B Empareje cada palabra del video con su sinónimo.

_____ 1. pluvioso   a. castillo con uso militar
_____ 2. fortaleza   b. hablar en favor de
_____ 3. alcanzar   c. reducir
_____ 4. sierra   d. conectado
_____ 5. atravesar   e. cadena de montañas
_____ 6. abogar   f. lluvioso
_____ 7. disminuir   g. cruzar
_____ 8. vinculado   h. llegar a

C La situación política de Puerto Rico es una polémica en la isla. En un pequeño ensayo de diez oraciones o más, explique los tres puntos de vista que existen y algunas razones que da cada grupo para apoyar su argumento. ¿Qué opina Ud.? ¿Sabe lo que está pasando en la isla ahora mismo en cuanto a la lucha entre los dos grupos, los que están a favor de mantener el Estado Libre Asociado, los que quieren la independencia o la estadidad?

ESTRUCTURAS FUNDAMENTALES

Repaso gramatical
■ ■ ■

I. El condicional simple

A. Uso. Se usa el condicional para expresar el estilo indirecto, hipótesis, consejos, sugerencias, probabilidad y cortesía.

B. Formación. Se añaden las siguientes terminaciones al infinitivo.

Hablar		-ía	-íamos
Comer	+	-ías	-íais
Vivir		-ía	-ían

Ejemplos:

1. Estilo indirecto
Pablo me dijo que *reservaría* los boletos mañana.
Pablo told me that he would reserve the tickets tomorrow.

2. Hipótesis
De hacer buen tiempo mañana, *iríamos* de excursión.
If the weather were good tomorrow (which is doubtful) we would go on the day trip.

3. Consejo y sugerencia
Yo *hablaría* con un agente de viajes en tu lugar.
I would talk to a travel agent if I were you.

4. Probabilidad referida al pasado
¿Qué hora *sería* cuando llegó por fin el vuelo ayer?
What time could it have been when the flight finally arrived yesterday?

5. Cortesía
¿*Sería* Ud. tan amable de decirme dónde queda el Hotel Meliá Ponce?
Would you be so kind as to tell me where the Hotel Meliá Ponce is?

C. Irregulares. Se añaden las mismas terminaciones a los verbos con raíces irregulares. Estos irregulares son iguales que los del futuro.

Infinitivo	Raíz Irregular
caber	cabr- (cabría, cabrías, cabría, cabríamos, cabríais, cabrían)
haber	habr- (habría, habrías, habría, habríamos, habríais, habrían)
poder	podr- (podría, podrías, podría, podríamos, podríais, podrían)
querer	querr- (querría, querrías, querría, querríamos, querríais, querrían)
saber	sabr- (sabría, sabrías, sabría, sabríamos, sabríais, sabrían)
poner	pondr- (pondría, pondrías, pondría, pondríamos, pondríais, pondrían)
salir	saldr- (saldría, saldrías, saldría, saldríamos, saldríais, saldrían)
tener	tendr- (tendría, tendrías, tendría, tendríamos, tendríais, tendrían)
valer	valdr- (valdría, valdrías, valdría, valdríamos, valdríais, valdrían)
venir	vendr- (vendría, vendrías, vendría, vendríamos, vendríais, vendrían)
decir	dir- (diría, dirías, diría, diríamos, diríais, dirían)
hacer	har- (haría, harías, haría, haríamos, haríais, harían)

Otros derivados de un verbo con raíz irregular tienen la misma conjugación.

deshacer	deshar- (desharía, desharías, desharía, desharíamos, desharíais, desharían)
suponer	supondr- (supondría, supondrías, supondría, supondríamos, supondríais, supondrían)

Ejemplos: Pensé que Uds. *vendrían.*
I thought that you would come.
¿*Podría* Ud. decirme dónde podemos alquilar una bicitaxi?
Could you tell me where we can rent a bicycle taxi?
Me *gustaría* reservar una mesa para cinco a las ocho.
I would like to reserve a table for five at eight o'clock.

II. El condicional compuesto

A. Uso. Se usa para expresar deseos imposibles en el pasado.

B. Formación. Se construye con el verbo **haber** en condicional y el participio pasado del verbo que se conjuga. En inglés significa *would have + past participle.*

Viajar	
habría viajado	habríamos viajado
habrías viajado	habríais viajado
habría viajado	habrían viajado

Ejemplos: *Habríamos ido* al cine ayer pero tuvimos que trabajar.
We would have gone to the movies yesterday but we had to work.
Te *habría dado* el dinero que necesitabas pero no lo tenía tampoco.
I would have given you the money that you needed but I didn't have it either.

Todavía se ve en Cuba coches antiguos americanos de la época antes de la Revolución de 1959. Cuba era un destino vacacional lujoso para muchos.

 **A** De viaje en Cuba, un amigo suyo visitó a un curandero que le hizo varias predicciones sobre su futuro. Conjugue los verbos entre paréntesis en la forma del condicional simple.

Ejemplo: *El curandero me dijo que yo estudiaría derecho.*

1. El curandero me dijo que en el futuro yo:
   (casarse sólo una vez)
   (tener dos hijos)
   (ser famoso un día)
   (salir en el periódico con frecuencia)
   (poder comprar una casa de lujo)
   (viajar al extranjero con frecuencia)
   (saber más de dos lenguas)

2. Me dijo que mi pareja:
   (ser artista)
   (querer trabajar en Nueva York)
   (saber hablar el francés y el italiano)
   (ganar mucho dinero)
   (darme mucha felicidad)
   (ser el amor de mi vida)
   (tener el pelo moreno)

B Ahora le toca a Ud. ser el/la curandero/a. Prepare una lista de cinco predicciones para su pareja utilizando el *tiempo futuro*. Intercambien papeles y compartan las predicciones con la clase cambiando los verbos según el modelo.

Ejemplo: Serás una persona muy famosa.
Mi compañero/a me dijo que yo sería muy famoso/a.

C **Si yo fuera millonario/a...** (*If I were a millionaire*) Termine las frases, utilizando *el condicional simple.*

1. Si yo fuera millonario/a...
2. Si pudiera ser cualquier animal...
3. Si pudiera vivir en cualquier sitio...
4. Si no estuviera en clase ahora...
5. Si pudiera escoger el trabajo ideal...

D **¡Mea culpa! Ay de mí.** La vida es muy corta pero también nos da lecciones. ¿Qué cosas cambiarías si pudieras? Siga el ejemplo escribiendo como mínimo cinco arrepentimientos (*regrets*).

Ejemplo: Nunca habría comprado mi coche porque siempre se estropea.
*I would have never bought my car because it is always
breaking down.*

III. Imperfecto de subjuntivo

A. Uso. Se usa el imperfecto de subjuntivo en los mismos casos que el presente del subjuntivo. La diferencia es que el verbo principal está en un tiempo pasado o condicional. No se debe confundir **modo** con **tiempo**. Hay tres modos del verbo en español: indicativo, imperativo y subjuntivo. Hay cuatro tiempos de subjuntivo: presente simple, pretérito perfecto, imperfecto y pluscuamperfecto. El verbo principal determina el tiempo del verbo subordinado.

Ejemplos:

Presente de subjuntivo:	**Quiero que** nos *reserven* dos boletos de avión.
Imperfecto de subjuntivo: (tiene dos formas, la segunda se usa menos)	**Quería que** nos *reservaran/ reservasen* dos boletos de avión. **Me gustaría que** nos *reservaran/ reservasen* dos boletos de avión.

En general, cuando el verbo principal y el subordinado tienen el mismo sujeto, no se usa el subjuntivo sino un infinitivo.

Ejemplos:

Un sujeto:	Quería *salir.*
Dos sujetos:	Quería que tú *salieras.* / Quería que tú *salieses.*

B. Formación. Se conjuga igual que la tercera persona plural del pretérito. Luego es necesario quitar la **-ron** (habla-, pusie-, dije-, salie-, tuvie-,...) y añadir las terminaciones del imperfecto de subjuntivo que tiene dos formas posibles:

Forma en –RA		Forma en –SE	
hablara	habláramos	hablase	hablásemos
hablaras	hablarais	hablases	hablaseis
hablara	hablaran	hablase	hablasen

Note que la forma de **nosotros** lleva acento.

VERBOS REGULARES			
Infinitivo	**3ra persona pretérito**	**Raíz**	**Yo (Imperfecto de subjuntivo)**
crecer	crecieron	crecie-	creciera/creciese
salir	salieron	salie-	saliera/saliese
viajar	viajaron	viaja-	viajara/viajase

VERBOS IRREGULARES			
Infinitivo	**3ra persona pretérito**	**Raíz**	**Yo (Imperfecto de subjuntivo)**
andar	anduvieron	anduvie-	anduviera/anduviese
decir	dijeron	dije-	dijera/dijese
estar	estuvieron	estuvie-	estuviera/estuviese
haber	hubieron	hubie-	hubiera/hubiese
hacer	hicieron	hicie-	hiciera/hiciese
ir/ser	fueron	fue-	fuera/fuese
poder	pudieron	pudie-	pudiera/pudiese
ponerse	se pusieron	se pusie-	se pusiera/se pusiese
querer	quisieron	quisie-	quisiera/quisiese
saber	supieron	supie-	supiera/supiese
venir	vinieron	vinie-	viniera/viniese

Verbos con cambios ortográficos

Los verbos que acaban en **-cir** cambian **c** a **j**.

producir	produjeron	produje-	produjera/produjese
traducir	tradujeron	traduje-	tradujera/tradujese

Los verbos **-ir** que cambian en el radical en el presente del indicativo cambian en la tercera persona en el pretérito.

convertir (e→i)	convirtieron	convirtie-	convirtiera/convirtiese
dormir (o→u)	durmieron	durmie-	durmiera/durmiese
pedir (e→i)	pidieron	pidie-	pidiera/pidiese
sentir (e→i)	sintieron	sintie-	sintiera/sintiese

Los verbos que terminan en vocal (*vowel*) + **-ir** y vocal + **-er** tienen cambios ortográficos en la tercera persona del pretérito. En cada caso la **e/i** de la terminación cambia a **y**.

caer	cayeron	caye-	cayera/cayese
construir	construyeron	construye-	construyera/construyese
distribuir	distribuyeron	distribuye-	distribuyera/distribuyese
leer	leyeron	leye-	leyera/leyese

A ¿Cuál es la forma del imperfecto de subjuntivo de los verbos a continuación? En pareja, hagan los papeles de profesor/a y estudiante. El/la profesor/a pedirá la forma y el/la estudiante contestará con la forma correcta del imperfecto de subjuntivo.

 **PRÁCTICAS**

1. que yo: trabajar, responder, traer, exigir, traducir, poder, servir, decir
2. que tú: cenar, coger, conducir, ver, valer, querer, viajar, ir

3. que ella: conocer, dirigir, enseñar, poner, tener, venir, ser, pedir
4. que nosotros: distribuir, suponer, salir, conseguir, mantener, convertir, leer, caer
5. que vosotros: reservar, hacer, poseer, cambiar, subir, construir, morir, perder
6. que ellos: poder, ponerse, vender, reducir, recoger, caer, pensar, conseguir

B ¡Qué horror! Ayer fue un día de "La Ley de Murphy" y todo lo que pudo salir mal, así salió. Responda a las declaraciones siguientes de una manera lógica usando la forma del imperfecto de subjuntivo. Utilice expresiones como: "No esperábamos que..."; "No podíamos creer que..."; "No fue posible que..."; "Fue increíble que..."; "Qué lástima que..."

Ejemplo: Necesitábamos visados para entrar en el país.
No pensábamos que necesitáramos visados para entrar en el país.

1. Fuimos al cajero automático y no tenía dinero.
2. No había agua caliente cuando volvimos al hotel.
3. La oficina de turismo cerró temprano.
4. El botones puso nuestras maletas en la habitación equivocada.
5. Querían ver nuestros pasaportes cuando cambiamos dólares.
6. Llamamos a un taxi pero nunca llegó.
7. No tenían mesas libres en el restaurante.
8. No dormimos en toda la noche por las campanadas de la catedral.
9. Pedimos un plato de calamares pero nos sirvieron angulas (*eel*).
10. Al volver al hotel nos perdimos por completo.

C Ahora piense Ud. en un día en que todo le salió mal. Usando las mismas expresiones y el modelo del ejercicio anterior, escriba un párrafo sobre ese día.

IV. El pluscuamperfecto de subjuntivo

A. Uso. Se usa en los mismos casos del pretérito perfecto de subjuntivo (**haya** + **participio pasado**) pero el verbo principal está en un tiempo pasado o en el condicional.

Ejemplos: No creo que *haya llegado* el avión de Bruselas.
I do not think that the airplane has arrived from Brussels.
No creía que *hubiera llegado* el avión de Bruselas.
I did not think that the airplane had arrived from Brussels.

RECUERDE: Creo que ha llegado. / Creía que había llegado.

B. Formación. Se compone de la forma del imperfecto de subjuntivo del verbo **haber** como auxiliar y el participio pasado del verbo que se conjuga. En inglés significa *would have* + *past participle*.

IR	
hubiera/hubiese ido	hubiéramos/hubiésemos ido
hubieras/hubieses ido	hubierais/hubieseis ido
hubiera/hubiese ido	hubieran/hubiesen ido

¿Qué le sorprendió? Explique lo que le sorprendió ayer cuando volvió de vacaciones en Puerto Rico.

Ejemplo: mi mejor amigo/dejar su trabajo/porque...
Me sorprendió que mi mejor amigo hubiera dejado su trabajo porque le gustaba tanto.

1. mi hermana/comprar un coche nuevo/porque...
2. mi madre/no recibir mi tarjeta postal/porque...
3. yo/dejar la puerta abierta/porque...
4. mi trabajo/despedirme/porque...
5. mi compañero de cuarto/marcharse al extranjero/porque...
6. tu mejor amiga/casarse/porque...

V. Las cláusulas con si

Las oraciones condicionales con **si** se componen de dos oraciones: subordinada y principal y expresan diferentes grados (*degrees*) de posibilidad. Se pueden dividir en dos grupos: verbo subordinado en el indicativo o verbo subordinado en el subjuntivo.

construcción: (si + verbo subordinado) + (verbo principal)

o

(verbo principal) + (si + verbo subordinado)

A. Verbo subordinado en el indicativo

1. **(si + presente) + (presente):** expresa algo habitual en el presente o planes y suposiciones para el futuro.

Ejemplo: Si llueve, llevo el paraguas.
If it rains, I take an umbrella.

o

If it rains, I will take an umbrella

2. **(si + imperfecto) + (imperfecto):** expresa algo habitual en el pasado.

Ejemplo: Si llovía, llevaba el paraguas.
If it rained, I would take an umbrella.

3. **(si + presente) + (imperativo)**

Ejemplo: Si llueve, lleve el paraguas.
If it rains, take an umbrella.

4. **(si + presente) + (futuro):** expresa una posibilidad futura.

Ejemplo: Si llueve, llevaré el paraguas.
If it rains, I will take an umbrella.

B. Verbo subordinado en el subjuntivo

1. **(si + imperfecto de subjuntivo) + (condicional simple):** expresa acciones improbables o irreales en el presente y en el futuro.

Ejemplo: Si lloviera, llevaría el paraguas.
If it rained, I would take an umbrella.

2. **(si + pluscuamperfecto de subjuntivo) + (condicional compuesto):** expresa acciones imposibles y contrarias a la realidad. No ocurrieron.

Ejemplo: Si hubiera llovido, habría llevado el paraguas.
If it had rained, I would have taken an umbrella.

PRÁCTICAS

A Complete cada pregunta con la forma condicional o imperfecto de subjuntivo del verbo entre paréntesis. Después, conteste las preguntas con oraciones completas.

1. ¿Qué haría Ud. si _____ más tiempo libre? (tener)
2. ¿Qué _____ Ud. este fin de semana si tiene un poco de tiempo libre? (hacer)
3. ¿Pagaría Ud. las facturas o se compraría algo nuevo si _____ mil dólares en la lotería? (ganar)
4. ¿Qué haría Ud. si el/la profesor/a _____ la clase de español hoy? (cancelar)
5. ¿Qué cambiaría Ud. de su vida si _____ cambiar cualquier cosa? (poder)
6. ¿Qué haría Ud. para mejorar la experiencia universitaria en su universidad si _____ presidente/a? (ser)
7. ¿Qué estudiará Ud. si no _____ el español el próximo semestre? (estudiar)

B **¿Qué tipo de persona es Ud.?** Conteste las siguientes preguntas con oraciones completas, utilizando las cláusulas con **si**. Después, explíquele a su compañero/a por qué Ud. actuaría así.

1. ¿Qué haría Ud. si encontrara una bolsa llena de dinero en el suelo?
2. ¿Le diría Ud. algo a su profesor/a si un/a compañero/a tuviera una copia del examen final?

3. Si viera a una mujer con el coche estropeado en la carretera, ¿pararía Ud. para ayudarla? ¿Y si fuera un hombre?

4. ¿Llamaría Ud. a la policía si supiera que un/a vecino/a hacía actividades ilegales?

5. Si un/a amigo/a quisiera entregar un trabajo que había escrito Ud. el semestre anterior, ¿le dejaría?

6. Si una persona sin hogar (*homeless*) le pidiera dinero para comprar comida, ¿qué haría Ud.? ¿Le daría el dinero, le daría comida o no le daría nada?

7. Si Ud. sólo pudiera llevar tres cosas a una isla desierta, ¿qué llevaría?

C **¡Vamos de viaje a Puerto Rico!** Una amiga suya está explicándole algunos datos de Puerto Rico, la "Isla del Encanto" porque Ud. está pensando en hacer un viaje allí. Respóndale usando una construcción de **si** como en el ejemplo.

Ejemplo: El aeropuerto más transitado de Puerto Rico es el Aeropuerto Internacional Luis Muñoz Marín.
Si fuera a San Juan llegaría al Aeropuerto Internacional Luis Muñoz Marín.

1. Los turistas que viajan desde los Estados Unidos no necesitan pasaporte porque Puerto Rico es un territorio de los Estados Unidos.

2. Tampoco se necesita cambiar dinero porque utilizan el dólar americano.

3. El centro comercial más grande del Caribe es "Plaza Las Américas" que cuenta con 400 tiendas.

4. "La Milla de Oro" es el centro financiero de San Juan similar a "*Wall Street*" donde se encuentran los principales bancos y las sedes de muchas corporaciones grandes.

5. El Hotel Caribe Hilton está situado en una estratégica playa, justo entre el Viejo y el nuevo San Juan, y ofrece unas elegantes salas ideales para grupos y convenciones.

6. Se puede disfrutar de las mejores marcas de puros en la barra de tabacos de El San Juan Hotel y Casino.

7. En el Hyatt Dorado Beach Resort & Casino hay cuatro campos de golf.

8. El Bosque Nacional El Yunque es uno de los bosques naturales más importantes de la isla.

D **¡A comer en la República Dominicana!** Según la descripción de la gastronomía dominicana que encontrará a continuación, construya oraciones según el modelo.

Ejemplo: La gastronomía dominicana es una de las más variadas de todo el Caribe. Tiene influencias españolas, haitianas y norteamericanas.
Si fuéramos a la República Dominicana, comeríamos comida con influencia española, haitiana y norteamericana.

1. Como alternativa a las patatas fritas se sirven pedazos fritos de banano.
2. Los mariscos, camarones, langostas y cangrejos son muy buenos, sobre todo en el norte de la isla, igual que el pescado.
3. Hay multitudes de jugos de frutas tropicales como mango, papaya, zapote, guanábana, melón...
4. Se come mucho cerdo, especialmente en **chicharrones** (*fried pork rinds*).
5. Se comen **chicharros** (pollo con limón y orégano) en las zonas populares y también es muy frecuente el **casabe,** una torta hecha con yuca, que sustituye al pan.

E **¿La Independencia de Puerto Rico?** Puerto Rico pasó a formar parte del territorio de los Estados Unidos mediante el tratado de París que finalizó la Guerra de 1898 entre España y los Estados Unidos. En 1917 los residentes puertorriqueños pasaron a ser ciudadanos de EE.UU. y en 1952 la Isla se convirtió voluntariamente en un Estado Libre Asociado de los Estados Unidos. En la Isla el debate sobre la independencia de Puerto Rico, mantener su condición actual o convertirse en el estado número 51, sigue. Construya preguntas lógicas utilizando las formas del condicional simple y el imperfecto de subjuntivo. Luego haga un debate con la clase de los pros y contras del asunto.

1. ¿Cómo _____ (afectar) el comercio externo si la Isla _____ (llegar) a ser independiente?
2. ¿ _____ (Poder) la isla mantener la misma relación o una similar con EE.UU. si _____ (conseguir) su independencia?
3. ¿Cómo _____ (funcionar) la economía si la isla _____ (ser) independiente?
4. ¿Cómo _____ (sobrevivir) la isla sin la ayuda externa?
5. ¿Cómo _____ (ser) la relación entre los dos países si Puerto Rico no _____ (formar) parte de EE.UU?
6. ¿_____ (Salir) las industrias americanas del país si la isla _____ (declararse) la República?
7. ¿_____ (Continuar) el uso del dólar como moneda nacional?
8. ¿Se _____ (necesitar) un visado para viajar entre los dos países si Puerto Rico _____ (independizarse) por completo?
9. ¿_____ (Poder) los puertorriqueños tener una ciudadanía dual?
10. ¿_____ (Perder) los puertorriqueños lo que han pagado a la Seguridad Social?

F **¿Qué habría ocurrido si...?** Con su pareja, formule la pregunta y contéstela utilizando la forma del pluscuamperfecto de subjuntivo.

Ejemplo: no inventar el automóvil
¿Qué habría ocurrido si no se hubiera inventado el automóvil?
Habría menos contaminación atmosférica si no se hubiera inventado el automóvil y llegaríamos a nuestros destinos a pie, a caballo o en bicicleta.

1. no inventar el tocadiscos en 1946
2. no inventar el video en 1964
3. no inventar la píldora en 1960
4. no inventar la cirugía estética en 1917
5. no inventar la televisión en 1926
6. no inventar el "*microchip*" en 1971
7. no inventar el teléfono móvil en 1980
8. Hitler ganar la Segunda Guerra Mundial en 1945
9. Castro no ganar la Revolución cubana en 1959
10. No caer el Muro de Berlín en 1989

VI. Palabras que engañan

Todavía hay muchas palabras que nos pueden confundir fácilmente. ¿Sabe Ud. cómo utililizar las siguientes palabras y expresiones correctamente?

instrucciones: *instructions, directions*
dirección(es): *address(es)*

salir de: *to leave, to depart from*
salir a: *to go out to*
salir para: *to leave for, head for*
salir con: *to go out with*

dejar de: *to end habitual action*
parar de: *to stop doing an action*
acabar de: *to just have finished an action*

ponerse: *to become/turn + change in character or attitude (embarrassed, red, angry...)*
hacerse: *to become + change in state due to effort (doctor, American citizens...)*
llegar a ser: *to become + change in state due to continuous effort (rich, very well-educated)*
volverse: *to become/go + permanent change in character or attitude (crazy, deaf...)*

Complete las oraciones con las palabras correctas.

PRÁCTICAS

Instrucciones/dirección(es)

1. El dueño del hostal nos dio la _____ del hostal pero no nos dio las _____ de cómo llegar. ¡Menos mal que el taxista conocía el sitio!

Salir de/salir a/ir para/salir con

2. El vuelo _____ _____ aeropuerto de Miami a las diez y cuarto con destino a San Juan, Puerto Rico. Allí pasaremos una noche en un hotel en El Viejo San Juan y luego todo el grupo _____ _____ visitar El Yunque por la mañana con un guía turístico que ha contratado el hotel. Hay un tren que _____ _____ Ponce cada mañana así que pasado mañana vamos otra vez de excursión. Por la noche vamos a _____ _____ unos amigos que tengo en San Juan.

Dejar de/parar de/acabar de

3. ¡Qué viaje más largo! Yo _____ _____ fumar hace unos meses así que pedí un asiento en la sección de no fumadores. La señora detrás de mí no _____ _____ quejarse porque todavía se olía el humo de los cigarrillos. Queda poco de este vuelo tan desagradable. El avión _____ _____ aterrizar en el aeropuerto de Santo Domingo y vamos a desembarcar dentro de unos minutos.

Ponerse/hacerse/llegar a ser/volverse

4. El general _____ presidente de la República.
5. Mi hermano _____ abogado y ahora trabaja en un bufete en Nueva York.
6. Yo _____ muy mala del pescado que comí.
7. El famoso pintor español Francisco de Goya _____ sordo (*deaf*) hacia finales de su vida.

ACTIVIDADES COMUNICATIVAS

I. ¡Escuchemos!

A **¡Tantos números!** Mientras escucha el anuncio de la agencia de viajes Havanatur, determine los números correctos de los lugares a continuación.

Número de áreas naturales protegidas	
Número de parques naturales	
Número de guías e intérpretes	
Número de regiones naturales	
Número de puntos para el buceo contemplativo	
Número de zonas para la contemplación de aves	
Número de puntos de interés espeleológico	
Número de representantes	

B Escuche los anuncios y ponga el número del anuncio (1, 2, 3 ó 4) debajo de los dibujos relacionados. Sólo 4 dibujos corresponden a los anuncios.

Escuche el pronóstico del tiempo y dibuje el tiempo que hará a las siguientes horas y en los siguientes lugares.

Región	Esta mañana	Al mediodía	Esta tarde	Esta noche	Mañana	Este fin de semana
En la costa						
En las montañas						

II. Prácticas orales

A **¿Qué sabe Ud. de la música latina?** A ver si Ud. puede nombrar...

1. tres bailes latinos
2. tres tipos de música latina
3. tres cantantes o músicos latinos
4. tres canciones latinas
5. tres instrumentos típicos caribeños

En los Grammys Latinos de 2000 Celia Cruz y Ricki Martin cantaron juntos en un homenaje al recién fallecido Tito Puente.

El álbum "Dance Manía" de Tito Puente, editado en 1957 por RCA, figura entre las 25 producciones musicales consideradas claves durante el siglo XX por los críticos de "The New York Times". "Este álbum, el más sobresaliente de los que realizó con esta compañía a finales de los 50, representa el punto culminante en la locura por el mambo de los estadounidenses y de su atracción hacia los ritmos afro-caribeños", indicaron los expertos. "La fusión de sofisticados arreglos de jazz con la percusión afro-cubana sigue siendo popular y elegante y fue crucial en la revolución de la salsa de las siguientes décadas", añadieron. Tito Puente, que dirigió una de las tres grandes orquestas de mambo que actuaban en Nueva York en la década de los 50, es considerado por los expertos como "un compositor brillante, así como un excelente timbalero y vibrafonista".

Otros álbumes que figuran en la lista son los de Enrico Caruso, Louis Armstrong, Elvis Presley, James Brown, Frank Sinatra, The Beatles, Michael Jackson y Nirvana.

Extraído de *La revista del Diario*, Miami, Florida, 2000

Temas de discusión

1. Describa la música de los artistas mencionados que figuran en la lista de los 25 álbumes clave del siglo XX. ¿Cómo es la música de Michael Jackson? ¿Cuál de ellos es su preferido?

2. Para muchas regiones del mundo, la música y el baile son características integrales de la identidad cultural —como el flamenco para los gitanos (*gypsies*) de España, el merengue para los dominicanos, las sevillanas para los andaluces y la salsa para los puertorriqueños. ¿Existe la misma relación en los Estados Unidos entre la música y la identidad cultural? ¿Puede Ud. nombrar algunos bailes o tipos de música típicos de su región y de otras regiones de los Estados Unidos? ¿Se identifica Ud. con cierto tipo de música? ¿Por qué (no)?

B **En pareja y luego a dramatizar.** Haga el papel con otro/a estudiante para luego hacer presentaciones a la clase.

1. **¡Buen viaje!** Con su pareja preparen un diálogo entre un/a agente de una aerolínea y un/a viajero/a. El/la agente le pide su boleto y su pasaporte y quiere saber adónde va, su nacionalidad, cuántas maletas quiere facturar, dónde prefiere sentarse en el avión y si alguien le ha ayudado a hacer las maletas. Pregúntele si puede cambiar de la clase turística a la primera clase. Le dice que sí, pero le cobra $200. Ud. pregunta si puede pagar con tarjeta de crédito. Luego le dice que el vuelo tiene demora. Pregúntele a qué hora saldrá y llegará y de cuál puerta. Finalmente el/la agente le da su tarjeta de embarque y le desea un buen viaje.

2. **Haciendo una reserva.** Ud. trabaja en un hotel turístico en el Caribe. Un/a cliente/a quiere hacer una reserva pero tiene muchas preguntas sobre las comodidades del hotel, las características de las habitaciones, los precios,

la comida, las actividades que hay en los alrededores para turistas, etcétera. Antes de empezar a escribir el diálogo, busquen información verdadera en el internet o en una agencia de viajes para utilizar durante su dramatización. Incluyan detalles de los folletos turísticos en su diálogo.

C **Si yo fuera presidente/a.** Ud. se va a presentar a las elecciones para presidente/a de su clase. Escriba un discurso para su campaña electoral incluyendo las cosas que Ud. haría y cambiaría si tuviera el cargo (*post*). Utilice expresiones como: Si fuera... yo haría...; Si me eligieran... yo cambiaría...; Si yo ganara... yo pondría...

D **¿Qué haría Ud.? Una encuesta.** Diseñe una encuesta sobre uno de los siguientes temas u otro parecido: ¿Eres una persona honesta? ¿Eres buen/a amigo/a? ¿Eres buen/a esposo/a? Incluya un mínimo de cinco situaciones hipotéticas en la encuesta, utilizando expresiones como: Si encontraras... Si ganaras... Si tuvieras... Después, entreviste a cinco compañeros de clase. Cuando Ud. haya terminado, analice los resultados y preséntelos a la clase. ¿Qué haría la mayoría de la gente? ¿Son los resultados que Ud. esperaba?

III. ¡Escribamos!

A Ud. acaba de abrir un hotel en el Caribe orientado al viajero de negocios. Tiene una lista de empresas que suelen mandar a empleados al Caribe para negocios y que han tenido conferencias y reuniones en el Caribe en el pasado. Escriba una carta de publicidad en la cual describe las ventajas que ofrece su hotel a las empresas.

B Ud. acaba de enterarse de que van a construir un complejo turístico enorme en una importante zona natural de su ciudad o estado y Ud. está muy en contra. Escriba una carta a su periódico, explicando por qué Ud. está en contra, cómo sufriría el medio ambiente y cómo se podría solucionar el problema a satisfacción de todos.

EL NUEVO CARIBE

Decir Cayo Coco es algo así como hablar del paraíso. En esta pequeña isla cubana está el Hotel & Club Tryp Cayo Coco, el mayor complejo vacacional de la isla, situado frente a la blanquísima Playa Larga, de dos kilómetros de longitud, y la segunda *barrera coralina*° más grande del mundo. Jornadas de playa, *buceo*°, catamarán, pesca, paseos a caballo o simplemente descanso, son posibles desde este complejo de 1.950 *plazas*°.

Cayo Coco forma parte del rosario de cayos (pequeñas islas) que configuran una línea paralela a la costa norte de la isla de Cuba. Diego de Velázquez, cuando descubrió la zona en 1513, la bautizó con el nombre de Jardines del Rey porque su inmensa belleza *era digna*° del soberano de España. *No se equivocaba*°.

corral reef; underwater diving
hotel beds

was worthy; He was right

Hoy día, Cayo Coco *acoge°* el mayor complejo vacacional de Cuba, el Hotel & Club Tryp Cayo Coco. Se trata de un *poblado colonial°*, de *edificaciones bajas°* y perfecta integración con la naturaleza, que cuenta con capacidad para *alojar°* a casi 2.000 personas y que está rodeado de 22 kilómetros de playas prácticamente vírgenes, *ocultas°* por dunas o rodeadas de *frondosa°* vegetación, con nombres tan sugerentes como Playa Prohibida, Playa Flamenco o Playa Pilar, considerada como una de las más bellas del mundo.

En el Tryp Cayo Coco es imposible aburrirse. La primera atracción es, evidentemente, el color turquesa del mar y el blanco de las playas, pero el complejo cuenta con otras muchas cosas interesantes: piscinas de agua *dulce y salada°*, 10 bares, 8 restaurantes temáticos, discoteca, tenis, paddle, *voley-playa°*, gimnasio, saunas, centro de deportes náuticos y buceo, bicicletas, animación de día, espectáculos nocturnos, etc. Una pequeña ciudad de la que es posible disfrutar en cualquier época del año.

is home to
colonial village; low
buildings; accommodate
hidden; dense

fresh and saltwater pools;
beach-ball facilities

Extraído de *Destinos & Hoteles Tryp*, España, 1999

1. Ud. acaba de volver de pasar diez días en el complejo de Cayo Coco y quiere escribir una carta a su amigo en España sobre su viaje. Cuéntele lo que hizo durante sus vacaciones incluyendo todas las actividades en las cuales participó. Incluya una descripción del complejo.

2. Prepare un folleto turístico del complejo Cayo Coco para una agencia de turismo.

3. **¡Vamos a Cayo Coco!** Lea la siguiente información turística sobre los viajes a Cayo Coco en Cuba y complete la tabla. Luego explique cuál de los dos hoteles prefiere Ud. y por qué.

	Hotel Sol Club Cayo Coco	Hotel y Club Tryp Cayo Coco
I. Características de las habitaciones		
2. Año de construcción		
3. Número de habitaciones		
4. Restaurantes		
5. Instalaciones		
6. Deportes		
7. Otros servicios		
8. Vida nocturna		

CUBA

Hotel **Sol Club Cayo Coco** Primera

Cayo Coco. Morón. Ciego de Avila. Telf.: (533) 3301280. Fax: (533) 3301285.

Situación: Situado en primera línea de playa.
Alojamiento: Habitaciones con aire acondicionado, minibar, TV vía satélite, baño completo con secador de pelo, teléfono, camas individuales, caja fuerte y balcón o terraza.
Restauración: El hotel tiene buffet restaurante, restaurante especializado, snack-bar, piscina, parrillada, lobby bar y disco "chic".
Instalaciones y actividades: El hotel dispone de 2 piscinas, facilidades deportivas (deportes acuáticos, tenis, voleibol playa), discoteca, animación, servicio médico, lavandería, peluquería, tiendas, gimnasio, miniclub, servicio de toallas y lavandería.
Características: Año de construcción: 1997; número de habitaciones: 270 y 12 suites; número de plantas: 3.

Hotel & Club **Tryp Cayo Coco** Lujo

Cayo Coco, ciego de Avila, Morón, Cuba. Telf.: 533/330 13 00. Fax: 533/330 13 75.

Situación: Situado en primera línea de la playa.
Alojamiento: Las habitaciones disponen de cuarto de baño completo, aire acondicionado, TV vía satélite, secador de pelo, teléfono directo con salida internacional, minibar, caja fuerte y terraza o balcón.
Restauración: Tiene 3 restaurantes temáticos, 3 ranchones y 6 bares temáticos.
Instalaciones y actividades: El hotel cuenta con 4 piscinas (una de agua salada y una de niños), masajes, peluquería de señoras y caballeros, salón de belleza, parking, servicio médico 24 horas, lavandería, agencia de turismo, oficina

de correos, alquiler de coches y motos, galería comercial, servicio de taxis, animación y discoteca. Ofrece facilidades para la práctica de deportes como tenis, baloncesto, fútbol sala, voleibol, centro de deportes náuticos, centro de buceo y ping-pong.
Características: Año de construcción: 1992; número de habitaciones: 458; número de plantas: 3.
Viaje de novios: Habitación superior según disponibilidad, cesta de frutas y botella de ron a la llegada; regalo sorpresa y cena romántica para dos.

  EMPRESA COLABORADORA
XACOBEO'99
GALICIA

HALCON VIAJES 107

CAYO COCO

PANORAMA CULTURAL

De viaje por el Caribe

■■■

Antes de leer

¿Ha estado Ud. alguna vez en la República Dominicana? ¿Conoce Ud. a alguien de origen dominicano? ¡A ver si Ud. puede completar las siguientes oraciones correctamente! Después de leer el artículo, corrija sus respuestas.

1. El baile más conocido de la República Dominicana es...
   a. el pasodoble   b. el merengue   c. el vals

2. La isla fue descubierta por...
   a. Cristóbal Colón   b. Hernán Cortés   c. Sir Francis Drake

3. La mayoría de los dominicanos son...
   a. blancos   b. negros   c. mulatos

4. La República Dominicana comparte la isla Hispaniola con...
   a. Cuba   b. Puerto Rico   c. Haití

5. La industria de la hostelería está... desarrollada.
   a. poca   b. bastante   c. muy

6. Las mejores compras que se puede hacer en la República Dominicana son...
   a. cestas indígenas   b. textiles   c. piedras semipreciosas

A continuación se ofrece un *recorrido*° turístico por la República Dominicana.   *tour*

LA REPÚBLICA DOMINICANA

La República Dominicana se extiende en la parte oriental de la isla Hispaniola, en el centro del archipiélago de las Antillas. El otro país que completa el territorio de la isla es Haití. El territorio de la República Dominicana tiene 1.566 kilómetros de costas y es muy montañoso, con un pico, el Duarte, que *alcanza*° 3.175 metros y es el más alto del Caribe. La población dominicana la componen unos ocho millones de habitantes, de los cuales el 70 por ciento son mulatos, el 16 por ciento blancos y el 14 por ciento negros. Los indios *taínos,* los originales habitantes de estas tierras, se extinguieron como raza a los pocos años de la conquista española, aunque *han aportado*° a la lengua española varias expresiones de su lengua como los términos caoba, hamaca, barbacoa, iguana, caníbal y maíz.   *reaches*   *have contributed*

Historia

Colón descubrió la isla en 1492 y, al poco, ya había en ella establecimientos militares. La primera ciudad, La Isabela, fue fundada en la costa norte en noviembre de 1493 y Santiago de los Caballeros nació en 1496. Santo Domingo fue fundada en 1502, y pronto se convirtió en la ciudad más importante. En 1586, el pirata Francis Drake saqueó la ciudad y *la quemó*° en su mayoría. Durante los siglos XVII y XVIII, Francia ocupó la parte española de la isla en varias ocasiones e, incluso, se la anexionó por completo en 1795. Pero la actual República Dominicana volvió a ser española en 1805. 1821 es el año de la primera independencia dominicana y entre 1822 y 1844 todo su territorio fue ocupado por Haití, que la repobló con gentes negras. El 27 de febrero de 1844 los revolucionarios, dirigidos por Duarte, Ramón Mella y Francisco del Rosario Sánchez, proclamaron la segunda y definitiva independencia del país que adoptó entonces el nombre de República Dominicana. Entre 1916 y 1924 fue ocupado por Los Estados Unidos y entre 1930 y 1961 fue gobernado por el dictador Trujillo. Los gobiernos constitucionales comenzaron en 1966. El octogenario Joaquín Balaguer gobernó en el país desde 1966 a 1996, a excepción de tres legislaturas.

burned it (margin gloss)

Alojamiento

La República Dominicana es un país que vive, en buena parte, del turismo, y en consecuencia *la hostelería*° está muy desarrollada. Es frecuente encontrarse en las costas del país un modelo *resort*, esto es: ciudades donde hay de todo y de las que el turista puede no salir nunca si así lo desea. Estos *resorts*, cuando se viaja en grupo y se ha comprado un paquete turístico, salen muy baratos. No obstante, se puede también alquilar habitaciones, con *pensión completa*°, si uno llega *por su propia cuenta*°. En muchos de estos *resorts*, incluso, puede negociarse el precio en la recepción en *temporada baja*°.

hotel business (margin gloss)

full room and board (margin gloss)
on one's own (margin gloss)
low season (margin gloss)

Compras

La artesanía dominicana no es muy variada. *Destacan*° algunas *tallas en caoba*° y, en especial, los muebles. Las *mecedoras*°, *desarmadas*°, pueden trasladarse con facilidad, lo mismo que las hamacas. Hay numerosos *cuadros*° haitianos en todos los centros comerciales. Son pinturas muy alegres, llenas de colorido, decorativas, y a precios muy *asequibles*°. Se pueden comprar *puros*° y buen *ron añejo*°. Las mejores compras son las piedras semipreciosas. Hay dos particularmente: el ámbar, cuyo color varía del amarillo claro al marrón oscuro, y el larimar, una piedra autóctona parecida a la turquesa y que fue descubierta en 1974.

stand out; mahogany (margin gloss)
carvings; rocking chairs; (margin gloss)
taken apart; paintings (margin gloss)

affordable; cigars; aged (margin gloss)
rum (margin gloss)

Diversión

Los centros vacacionales ofrecen en el país todas las facilidades para la práctica de diversos deportes y muchos tipos de entretenimientos. Pero la vida dominicana es amiga de la *juerga nocturna*° y, así, el país está repleto de discotecas donde bailar merengue y de *colmados*° para *echar unos tragos de ron*°.

nightlife (margin gloss)
theme restaurants; to (margin gloss)
throw back some rum (margin gloss)
drinks (margin gloss)

Música y baile

Los dominicanos presumen de nacer bailando y con la música metida en la sangre. Y es cierto que no hay otra pasión que les identifique más que su *merengue*. Es un ritmo rápido, que se danza muy libremente y que, según dicen, incluso el *obispo°* lo baila, aunque en privado. Pero no es la única música dominicana ni, probablemente, la de origen más popular. Se supone que es un ritmo mestizo de *sones°* africanos, habaneras y *pasodoble°* hispano. Lo popular está más presente en *la bachata*, un ritmo más *cadencioso°* que el merengue, más sensual y cuyas letras son *atrevidas°*, a veces de tonos *soeces°*, y en las que se narran historias de *borracheras°*, de muertes pasionales, de *celos°* y de infidelidades. Las protagonistas suelen ser mujeres traidoras y los hombres los sufridores del caso. La orquesta dominicana por excelencia es el *perico ripiao*, grupos de músicos y cantores que interpretan sus merengues y bachatas en fiestas populares y en la calle. Pueden usar varios instrumentos y el número de músicos es indeterminado. Pero el *perico ripiao* básico lo forman tres: el acordeón, la tambora y la güira, este último una especie de rascador. La música dominicana ha encontrado su *intérprete°* más feliz en Juan Luis Guerra, quien mezcla en sus canciones salsa, merengue y, por supuesto, bachata.

Extraído de *Viajar*, España, 1994

bishop

*rhythms; Spanish two
step; rhythmical
daring, racey; crude
drinking bouts; jealousy*

performer

Actividades de comprensión

A Empareje la palabra en la columna A con la definición correspondiente de la columna B.

A	B
Los taínos	La capital del país, fundada en 1502
Cristóbal Colón	Grupos de músicos y cantores ambulantes
Santo Domingo	Música con un ritmo cadencioso y sensual
Sir Francis Drake	Cantante dominicano
Joaquín Balaguer	Una piedra semipreciosa
El ámbar	Descubrió la isla en 1492
Juan Luis Guerra	El baile más popular de la República Domi-
La juerga nocturna	nicana
El merengue	Gobernó el país desde 1966 a 1996
La bachata	Los originales habitantes de la isla
El perico ripiao	Saqueó Santo Domingo en 1586
	Bailar y tomar ron en las discotecas

B Sus amigos van al Caribe para su luna de miel pero no saben si quieren ir a la República Dominicana o no. Basándose en la lectura, deles diez razones por las cuales deben elegir ese lugar.

C **¿Cómo está su memoria?** Sin mirar la lectura, rellene la tabla con algunos datos esenciales sobre la República Dominicana relacionados con cada tema.

Música y baile

_____

_____

_____

Historia

_____

_____

_____

Política

_____

_____

Geografía

_____

_____

Alojamiento

_____

_____

Compras

_____

_____

Actividades de expansión en la Red electrónica

Busque información sobre los siguientes temas en la Red y tráigala a la clase. Incluya las direcciones de las páginas e imprima la información.

1. Busque información sobre un parque natural que hay en el Caribe. Un buen sitio para encontrar una lista de parques importantes es en la página web de *UNESCO World Heritage Sites.* ¿Cuáles son los recursos naturales de cada zona que hay que proteger? ¿Cuáles son las amenazas más importantes para el parque? ¿Qué recomiendan los científicos que hagamos para salvar la naturaleza?

2. Busque información sobre las oportunidades para hacer ecoturismo en el Caribe. Escriba un resumen de los viajes más interesantes y explique cuál haría Ud. y por qué.

3. Ud. quiere planificar un viaje a un país del mundo hispano utilizando la Red. Después de elegir su destino, para cada uno de los siguientes preparativos, busque una página web en español donde se pueda...
   • reservar una habitación
   • buscar horas de salida y llegada de vuelos
   • imprimir un mapa de la ciudad donde Ud. se va a alojar
   • ver las atracciones que ofrece el lugar

4. A Ud. le toca hacer una presentación de la música caribeña a la clase. Busque información sobre el merengue, la salsa, la bachata... y en grupo preséntenla a la clase. Vayan a la sección de música latina en una tienda de discos de su barrio o a la biblioteca de su universidad para encontrar ejemplos de la música y pónganla para que todos bailen en la clase.

5. Para acompañar a la presentación de música caribeña, a Ud. le toca preparar un menú de platos típicos caribeños. Traiga fotos y explique los pasos y los ingredientes necesarios para preparar las diferentes comidas y bebidas. Si se anima, en grupo, divídanse y prepárenlas para saborearlas mientras todos bailan a la música caribeña.

El comercio internacional y el futuro

En este capítulo se explicará el papel de los países hispanos en el comercio internacional. También se hablará del futuro del mundo hispano en cuanto a los bloques comerciales, la mujer hispana y la lengua castellana. Este capítulo servirá como repaso general para terminar el curso.

Temas relacionados con los negocios

- La integración económica regional de las Américas
- Los bloques económicos mundiales
- Las zonas de libre comercio

Vocabulario temático

- El comercio internacional

Temas culturales

- El papel de la mujer en el mundo corporativo
- La influencia del inglés en la lengua castellana

Gramática esencial

- Otros usos del subjuntivo
- Actividades de repaso general

¡Exploremos por video!

- «El papel de la mujer»

¡Escuchemos!

- Entrevista final

P A S O S   D E   I N I C I A C I Ó N

Antes de leer

El siguiente artículo, escrito por el Asesor del Despacho del Ministro de Comercio Exterior de Costa Rica, resume la creación e impacto futuro del ALCA, un Área de Libre Comercio de las Américas. ¿Por qué cree Ud. que los Estados Unidos fue el país que inició la construcción de una zona de libre comercio en las Américas? Algunos latinoamericanos se preguntan por qué EE.UU. ahora tiene tanto interés en formar un bloque de los 34 países democráticos en las Américas. ¿Podría Ud. pensar en algunos de los motivos que tendría EE.UU. para crear tal bloque?

Estrategias de comprensión

Otro truco para mejorar su comprensión del español escrito es hojear *(skim)* rápidamente el texto que lee. Lea la primera oración de cada párrafo para sacar una idea de lo que trata el artículo y de su organización. Apunte los temas que cree que van a aparecer en la lectura.

Mientras lee. Subraye todas las siglas que aparecen en la lectura y apunte su significado. También, escriba la importancia de las siguientes fechas:

- diciembre de 1994
- año 2005
- octubre de 1993
- década de los 90

I. Lectura

La integración económica regional y los Estados Unidos

En diciembre de 1994, en la llamada **Cumbre** de las Américas o Cumbre de Miami, la idea de un **Área** de Libre Comercio de las Américas (ALCA) fue oficialmente lanzada por los Jefes de Estado de 34 países del Hemisferio Occidental, los cuales resolvieron iniciar inmediatamente la construcción de una zona de libre comercio. Adicionalmente, los **mandatarios** acordaron que las negociaciones del ALCA debían concluir no más allá del año 2005.

Las nuevas circunstancias comerciales presentes en Latinoamérica desde principios de los años noventa, jugaron un papel preponderante en la decisión de construir una zona de libre comercio en el hemisferio. Dos situaciones **so-**

bresalen dentro de este proceso de **acercamiento** entre los países vecinos: por un lado, se implementaron una serie de reformas económicas de manera unilateral por cada uno de los países; y por el otro, los gobiernos autoritarios que caracterizaban la región en las décadas anteriores fueron reemplazados por gobiernos democráticos, ocasionando mayor homogeneidad política y facilitando los esquemas integracionistas.

En el momento de la Cumbre de Miami, 34 de los 35 gobiernos del hemisferio habían llegado al poder mediante elecciones democráticas. Por primera vez en muchos años, prevalecía en la región una estructura democrática que representaba el soporte fundamental en el contexto regional. Esta nueva era de reformas políticas y democráticas en el hemisferio constituía un elemento de importancia no sólo para los países latinoamericanos y del Caribe, sino también para los Estados Unidos, debido a que el éxito o fracaso de estas nuevas formas de gobierno afectaban las futuras relaciones entre los países. En este sentido, el ALCA representa un camino **idóneo** para reforzar las **nacientes** democracias en América y apoyar el imperativo de **apertura** de las naciones a la economía mundial.

La Declaración de Miami y el acuerdo de construir una zona de libre comercio para el año 2005 fue recibida por los países latinoamericanos y caribeños como un **acontecimiento** de cambio en las relaciones comerciales hemisféricas. Se realizaron algunos cuestionamientos en la región, especialmente referidos a los verdaderos motivos de este cambio. Existen algunas hipótesis que explican este interés de los EE.UU. hacia la integración comercial en las Américas.

Primero, esta iniciativa constituye una respuesta efectiva a las estrategias regionales en Europa y el Sudeste Asiático, en una era en la que existe una marcada tendencia de la economía mundial a dividirse en tres grandes bloques. Las relaciones económicas a nivel internacional han evolucionado hacia la formación de estos bloques regionales, lo cual ha influenciado las relaciones en el Continente Americano. De la misma forma como el comercio europeo es dominado por los países de la Unión Europea y el comercio asiático es dominado por Japón, EE.UU. constituye el principal exportador en las Américas.

Adicionalmente, la idea de crear un Área de Libre Comercio del Sur (SAFTA), lanzada por Brasil en octubre de 1993, constituía un importante elemento a considerar en la elaboración de la política regional estadounidense y su deseo de expandir su influencia sobre NAFTA a través del Hemisferio. El SAFTA buscaba para el año 2005 liberalizar el comercio de más de 80% de los bienes intercambiados en la región, un mercado demasiado grande para ser ignorado por los EE.UU. Esta idea produjo una presión en este país para materializar la Iniciativa para las Américas. El ALCA le garantizaba un papel preponderante en los esfuerzos de integración regional y una posición mucho más confortable que la que hubiera tenido con una zona comercial que **abarcara** solamente la parte sur del hemisferio.

Segundo, EE.UU. es el principal exportador de bienes y servicios hacia América Latina y el Caribe. Un área de libre comercio hemisférica **conlleva** la posibilidad de que sus exportaciones tengan acceso privilegiado en el mercado regional, el cual ha mostrado un importante crecimiento y una sólida preferencia por los productos norteamericanos. En la década de los 90, los países latinoamericanos y caribeños se convirtieron en el mercado regional de más rápido crecimiento para los productos de EE.UU., representando un sexto del incremento total en sus exportaciones.

Como tercer argumento, un acuerdo de libre comercio presenta la posibilidad de obtener acuerdos y concesiones recíprocas. Los Estados Unidos tendrán la posibilidad de incluir en la agenda regional áreas que no han sido tratadas con mayor amplitud a nivel multilateral como medio ambiente y derechos laborales.

En el cuarto lugar, debe mencionarse que el ALCA **sienta las bases** para lograr un acercamiento mayor en las relaciones diplomáticas y en la cooperación entre los países de la región. Es un hecho que la expansión comercial entre las naciones contribuye al mejoramiento de las relaciones políticas y disminuye los problemas que de ellas puedan derivarse. Debido a ello, una zona de libre comercio produciría un crecimiento en la cooperación entre los países y desarrollaría un elemento fundamental para asegurar la cooperación en temas de importancia para los EE.UU. como derechos humanos, drogas, lavado de dinero, migraciones, etc. Los 34 países firmantes de la Declaración de Miami, representan una fuerza política considerable en cualquier **foro** mundial, que podría traducirse en un **caudal** de votos importantes y en un apoyo significativo en cualquier negociación a nivel global.

Fernando Ocampo Sánchez, Asesor del Despacho del Ministro de Comercio Exterior de Costa Rica

II. Vocabulario activo

Sustantivos

el **acercamiento** *getting closer*
el **acontecimiento** *event*
la **apertura** *opening*
el **área**/un **área** (f) *area*

el **caudal** *source*
la **cumbre** *summit*
el **foro** *forum*
el **mandatario** *official*

Verbos

abarcar *to encompass, to contain*
conllevar *to imply, to afford*

sobresalir *to stand out*

Adjetivos y adverbios

idóneo *ideal*

naciente *newly established*

Expresiones

sentar las bases *to set the foundation*

A **¿Verdadero o falso?** ¿Son verdaderas o falsas las siguientes oraciones según la información presentada en la lectura? Si la oración es falsa, corríjala.

1. Pocos países de Latinoamérica han tenido elecciones democráticas recientemente.
2. La Unión Europea es el principal exportador de bienes y servicios hacia América Latina y el Caribe.
3. El ALCA tendrá un impacto diplomático favorable entre los países miembros.
4. Los EE.UU. apoya la creación del ALCA para que pueda mantener su influencia y poder en el Bloque Asiático.
5. La cooperación entre los EE.UU. y Latinoamérica para resolver los problemas de las drogas, los derechos humanos y el lavado de dinero se disminuirá con la creación del ALCA.
6. La Unión Europea, Japón y los Estados Unidos dominan sus respectivos bloques comerciales.

B **Vocabulario.** Lea la definición y busque la palabra correspondiente en la lectura.

1. recién formado
2. destacarse
3. un suceso
4. formación

5. era
6. reunión de varios países
7. fuente
8. ideal
9. grupo de países con intereses en común
10. auge, aumento

C Complete las oraciones con la información que aparece en la lectura.

1. Las siglas del ALCA significan...
2. Dos situaciones que jugaron un papel preponderante en la decisión de construir una zona de libre comercio en el hemisferio fueron...
3. SAFTA fue creado porque...
4. Un acontecimiento importante en los años noventa fue...
5. En los últimos años, la democracia en Latinoamérica...
6. Algunas hipótesis que explican la razón por la cual los EE.UU. desea construir una zona de libre comercio en el hemisferio son...
7. Algunas consecuencias sociales del ALCA serán...
8. Algunas consecuencias diplomáticas del ALCA serán...

D **Impresiones personales.** El desarrollo de una zona de libre comercio significará beneficios tanto para Latinoamérica como para los Estados Unidos. En su opinión, ¿cuáles serán los beneficios para los dos en cuanto a los siguientes temas?

	Beneficios para Latinoamérica	*Beneficios para los Estados Unidos*
La democracia		
Las exportaciones/importaciones		
El medio ambiente		
Los derechos laborales		
La diplomacia		

¿Sabía Ud....?

¿Qué sabe Ud. de la situación de la mujer en el mundo corporativo hispano? El artículo siguiente trata de la situación de las mujeres ejecutivas en México. Antes de leer, complete cada frase con la información o palabra correcta.

1. La llegada de la mujer al mundo laboral empezó **hace mucho/recientemente.**
2. En México, **10%/35%/75%** de las mujeres trabajan en el mercado laboral.
3. **Hay/No hay** un denominador común para caracterizar a la mujer ejecutiva.
4. **Existe/No existe** el llamado "techo de cristal" en México.
5. En los próximos años, las mujeres constituirán **más/menos** de 50% del total de la masa laboral.

¿Cree que existe un techo de cristal en todos los campos profesionales?

Antes de leer

A ver si puede adivinar lo que significan las palabras en cursiva del texto escogiendo una de las palabras en paréntesis.

1. Es una persona muy nerviosa y siempre habla de una manera *titubeante*. (decisiva/indecisa)
2. Hay un *enjambre* de personas en los centros de las ciudades. (una multitud/pocas)
3. Las mujeres ejecutivas han tenido que mostrar gran *astucia* para tratar con las demandas laborales y de casa. (inteligencia/ignorancia)

4. En el *ámbito* laboral la llegada de las mujeres es reciente. (área/fenómeno)
5. Las investigaciones son tan pocas que *están en pañales.* (nuevas/viejas)
6. La mujer no puede acceder a algunos puestos *pese a* contar con las mismas calificaciones. (también/a pesar de)
7. La *jerarquía* del trabajo está dividida entre los puestos más altos y más bajos de la empresa. (distinción de valores/distinción de gustos)
8. Sólo 63 mujeres están en empresas importantes de real *envergadura.* (prestigio/desprestigio)
9. Los productos de *hule* son muy importantes en los deportes acuáticos porque son impermeables. (plástico/goma)
10. Las minas de hierro y el acero son muy importantes en la *siderurgia.* (industria de cosméticos/industria de los metales)

MUJERES EJECUTIVAS: A LA MITAD DEL CAMINO

Algunas se intimidan frente a una grabadora y una cámara fotográfica; otras se expresan resueltas y acostumbradas al hablar fácil y elocuente. Están las de vestir sofisticado y las de zapatones industriales y bata blanca, las decididas y las titubeantes, las tímidas y las aguerridas. No hay, en fin, un denominador común para caracterizar, a simple vista, a este enjambre de mujeres ejecutivas, vanguardia femenina en esto de tomar decisiones en compañías muy importantes en México.

Sin embargo, si se profundiza un poco, es posible advertir que en todas ellas se replican denodados y persistentes esfuerzos por llegar a los puestos que ocupan—"nadie está acá por su linda cara", indica más de una—, gran cariño por lo que hacen, un compromiso a toda prueba, valor y astucia para sortear las dificultades cotidianas, incuestionable responsabilidad, y sueños, algunos convirtiéndose en realidad y muchos otros reposando en el baúl de sus fantasías, producto del precio —a veces muy alto— que han debido pagar por convertirse en lo que son.

En el México que despunta hacia el nuevo milenio [artículo del año 1998], la inserción de la mujer en el mercado laboral es un fenómeno relativamente nuevo. Mientras en los años 60 se registraban dos millones de mujeres que trabajaban, para 1996 esta cifra ascendía a 12 millones, con una tasa de participación del 35%.

Lydia Camarillo fue la primera latina en desempeñar un papel importante en la Convención Nacional Democrática.

Datos de la Secretaría de Trabajo revelan que en los próximos años las mujeres llegarán a constituir el 50% del total de la masa laboral.

Dentro de este panorama, la existencia de mujeres en ámbitos ejecutivos es aún más novedoso, tal vez por el acceso también tardío a los estudios superiores.

En cualquier caso, las investigaciones y estadísticas sobre el ámbito ejecutivo apenas están en pañales, apunta María Guadalupe Serna, maestra en Estudios Latinoamericanos para la Universidad de Texas. La también profesora de la Universidad Iberoamericana (UIA), quien realiza su tesis de doctorado en Ciencias Sociales sobre mujeres empresarias, indica que, aun así, estudios realizados en Estados Unidos, Canadá y la Unión Europea —con dos décadas de ventaja en cuanto a los registros— han demostrado que existen niveles a los cuales la mujer no puede acceder, pese a contar con las mismas calificaciones profesionales que los hombres. Incluso, advierte, dichas investigaciones dan cuenta de una discriminación por género: mujeres con igual posición y trayectoria profesional que los hombres ganan menos que éstos.

Serna explica que se ha llamado "techo de cristal" al límite para acceder a la jerarquía corporativa. "Es un obstáculo que las mujeres perciben, pero que el resto de la gente no ve y no es posible tampoco describir las exigencias o las especificaciones requeridas por los ejecutivos que ocupan los puestos más altos de la jerarquía. Todo el mundo puede percibir, eso sí, que hay un punto de la estructura administrativa del que las mujeres no pasan, pero no hay razones de peso para justificar este hecho."

En un intento, realizado por *Expansión* en el año 1997, por rastrear a las ejecutivas de "Las 500 empresas más importantes de México", se encontró que existen 208 mujeres con cargos de responsabilidad distribuidas en 176 compañías. Sólo 63 están en empresas de real envergadura, nada más tres son directoras generales y sólo una de ellas se desempeña en una de las 250 empresas más importantes del país (las restantes, en compañías ubicadas entre los lugares 300 y 450); tres están en el área de producción, ocho en planeación, 11 en comercialización, 16 en finanzas y 19 en informática. El resto dirige las áreas de recursos humanos, mercadotecnia, compras y administración. En cuanto a los giros, su presencia es prácticamente nula en minería y petróleo, bebidas, farmacéutica, productos de hule, almacenamiento, finanzas, y siderurgia, entre otros.

Extraído de *Expansión*. México, 1998.

La situación de la mujer ha cambiado mucho durante las últimas décadas en muchas partes del mundo. A continuación, Ud. leerá algunas estadísticas sobre la situación de la mujer estadounidense. Basándose en esa información y la del artículo, escriba un párrafo comparando la situación laboral de la mujer mexicana y la estadounidense.

PRÁCTICAS

Algunas estadísticas sobre la mujer estadounidense	
Número de mujeres que trabajaban en 1960	23 millones
Número de mujeres que dirigen las 500 empresas más importantes del país	3
Porcentaje de los cargos de responsabilidad en las 500 empresas más importantes del país ocupados por mujeres	11.9%
Porcentaje de mujeres que trabajaron a tiempo completo en 1998	72%

¡EXPLOREMOS POR VIDEO!

La mujer hispana: "El papel de la mujer"

Vocabulario útil del video

el ama (f) de casa *housewife*
las amistades *friends*
la clase alta/media *upper/middle class*
crecer (crezco) *to grow*
desafortunadamente *unfortunately*
desgraciadamente *unfortunately*
el/la disquero/a *disc jockey*
el hogar *home*

el/la lavandero/a
laundryman/laundress
imponer *to impose*
el machismo *male chauvinism*
la niñera *nursemaid*
el papel *role*
los quehaceres domésticos
household chores

Nota cultural
Nunca se ha referido conmigo eso significa dentro del contexto: **Nunca me han echado eso en cara.** (*I've never been reproached for that.*) Amalia Barreda, chicana, usa **referir,** que en México significa echar en cara.

A **¿Quién dijo eso?** Identifique quién hizo los siguientes comentarios en el video. Escriba **AB** (Amalia Barreda), **LR** (Larissa Ruize) o **CG** (Chata Gutiérrez) al lado de las oraciones.

_____ 1. Nunca he tenido dificultades por ser mujer hispana en mi profesión.

_____ 2. Yo tuve padres que insistieron [en] que la educación era muy importante.

¿Cómo ha cambiado el papel de la mujer latina en los últimos años?

_____ 3. Yo digo que hay que darles material... y hay que darles las mismas oportunidades.

_____ 4. El papel de la mujer sigue siendo el de primero madre, esposa y ama de casa.

_____ 5. El machismo es un sentimiento que llevan todos los dominicanos muy adentro aunque sean hombres o sean mujeres.

_____ 6. Este ambiente sí ha sido dominado por los hombres.

_____ 7. Yo sé que me dieron trabajo cuando yo empecé en San Francisco en el canal cinco porque era mujer y era mujer hispana.

B Rellene los cuadros con la información presentada en el video.

Nombre	País de origen	Trabajo	Opinión
Larissa Ruize		estudiante	
Amalia Barreda			
Chata Gutiérrez	EE.UU.		

C Escriba un ensayo de tres párrafos expresando su opinión sobre lo siguiente. ¿Cree que existe el machismo en la sociedad de EE.UU.? ¿Dónde es más aparente? ¿Cómo está cambiando el papel de la mujer en nuestra sociedad? ¿Qué hace una mujer hoy en día que no hacía antes? ¿Todavía existe el techo de cristal?

E S T R U C T U R A S   F U N D A M E N T A L E S

Repaso gramatical
■ ■ ■

I. Otros usos del subjuntivo

A. Para que. Se usa en oraciones que expresan una relación de causa y efecto cuando hay un cambio de sujeto. Si no, se usa sólo **para** + infinitivo.

Ejemplos: Los países miembros participan en ALCA *para mejorar* sus economías.
The member nations participate in ALCA in order to improve their economies.
También participan *para que se mejoren* las relaciones diplomáticas.
They also participate so that diplomatic relations improve.

B. Como si. Esta expresión es usada para expresar algo contrario a la realidad o para indicar sospecha, y es siempre seguida por el imperfecto de subjuntivo o el pluscuamperfecto de subjuntivo.

Ejemplos: Ese hombre actúa *como si fuera* millonario. (contrario a la realidad)
That man acts as if he were a millionaire.
Mi tía se siente joven, *como si tuviera* veinte años. (contrario)
My aunt feels young, as if she were twenty years old.

El agente de aduana le mira como si llevara algo ilegal en la maleta.

C. Cuando. Si se refiere a una acción realizada o rutinaria, **cuando** es seguido por una forma del indicativo y se usa la construcción: **(indicativo + indicativo)**

Ejemplos: Cuando *llegan* los turistas los hoteles *se llenan.*
When the tourists arrive the hotels fill up.
Cuando *llegaban* los turistas los hoteles *se llenaban.*
When the tourists arrived the hotels would fill up.
Cuando *llegaron* los turistas los hoteles *se llenaron.*
When the tourists arrived the hotels filled up.

Si se refiere a una acción futura, sin realizar, es necesario usar una forma del subjuntivo inmediatamente después de **cuando.**

Ejemplos: Cuando + (presente de subjuntivo) + (futuro) (probable)
Cuando *lleguen* los turistas los hoteles *se llenarán.*
When the tourists arrive the hotels will fill up.
Cuando + (imperfecto de subjuntivo) + (condicional)
Cuando *llegaran* los turistas los hoteles *se llenarían.*
When the tourists came the hotels would fill up.

Otras conjunciones temporales como **cuando** son:

antes (de) que *before*	**hasta que** *until*
después (de) que *after*	**mientras (que)** *while*
en cuanto *as soon as*	**tan pronto como** *as soon as*

PRÁCTICAS

A **Para que.** Siguiendo el ejemplo, un/a estudiante formulará la pregunta y su pareja la contestará dando una razón para cada caso.

Ejemplo: ¿los estudiantes/ahorrar dinero?
¿Por qué ahorran dinero los estudiantes?
Los estudiantes ahorran dinero para que puedan salir los fines de semana.

1. tú/trabajar
2. el profesor/hablar despacio
3. los jefes/tener reuniones semanales
4. las compañías/hacer publicidad
5. los candidatos al trabajo/vestirse bien
6. las empresas/ofrecer incentivos
7. yo/estudiar el español
8. nosotros/sacar una carrera

B **Como si.** Termine las frases con una forma del imperfecto o pluscuamperfecto de subjuntivo.

Ejemplos: Las chicas de hoy se visten como si *fueran modelos.*
Los italianos conducen como si *hubieran tomado mucho café.*

1. Los taxistas de Nueva York manejan como si...
2. La comida en la cafetería parece como si...
3. Mi amigo se viste como si...
4. Los padres de mi mejor amigo/a me tratan como si...
5. Los jóvenes de hoy actúan como si...
6. Mis padres me hablan como si...

C **Conjunciones temporales.** Siguiendo el ejemplo, un/a estudiante formulará la pregunta y su pareja la contestará.

Ejemplo: ¿tan pronto como/graduarse?
¿Qué piensas hacer tan pronto como te gradúes?
Pienso mudarme a San Francisco tan pronto como me gradúe.

1. ¿cuando/tener las próximas vacaciones?
2. ¿cuando/acabar los exámenes finales?
3. ¿tan pronto como/ganar suficiente dinero?
4. ¿en cuanto/encontrar un trabajo?
5. ¿antes de que/casarse?
6. ¿después de que/terminar el semestre?
7. ¿mientras que/ser joven?
8. ¿tan pronto como/conocer a tu media naranja?

II. Los pronombres relativos

Los pronombres relativos sirven para no repetir una palabra que ya ha aparecido antes en la oración. Se llama el antecedente. También los pronombres relativos sirven para juntar dos oraciones en una.

Ejemplo: La fiesta fue en casa del Embajador. La fiesta fue espectacular.
La fiesta *que* fue en casa del Embajador fue espectacular.

El significado cambia con el uso de una coma. La información entre las comas es adicional. En inglés comunica *by the way*.
La fiesta, que fue en casa del Embajador, fue espectacular.

• **QUE**   Es el pronombre relativo más usado. Es invariable. No tiene género y es usado para la forma singular y plural. Se refiere a personas y objetos. Cuando se refiere a personas, sólo admite la preposición **a**. Significa en inglés *that* o *who*.

Te escribí una carta. Mandé la carta ayer. (la carta = antecedente)
Te escribí una carta *que* mandé ayer.

Un cliente llegó a las diez. El cliente quería hablar con Ud.
El cliente *que* llegó a las diez quería hablar con Ud.

• **QUIEN/QUIENES**   Siempre se refiere a personas.

¡OJO!

No se puede usar cuando el antecedente está inmediatamente delante sin una coma o una preposición. Significa en inglés *who*.

La secretaria, *quien* mandó el fax, no vino hoy a trabajar.
Conocí al cliente *con quien* vamos a trabajar.

El cliente *que* tenía una cita a las 12 no puede llegar hoy.
"El cliente quien tenía..." **NO ES CORRECTO**

• **CUAL/CUALES** Siempre va acompañado del artículo definido (el, la, los, las). Puede ser sustituido por la palabra **que** en el habla coloquial. Significa en inglés *which*.

Ayer montaron la campaña publicitaria de *la cual* te hablé. (más formal)
Ayer montaron la campaña publicitaria de *la que* te hablé. (más informal)

Ejemplos: Pronombres relativos referidos a personas
El importador *que* conocimos ayer es ecuatoriano.
El importador *a quien* conocimos ayer es ecuatoriano.
El importador *al cual* conocimos ayer es ecuatoriano.
La importadora *a la cual* conocimos ayer es ecuatoriana.
Los importadores *que* conocimos ayer son ecuatorianos.
Los importadores *a quienes* conocimos ayer son ecuatorianos.
Los importadores *a los cuales* conocimos ayer son ecuatorianos.
Las importadoras *a las cuales* conocimos ayer son ecuatorianas.

• **CUYO/CUYA/CUYOS/CUYAS** Nunca lleva artículo y tiene función de adjetivo. Concuerda con el segundo sustantivo, no el primero. Tiene valor posesivo y es usado en el habla formal. En inglés significa *whose*.

Los países miembros, *cuyas poblaciones* suman más de 110 millones, tienen un poder adquisitivo alto.
Quisiera visitar las Islas Galápagos, *cuya fauna* es única en el mundo.

 **PRÁCTICAS** **A** Cambie las oraciones sustituyendo **que/donde** por una forma de **cual.**

Ejemplos: Compramos instrumentos musicales andinos *que* fueron hechos por los aymara.
Compramos instrumentos musicales, *los cuales* fueron hechos por los aymara.

1. La casa en que vivo se construyó en el siglo pasado.
2. El cóndor andino que se encuentra mayormente en Ecuador suele vivir en las altitudes elevadas.

3. Mi hermano trabaja en una compañía que se dedica a la publicidad internacional.
4. El hotel en que nos alojamos fue muy cómodo.
5. Las carreteras por donde vinimos eran muy peligrosas.

B Junte las dos oraciones con una forma de **cuyo**.

Ejemplo: Los dueños estaban de vacaciones. Su fábrica fue destruida por una bomba.
Los dueños, cuya fábrica fue destruida por una bomba, estaban de vacaciones.

1. Cada producto lleva sus propias regulaciones con instrucciones. Estas instrucciones regulan el envase, la etiqueta, los ingredientes...
2. El propietario de la empresa es licenciado en Derecho. Sus padres son abogados.
3. Leí una revista ecuatoriana. No recuerdo el título.
4. Compré un nuevo monitor. La pantalla mide 17 pulgadas.
5. Visité la ciudad inca de Machu Picchu. Existen edificios de piedras labradas.

C Utilice una forma de **que/cual/cuales/quien/cuyo** en los espacios.

1. Vino el agente por _____ preguntabas.
2. Conocí al arquitecto _____ edificios ganaron premios internacionales.
3. Las chicas a _____ llamamos van a llegar tarde.
4. Gabriel García Márquez, _____ obras son reconocidas mundialmente, nació en Colombia.
5. El pueblo en _____ yo nací tiene una población de 4.000 habitantes.
6. El bloque comercial cuenta con 5 países miembros _____ habitantes tienen un poder adquisitivo de unos 150 mil millones de dólares.

III. Actividades de repaso general

A Ud. ha pasado varios meses en España trabajando en una empresa. Ahora tiene que volver a los Estados Unidos para seguir los estudios. Elija la(s) palabra(s) correcta(s) para completar la conversación entre el/la jefe/a y Ud.

UD.: Bueno, mañana **fue/será** mi último día. Es una lástima que yo no me **puedo/pueda** quedar aquí más tiempo. Lo **he pasado/pasaré** fenomenal. Desde el primer día, Uds. **han sido/serían** tan amables conmigo. Se lo agradezco muchísimo.

JEFE/A: El tiempo **pasa/pasará** volando, ¿verdad? Parece que acabas de **llegar/llegando,** pero ya **has estado/estuviste** aquí cinco meses. Espero que **has/hayas** aprendido mucho. ¡Una cosa sí, tu español **mejoró/ha**

mejorado muchísimo! Antes, **tenías/tuviste** un acento bastante fuerte pero ahora **hablas/hablabas** de maravilla. Es increíble como **hayas/has** podido dominar el español en tan poco tiempo.

UD.: Gracias. Me **gusta/gustaría** invitarles a tomar unas tapas después del trabajo mañana si les parece bien. Las tapas son una de las cosas que **echo/echaré** de menos cuando **esté/estoy** otra vez en los Estados Unidos.

JEFE/A: Me parece muy bien. Y nosotros queremos llevarte a comer al mediodía así que no **haces/hagas** otros planes, ¿vale? ¡Y no **lloras/llores** mañana tampoco! ¡Ya nos **vimos/veremos** en el futuro!

UD: ¡Vale! ¡**Intento/intentaré** no llorar!

B El uso del inglés es muy extendido en el mundo de los negocios internacionales. Es un tema polémico para muchos. Ud. verá cuando lea el artículo a continuación que el uso de algunos términos en inglés a veces tiene sentido en un mercado global. Complete la lectura con la forma correcta del verbo entre paréntesis. ¡Cuidado con los tiempos verbales!

EL INGLÉS DEFINE MEJOR LAS COMPETENCIAS

En algunas multinacionales los cargos en inglés se _____ (utilizar) para funciones tan específicas que fuera del sector muy pocos conocen en qué _____ (consistir) exactamente el puesto. Éste es el caso del *key account para built in*, propio del sector de los electrodomésticos. Ricardo Aguilar _____ (ocupar) este cargo en la firma Electrolux España y _____ (explicar) "que se trata de una terminología muy específica del sector. La traducción literal del cargo que ocupo _____ (ser) *director comercial de producto integral,* pero en el caso de Electrolux no se utiliza porque somos una multinacional sueca con presencia en todo el mundo. Normalizar los cargos directivos en inglés —los demás están en español— sirve, por tanto, para _____ (facilitar) nuestra integración en el grupo. Si tuviera que asistir a una feria como Expoocio, orientada a un sector amplio de la población, no _____ (tener) sentido que diese una tarjeta en la que figurase este cargo. Pero a nivel europeo, que es donde más _____ (moverme), resulta muy práctico. De esta forma, mis interlocutores, que conocen perfectamente las funciones que implican mi cargo, _____ (saber) mejor cuál es mi terreno y, por tanto, mis limitaciones, mi margen de maniobra".

Extraído de *Emprendedores,* 2000

C En pareja, contesten las siguientes preguntas personales. ¡Cuidado con la gramática!

1. Ahora que Uds. están acabando otro semestre de español, ¿creen que es bueno que la gente estudie idiomas extranjeros? ¿Por qué (no)?
2. ¿Qué recomiendan Uds. que hagan los estudiantes para sacar buenas notas en esta asignatura? ¿Es necesario que vengan a clase todos los días y que hagan la tarea?
3. Antes de empezar el semestre, ¿cómo pensaban Uds. que iba a ser la clase? ¿Difícil? ¿Fácil? ¿Aburrida? ¿Interesante? ¿Qué opinan ahora?
4. Si pudieran repetir el semestre, ¿qué harían Uds. de otra forma? ¿Estudiarían más? ¿Buscarían un/a tutor/a? ¿Harían todo igual?
5. ¿Estudiarán el español el próximo semestre? Si no, ¿qué estudiarán? ¿Cómo podrán practicar el español?
6. ¿Cómo ha mejorado su español este semestre? ¿Qué pueden Uds. decir ahora que no podían antes? ¿Han aprendido a hablar, escribir y entender mejor?
7. ¿Es importante que los estudiantes de su especialización estudien el español? ¿Por qué (no)?

ACTIVIDADES COMUNICATIVAS

I. ¡Escuchemos!

Escuche las siguientes preguntas y apúntelas en las líneas. Después, grabe sus respuestas en una cinta y entréguesela a su profesor/a. ¡No lea sus respuestas! Intente contestar las preguntas espontáneamente.

1. _____
2. _____
3. _____
4. _____
5. _____
6. _____
7. _____
8. _____
9. _____
10. _____

II. Prácticas orales

Proyectos finales. En grupos de dos o tres, elijan uno de los siguientes temas para su proyecto final del semestre. Recuerden que el objetivo del proyecto es mostrar su comprensión de la gramática y del vocabulario en contextos reales.

A Creen un programa de noticias, en video si pueden, que incluya lo siguiente:

ARTÍCULO O SEGMENTO	GRAMÁTICA QUE DEBEN INCLUIR
1. un suceso	pretérito, imperfecto, pluscuamperfecto
2. un "editorial"	subjuntivo, condicional
3. el pronóstico del tiempo, de la bolsa, de un mercado nuevo	pretérito perfecto, presente simple, futuro simple
4. un anuncio de un producto/ servicio	mandato formal, subjuntivo

B Hagan una presentación de un producto nuevo que Uds. han desarrollado. Usen visuales como transparencias y otros gráficos e incluyan:

SEGMENTOS	GRAMÁTICA QUE DEBEN INCLUIR
1. historia del producto	pretérito, imperfecto, pluscuamperfecto
2. funcionamiento del producto	**se** impersonal o mandato formal
3. el estado del mercado ahora y en el futuro	presente perfecto, presente simple, futuro simple
4. razones por las cuales los clientes deben comprar/ pedir el producto	subjuntivo, mandato formal

C Hagan una presentación sobre uno de los países del mundo hispano. Traigan fotos, tablas, artesanía, música, etcétera para que la presentación sea interesante. Incluyan lo siguiente:

SEGMENTOS	GRAMÁTICA QUE DEBEN INCLUIR
1. la historia del país	pretérito, imperfecto, pluscuamperfecto
2. algunos datos sobre los grupos étnicos, la economía, la cultura, las costumbres, etcétera	presente simple, pretérito perfecto subjuntivo
3. el futuro del país en cuanto a la economía, la migración, la política, etcétera	futuro simple, subjuntivo
4. recomendaciones para los turistas en cuanto a las atracciones, las compras, el alojamiento, la comida, la vida nocturna	subjuntivo, mandato formal

 ## III. ¡Escribamos!

Proyecto final. Cree una colección de muestras *(portfolio)* de sus trabajos escritos. Algunas muestras pueden ser revisiones de trabajos que Ud. ha hecho en otras lecciones. Incluya un mínimo de siete cosas de la siguiente lista. Recuerde que el objetivo del proyecto es mostrar su habilidad de escribir en español, utilizando la gramática y el vocabulario correctamente.

1. Currículum vitae
2. Carta de solicitud para su trabajo ideal
3. Autobiografía
4. Anuncio para un producto o servicio
5. Carta al periódico de su universidad (quejándose de algo, resumiendo algo en el pasado)
6. Hoja de instrucciones para utilizar una máquina o producto

7. Anuncio de trabajo para su trabajo ideal (incluyendo los requisitos, lo que ofrece la empresa, forma de contacto, etcétera)
8. Pronóstico del tiempo o para algún producto o mercado
9. Carta a un cliente explicando por qué debería hacer negocios con su empresa
10. Fax a un hotel en un país hispano pidiendo información, recomendaciones, precios, etcétera

PANORAMA CULTURAL

Las influencias anglosajonas en la lengua castellana
■ ■ ■

Antes de leer

No hay duda de que el inglés es el idioma de los negocios internacionales. ¿Qué opina Ud. de este fenómeno? Si Ud. fuera de otro país, ¿qué opinaría? En muchos países como Francia y la zona francesa de Canadá, los gobiernos están tomando medidas para reducir o eliminar la influencia del inglés sobre el idioma nativo del país. ¿Qué deben hacer los países donde el inglés no es el idioma materno para mantener la pureza y asegurar el futuro de su idioma frente al inglés? ¿Qué polémicas existen en los Estados Unidos en cuanto a los idiomas? ¿Es importante tener un idioma oficial o no? Antes de leer el artículo, debata estos temas con sus compañeros de clase.

En 1999 el pequeño pueblo tejano de El Cenizo adoptó el español como su idioma oficial. ¿Cuáles son los dos lados del debate "*English Only*" en EE.UU.?

PROTOTYPE, BROKER, FUNDING, LAUNCHING... ¿EN ESPAÑOL?... ¡POR FAVOR!

Si su website sobre e-commerce se encuentra en estado de prototype avanzado, búsquese un buen business partner y algo de angel funding y prepárese para el launching mientras sueña con una IPO en Nasdaq.

¿Qué? En la medida en que el Internet se expande por el mundo, el idioma *cracks; cracks; shows* español cruje, *se resquebraja*° y por las *grietas*° *asoma*° el verdadero *amo*° de la co- *through; master* municación electrónica: el inglés técnico.

En un reciente e-mail (perdón: correo electrónico), Rodrigo Madanes, uno de tantos argentinos que intenta generar negocios en Internet, publicitó así la bús- queda de un socio y de inversionistas para su sitio: "Tengo un prototype avan- zado de proprietary technology y un business plan completo. Estoy en el proceso de buscar angel funding para este seed state del venture, con el que completaríamos el website y acompañaríamos con minimal promotion el launch en Argentina."

therefore "Estamos en la era de la globalización y *por ende*° es inevitable que por con- vención se adopte un idioma común", afirmó. Por su parte Gerardo hizo un in- *pertaining to Cervantes* tento no del todo feliz por defender la lengua *cervantina*° "Creo que si estamos creando un mercado latino, ya es tiempo que empecemos a comunicarnos en nuestro idioma para sumar más gente y agrandar la torta."

Don Quijote de la Mancha, escrita por Miguel de Cervantes, es una de las obras maestras de la literatura española. Fue publicada en dos partes (1605 y 1615) y es considerada la primera novela moderna.

Ayuda a la comunicación o moda Laura Moldes, profesora de español de la Facultad de Lenguas de la universidad privada *bonaerense*° de Belgrano, distingue entre dos tipos de *vocablos*° extranjeros: aquellos que verdaderamente ayudan a mejorar la comunicación y los que se utilizan simplemente por moda o en busca de un prestigio malentendido.

from Buenos Aires
words

"Mail, por ejemplo, ayuda a diferenciar un mensaje electrónico de un papelito que se pega en la *heladera*°. Y si digo Ventanas 95, tampoco me van a entender", afirmó.

refrigerator

Pero *rechaza*° la utilización de términos como "broker" o "sale" en lugar de corredor de bolsa u oferta.

rejects

"Me parece peligroso que un hablante nativo no se identifique con su lengua y tenga que buscar prestigio afuera", afirmó Moldes.

Un problema antiguo, la influencia del inglés en el español no es algo nuevo. Ya en la antigüedad, términos navales y bélicos como "estribor" y "guerra" se nutrieron de raíces anglosajonas. Años más tarde, el deporte y las finanzas *se encargaron*° de poblarlo de vocablos como "fútbol", "béisbol", "gol", "spread" y "rating". Siglas inglesas como IPO (la oferta pública inicial de acciones) y Nasdaq, la bolsa de Nueva York donde *cotizan*° las empresas de informática, son cada vez más corrientes.

took charge of

set a price on

Pero el *advenimiento*° del Internet llevó esa influencia a niveles y velocidad *inusitados*°. Al introducirse en millones de hogares con un producto de origen *netamente*° anglo, *plagó*° el campo latino de términos como site, e-mail, e-commerce, online y web.

arrival
unusual
clearly; plagued

Claro que la computadora, antes de conectarse al Internet, ya se había encargado de *allanar*° el camino mediante la introducción de palabras que hoy se emplean con total naturalidad, como mouse, enter, command y modem. Nuevas derivaciones, los intentos de *castellanizar*° algunos vocablos del mundo digital produjeron *engendros*° como "clickear", "búfer" y "deletear", que amenaza con desplazar al sencillo "borrar".

to level

to make more Spanish
unsuitable offspring

A su vez, el Internet *parió un hijo*°: el comercio electrónico o e-commerce. De la mano de la globalización, el e-commerce está *derribando*° bienes y servicios en todo el mundo.

bore a child
tearing down

¿Podrá la lengua de Cervantes preservar su identidad al verse *ametrallada*° por semejante *ráfaga*° de términos extranjeros que ingresan a millones de hogares cada vez que se conecta un módem?

bombarded
burst (of fire)

Sólo el paso del tiempo podrá aportar la respuesta. "Es muy temprano para saberlo", dijo la profesora Moldes. Mientras tanto, habrá que seguir cliqueando el mouse y surfeando la Web tras hacer un download del último parche de Windows.

Extraído de *El Eco de Virginia*, 2000

Actividades de comprensión

A Conteste las siguientes preguntas con oraciones completas.

1. ¿Por qué existe la controversia sobre el uso del inglés técnico en el español?
2. ¿Cómo empezó la influencia del inglés sobre la lengua española?
3. ¿Cuáles son los dos tipos de vocablos extranjeros según la profesora Moldes?
4. ¿Cómo justifica el Sr. Madanes el uso del inglés en su publicidad?
5. ¿Cómo ha cambiado la lengua española desde la introducción del Internet?

B Ud. ya ha aprendido mucho del vocabulario técnico que aparece en este artículo. Para cada palabra de origen anglosajón, escriba un sinónimo de origen castellano.

el mouse   el launching
la Web   el business partner
el e-commerce   el broker
el e-mail   el sale
deletear

C El inglés tiene muchas palabras de origen extranjero. En pareja, ¿pueden Uds. nombrar algunas palabras que vienen de otros idiomas? ¡A ver qué grupo tiene la lista más larga!

del español	del francés	del alemán	del italiano
_____	_____	_____	_____
_____	_____	_____	_____
_____	_____	_____	_____

D **¿Qué opinan Uds.?** Con un/a compañero/a, lea las siguientes situaciones. Después, decidan cómo deberían los diferentes gobiernos solucionar los problemas y por qué. ¿Conocen Uds. otros ejemplos de polémicas relacionadas con el idioma?

1. Uds. viven en Quebec y el francés es su idioma materno pero saben inglés también. Muchos negocios han empezado a utilizar el inglés en los carteles y los anuncios, incluso cuando existe la misma palabra en francés. Muchos tienen miedo de que se vaya a perder el francés si las cosas siguen así.
2. Uds. están en Miami en el barrio de *"Little Havana"*. Muchos de los empresarios hacen negocios en español principalmente, algunos porque no saben mucho inglés y otros porque su clientela es de habla hispana en su mayoría. Los carteles en las tiendas están en español y es difícil hacer una compra sin entender el español.

3. Uds. viven en un pueblo de Texas que tiene más de ochenta por ciento de habitantes de habla hispana. El alcalde ha decidido cambiar el idioma oficial al español pero los que no saben español se quejan.

E **¡El Espanglish no!** Lea el siguiente anuncio y busque un mínimo de cinco ejemplos del inglés. Después, piense en una palabra castellana que se podría usar en lugar de cada palabra anglosajona.

F **Una encuesta.** Conteste las siguientes preguntas y comparta sus respuestas con la clase.

1. ¿Por qué ha elegido Ud. estudiar el español?
2. ¿Cree Ud. que va a utilizar el español en el futuro? ¿Cómo?
3. ¿Quiere Ud. seguir estudiando el español? ¿Por qué (no)?
4. ¿Es importante en la región donde Ud. vive saber otro idioma? ¿Por qué (no)?
5. ¿Será más importante saber otro idioma en el futuro? ¿Por qué (no)?
6. ¿Utiliza Ud. (o va a utilizar) el español en su vida privada? ¿Cómo?
7. Si Ud. hace negocios con una empresa de un país hispanohablante, ¿se cree Ud. capaz de utilizar el español únicamente o prefiere que sus compañeros hispanos hablen inglés?
8. ¿Cómo ha cambiado Ud. su opinión sobre la importancia de saber otro idioma después de haber estudiado el español?

El caso de Elián mostró al mundo los fuertes sentimientos anti Castro de los exiliados cubanos en Miami.

Actividades de expansión en la Red electrónica

Busque información sobre uno de los siguientes temas en la Red y tráigala a la clase. Incluya las direcciones de las páginas e imprima la información. Prepárese para presentar la información a la clase.

- El futuro de la lengua española en los Estados Unidos
- El futuro de la mujer latina
- La inmigración de Latinoamérica a los Estados Unidos y su impacto en el futuro
- Las leyes sobre la política de *"English only"* en los Estados Unidos
- Los bloques comerciales entre Latinoamérica y otras regiones del mundo

APÉNDICE A

Reglas ortográficas y de pronunciación y división silábica

El alfabeto

Letra	Nombre	Letra	Nombre	Letra	Nombre
a	a	k	ka	s	ese
b	be	l	ele	t	te
c	ce	m	eme	u	u
d	de	n	ene	v	ve, ve corta, uve
e	e	ñ	eñe	w	doble ve, uve doble
f	efe	o	o	x	equis
g	ge	p	pe	y	i griega
h	hache	q	cu	z	zeta
i	i	r	ere		
j	jota	rr	erre		

Algunas reglas ortográficas

El español tiene un sistema de ortografía más fonética que el inglés. En general, la mayoría de los sonidos en español corresponde a una sola letra.

1. Hay unos sonidos que se pueden deletrear con más de una letra. La ortografía de las palabras que contienen estos sonidos se deben memorizar como no hay reglas para identificar la relación entre el sonido y la letra.

Sonido	Ortografía	Ejemplos
/ b /	b, v	bolsa, verano
/ y /	ll, y, i + vocal	calle, leyes, bien
/ s /	s, z, ce, ci	salsa, zapato, cena, cinco
/ x /	j, ge, gi	jardín, gente, gitano

2. Cuando hay una **i** entre vocales que no está acentuada, entonces la **i** cambia a **y**. Este cambio se ve frecuentemente en las formas verbales: **creyó, trayendo, leyeron**.

3. Generalmente, la **z** cambia a **c** antes de **e: lápiz / lápices; vez / veces; empieza / empiece**.

4. El sonido / g / se deletrea con la letra **g** antes de **a, o, u** y todas las consonantes. El sonido / g / se deletrea **gu** antes de **i** y **e**.

   garaje   gordo   gusto   Gloria   grande
   guerra   guía

5. El sonido / k / se deletrea con la letra **c** antes de **a, o, u** y todas las consonantes. El sonido / k / se deletrea **qu** antes de **i** y **e**.

   carta   cosa   curso   clase   criado
   que   quien

6. El sonido / gw / se deletrea con las letras **gu** antes de **a** y **o**. El sonido / gw / se deletrea **gü** antes de **i** y **e**.

   guapo   antiguo   vergüenza   pingüino

División de sílabas

Para dividir una palabra al final de una oración, se debe seguir las reglas de división de sílabas. Generalmente, en español se pronuncian las consonantes con la sílaba siguiente. Generalmente, en inglés se pronuncian las consonantes con la sílaba anterior.

   Inglés: A mer i ca   Inglés: pho tog ra phy
   Español: A mé ri ca   Español: fo to gra fí a

El acento principal de una palabra española se determina según las reglas de la división de sílabas. Por eso es necesario saber cómo se divide una palabra en sílabas para saber qué sílaba se acentúa o dónde se coloca el acento ortográfico.

Las siguientes reglas determinan la división de palabras españolas en sílabas.

1. La mayoría de las sílabas españolas termina en vocal.

   me-sa   to-ma   li-bro

2. Una consonante aislada entre dos vocales empieza una sílaba.

   u-na   pe-ro   ca-mi-sa

3. Generalmente, se separan dos consonantes para que la primera consonante termine una sílaba y la otra empiece la próxima sílaba. No se separan las consonantes **ch, ll** y **rr;** empiezan una nueva sílaba. Se separan **cc** y **nn.**

   par-que   tam-bién   gran-de   cul-tu-ra
   mu-cho   ca-lle   pe-rro
   lec-ción   in-nato

4. Cuando cualquier consonante menos la **s** es seguida por la **l** o la **r,** las dos consonantes se combinan para empezar una nueva sílaba.

   ha-blar   si-glo   a-brir   ma-dre   o-tro   is-la

5. Cuando hay una combinación de tres o cuatro consonantes, se dividen según las reglas anteriores. La letra **s** termina la sílaba anterior.

   cen-tral   san-grí-a   siem-pre   ex-tra-ño
   in-dus-trial   ins-truc-ción   es-cri-bir

6. Una combinación de dos vocales fuertes (**a, e, o**) forma dos sílabas.

   mu-se-o   cre-e   ma-es-tro

7. Una combinación de una vocal fuerte (**a, e, o**) y una vocal débil (**i, u**) o dos vocales débiles se llama diptongo. Un diptongo forma una sílaba.

   ciu-dad   cau-sa   bue-no   pien-sa

   OJO: Un acento escrito sobre una vocal débil (**i, u**) en combinación con otra vocal divide un diptongo en dos silábas.

   Rí-o   dí-a   Ra-úl

   Los acentos escritos sobre otras vocales no cambian la división de sílabas.

   lec-ción

Acentuación

Hay dos reglas que determinan la pronunciación de las palabras españolas.

1. Para las palabras que terminan en una consonante menos la **n** o la **s,** la sílaba tónica (*stressed syllable*) es la última.

   to**mar**   invi**tar**   pa**pel**   re**loj**   universi**dad**

2. Para las palabras que terminan en una vocal, una **n** o una **s**, la sílaba tónica (*stressed syllable*) es la penúltima (*next to last*).

clase **to**man **ca**sas
to**ma**mos cor**ba**ta som**bre**ro

3. Las palabras que no siguen estas reglas llevan un acento escrito (o tilde) sobre la sílaba fuerte.

sábado to**mé** lec**ción** **fá**cil

OJO: Las palabras con acentuación en otra sílaba que no sea la última o penúltima siempre llevan un acento escrito.

ex**plí**quemelo levan**tán**dose prepa**rár**noslos

4. Un diptongo es cualquier combinación de vocal débil (**i, u**) y una vocal fuerte (**a,e,o**) o dos vocales débiles. En un diptongo se pronuncian las dos como una sílaba dando un poquito de énfasis a la vocal fuerte (o la segunda de las dos vocales débiles).

piensa al**mue**rzo **ciu**dad **fui**mos

Se pone un acento escrito para eliminar el diptongo natural para poder oír las dos vocales.

cafete**rí**a **tí**o conti**nú**e

5. Hay ciertas palabras que se escriben y se pronuncian iguales; el acento escrito indica una diferencia de significado y uso gramatical.

a. Las palabras interrogativas y exclamativas, directas e indirectas, llevan acento escrito.

Directas	Indirectas
¿**Cómo** estás?	No sé **cómo** estás.
¿**Dónde** se paga?	Quiero saber **dónde** se paga.
¡**Qué** bonito regalo!	Ella me dijo **qué** regalo tan bonito.

b. El pronombre demostrativo lleva acento escrito excepto en la forma neutra. Hay una tendencia reciente de no escribir los acentos sobre los pronombre demostrativos pero en en *Vistas comerciales y culturales* sí se escribirán.

esta oficina	*this office*	ésta	*this one*
ese ordenador	*that computer*	ése	*that one*
aquellas cartas	*those letters*	aquéllas	*those*

c. Sólo el acento escrito diferencia las siguientes palabras.

aun	*even*		aún	*still, yet*
de	*of, from*		dé	*give*
el	*the*		él	*he*
mas	*but*		más	*more*
mi	*my*		mí	*me*
se	*himself, herself, oneself, itself*		sé	*I know*
si	*if*		sí	*yes*
solo	*alone*		sólo	*only*
te	*you*		té	*tea*
tu	*your*		tú	*you*

Capitalización

En el español se usan letras mayúsculas (*upper case*) con menos frecuencia que en el inglés. Se usan letras minúsculas (*lower case*) en los siguientes casos diferenciándose del inglés.

1. **Yo** (*I*) excepto cuando empieza la oración

   El jefe y **yo** vamos de viaje.　　　　*The boss and I are going on a trip.*

2. Los días de la semana y los meses del año

   Iremos el **lunes** 28 de **mayo**.　　　　*We will go on Monday, May 28.*

3. Las nacionalidades, adjetivos de nacionalidad y los idiomas

   La exportadora es **mexicana**; habla　　*The exporter is Mexican; she speaks*
   español y estudia **francés**.　　　　*Spanish and studies French.*

4. Los títulos de los libros con excepción de la primera palabra y los nombres propios

   El beso de la mujer araña　　　　*The Kiss of the Spiderwoman*
   La literatura de Isabel Allende　　*The Literature of Isabel Allende*

5. Los títulos de personas excluyendo los abreviados: **don, doña, usted, ustedes, señor, señora, señorita, doctor, doctora**, pero **Ud., Uds., Sr., Sra., Srta., Dr., Dra.**

   Hoy viene el **señor** Martínez para　　*Today Mr. Martinez is coming*
   hablar con **doña** Irene y la **Dra.**　　*to talk to Doña Irene and*
   Jiménez.　　　　　　　　　　　　　*Dr. Jiménez.*

APÉNDICE B

Esquema de los tiempos verbales regulares

LOS TIEMPOS SIMPLES DE LOS VERBOS REGULARES

hablar, comer, vivir

Infinitivo	Participio presente Participio pasado	Imperativo	Indicativo		
			Presente	Imperfecto	Pretérito
hablar	hablando hablado	habla hablad	hablo hablas habla hablamos habláis hablan	hablaba hablabas hablaba hablábamos hablabais hablaban	hablé hablaste habló hablamos hablasteis hablaron
comer	comiendo comido	come comed	como comes come comemos coméis comen	comía comías comía comíamos comíais comían	comí comiste comió comimos comisteis comieron
vivir	viviendo vivido	vive vivid	vivo vives vive vivimos vivís viven	vivía vivías vivía vivíamos vivíais vivían	viví viviste vivió vivimos vivisteis vivieron

LOS TIEMPOS COMPUESTOS DE LOS VERBOS REGULARES

hablar

Indicativo			
Pretérito perfecto	Pluscuamperfecto	Futuro compuesto	Condicional compuesto
he hablado	había bablado	habré hablado	habría hablado
has hablado	habías hablado	habrás hablado	habrías hablado
ha hablado	había hablado	habrá hablado	habría hablado
hemos hablado	habíamos hablado	habremos hablado	habríamos hablado
habéis hablado	habíais hablado	habréis hablado	habríais hablado
han hablado	habían hablado	habrán hablado	habrían hablado

A-6

Indicativo		Subjuntivo		
Futuro	**Condicional**	**Presente**	**Imperfecto (-ra)**	**Imperfecto (-se)**
hablaré	hablaría	hable	hablara	hablase
hablarás	hablarías	hables	hablaras	hablases
hablará	hablaría	hable	hablara	hablase
hablaremos	hablaríamos	hablemos	habláramos	hablásemos
hablaréis	hablaríais	habléis	hablarais	hablaseis
hablarán	hablarían	hablen	hablaran	hablasen
comeré	comería	coma	comiera	comiese
comerás	comerías	comas	comieras	comieses
comerá	comería	coma	comiera	comiese
comeremos	comeríamos	comamos	comiéramos	comiésemos
comeréis	comeríais	comáis	comierais	comieseis
comerán	comerían	coman	comieran	comiesen
viviré	viviría	viva	viviera	viviese
vivirás	vivirías	vivas	vivieras	vivieses
vivirá	viviría	viva	viviera	viviese
viviremos	viviríamos	vivamos	viviéramos	viviésemos
viviréis	viviríais	viváis	vivierais	vivieseis
vivirán	vivirían	vivan	vivieran	viviesen

Subjuntivo		
Pretérito perfecto	**Pluscuamperfecto (-ra)**	**Pluscuamperfecto (-se)**
haya hablado	hubiera hablado	hubiese hablado
hayas hablado	hubieras hablado	hubieses hablado
haya hablado	hubiera hablado	hubiese hablado
hayamos hablado	hubiéramos hablado	hubiésemos hablado
hayáis hablado	hubierais hablado	hubieseis hablado
hayan hablado	hubieran hablado	hubiesen hablado

APÉNDICE C

Esquema de los verbos irregulares

LOS TIEMPOS SIMPLES DE LOS VERBOS IRREGULARES

Infinitivo	Participio presente Participio pasado	Imperativo	Indicativo		
			Presente	Imperfecto	Pretérito
andar to walk; to go	andando andado	anda andad			anduve anduviste anduvo anduvimos anduvisteis anduvieron
caber to fit; to be contained in	cabiendo cabido	cabe cabed	quepo cabes cabe cabemos cabéis caben		cupe cupiste cupo cupimos cupisteis cupieron
caer to fall	cayendo caído	cae caed	caigo caes cae caemos caéis caen		caí caíste cayó caímos caísteis cayeron
conducir to lead; to drive	conduciendo conducido	conduce conducid	conduzco conduces conduce conducimos conducís conducen		conduje condujiste condujo condujimos condujisteis condujeron
dar to give	dando dado	da dad	doy das da damos dais dan		di diste dio dimos disteis dieron
decir to say, to tell	diciendo dicho	di decid	digo dices dice decimos decís dicen		dije dijiste dijo dijimos dijisteis dijeron

Indicativo		Subjuntivo		
Futuro	**Condicional**	**Presente**	**Imperfecto (-ra)**	**Imperfecto (-se)**
			anduviera	anduviese
			anduvieras	anduvieses
			anduviera	anduviese
			anduviéramos	anduviésemos
			anduvierais	anduvieseis
			anduvieran	anduviesen
cabré	cabría	quepa	cupiera	cupiese
cabrás	cabrías	quepas	cupieras	cupieses
cabrá	cabría	quepa	cupiera	cupiese
cabremos	cabríamos	quepamos	cupiéramos	cupiésemos
cabréis	cabríais	quepáis	cupierais	cupieseis
cabrán	cabrían	quepan	cupieran	cupiesen
		caiga	cayera	cayese
		caigas	cayeras	cayeses
		caiga	cayera	cayese
		caigamos	cayéramos	cayésemos
		caigáis	cayerais	cayeseis
		caigan	cayeran	cayesen
		conduzca	condujera	condujese
		conduzcas	condujeras	condujeses
		conduzca	condujera	condujese
		conduzcamos	condujéramos	condujésemos
		conduzcáis	condujerais	condujeseis
		conduzcan	condujeran	condujesen
		dé	diera	diese
		des	dieras	dieses
		dé	diera	diese
		demos	diéramos	diésemos
		deis	dierais	dieseis
		den	dieran	diesen
diré	diría	diga	dijera	dijese
dirás	dirías	digas	dijeras	dijeses
dirá	diría	diga	dijera	dijese
diremos	diríamos	digamos	dijéramos	dijésemos
diréis	diríais	digáis	dijerais	dijeseis
dirán	dirían	digan	dijeran	dijesen

Irregular Verbs (continued)

| Infinitivo | Participio presente
Participio pasado | Imperativo | Indicativo | | |
			Presente	Imperfecto	Pretérito
estar to be	estando estado	está estad	estoy estás está estamos estáis están		estuve estuviste estuvo estuvimos estuvisteis estuvieron
haber to have	habiendo habido	he habed	he has ha hemos habéis han		hube hubiste hubo hubimos hubisteis hubieron
hacer to do; to make	haciendo hecho	haz haced	hago haces hace hacemos hacéis hacen		hice hiciste hizo hicimos hicisteis hicieron
ir to go	yendo ido	ve id	voy vas va vamos vais van	iba ibas iba íbamos ibais iban	fuí fuiste fué fuimos fuisteis fueron
oír to hear	oyendo oído	oye oíd	oigo oyes oye oímos oís oyen		oí oíste oyó oímos oísteis oyeron
oler to smell	oliendo olido	huele oled	huelo hueles huele olemos oléis huelen		
poder to be able	pudiendo podido		puedo puedes puede podemos podéis pueden		pude pudiste pudo pudimos pudisteis pudieron
poner to put	poniendo puesto	pon poned	pongo pones pone ponemos ponéis ponen		puse pusiste puso pusimos pusisteis pusieron

Indicativo		Subjuntivo		
			Imperfecto	Imperfecto
Futuro	**Condicional**	**Presente**	**(-ra)**	**(-se)**
		esté	estuviera	estuviese
		estés	estuvieras	estuvieses
		esté	estuviera	estuviese
		estemos	estuviéramos	estuviésemos
		estéis	estuvierais	estuvieseis
		estén	estuvieran	estuviesen
habré	habría	haya	hubiera	hubiese
habrás	habrías	hayas	hubieras	hubieses
habrá	habría	haya	hubiera	hubiese
habremos	habríamos	hayamos	hubiéramos	hubiésemos
habréis	habríais	hayáis	hubierais	hubieseis
habrán	habrián	hayan	hubieran	hubiesen
haré	haría	haga	hiciera	hiciese
harás	harías	hagas	hicieras	hicieses
hará	haría	haga	hiciera	hiciese
haremos	haríamos	hagamos	hiciéramos	hiciésemos
haréis	haríais	hagáis	hicierais	hicieseis
harán	harían	hagan	hicieran	hiciesen
		vaya	fuera	fuese
		vayas	fueras	fueses
		vaya	fuera	fuese
		vayamos	fuéramos	fuésemos
		vayáis	fuerais	fueseis
		vayan	fueran	fuesen
		oiga	oyera	oyese
		oigas	oyeras	oyeses
		oiga	oyera	oyese
		oigamos	oyéramos	oyésemos
		oigáis	oyerais	oyeseis
		oigan	oyeran	oyesen
		huela		
		huelas		
		huela		
		olamos		
		oláis		
		huelan		
podré	podría	pueda	pudiera	pudiese
podrás	podrías	puedas	pudieras	pudieses
podrá	podría	pueda	pudiera	pudiese
podremos	podríamos	podamos	pudiéramos	pudiésemos
podréis	podríais	podáis	pudierais	pudieseis
podrán	podrían	puedan	pudieran	pudiesen
pondré	pondría	ponga	pusiera	pusiese
pondrás	pondrías	pongas	pusieras	pusieses
pondrá	pondría	ponga	pusiera	pusiese
pondremos	pondríamos	pongamos	pusiéramos	pusiésemos
pondréis	pondríais	pongáis	pusierais	pusieseis
pondrán	pondrían	pongan	pusieran	pusiesen

Irregular Verbs (continued)

Infinitivo	Participio presente Participio pasado	Imperativo	Indicativo		
			Presente	**Imperfecto**	**Pretérito**
querer *to want; to love*	queriendo querido	quiere quered	quiero quieres quiere queremos queréis quieren		quise quisiste quiso quisimos quisisteis quisieron
reír *to laugh*	riendo reído	ríe reíd	río ríes ríe reímos reís ríen		reí reíste rió reímos reísteis rieron
saber *to know*	sabiendo sabido	sabe sabed	sé sabes sabe sabemos sabéis saben		supe supiste supo supimos supisteis supieron
salir *to go out*	saliendo salido	sal salid	salgo sales sale salimos salís salen		
ser *to be*	siendo sido	sé sed	soy eres es somos sois son	era eras era éramos erais eran	fui fuiste fue fuimos fuisteis fueron
tener *to have*	teniendo tenido	ten tened	tengo tienes tiene tenemos tenéis tienen		tuve tuviste tuvo tuvimos tuvisteis tuvieron
traer *to bring*	trayendo traído	trae traed	traigo traes trae traemos traéis traen		traje trajiste trajo trajimos trajisteis trajeron
valer *to be worth*	valiendo valido	val(e) valed	valgo vales vale valemos valéis valen		

	Indicativo			Subjuntivo		
Futuro	**Condicional**	**Presente**	**Imperfecto (-ra)**	**Imperfecto (-se)**
querré	querría	quiera	quisiera	quisiese
querrás	querrías	quieras	quisieras	quisieses
querrá	querría	quiera	quisiera	quisiese
querremos	querríamos	queramos	quisiéramos	quisiésemos
querréis	querríais	queráis	quisierais	quisieseis
querrán	querrían	quieran	quisieran	quisiesen
		ría		
		rías		
		ría		
		riamos		
		riáis		
		rían		
sabré	sabría	sepa	supiera	supiese
sabrás	sabrías	sepas	supieras	supieses
sabrá	sabría	sepa	supiera	supiese
sabremos	sabríamos	sepamos	supiéramos	supiésemos
sabréis	sabríais	sepáis	supierais	supieseis
sabrán	sabrían	sepan	supieran	supiesen
saldré	saldría	salga		
saldrás	saldrías	salgas		
saldrá	saldría	salga		
saldremos	saldríamos	salgamos		
saldréis	saldríais	salgáis		
saldrán	saldrían	salgan		
		sea	fuera	fuese
		seas	fueras	fueses
		sea	fuera	fuese
		seamos	fuéramos	fuésemos
		seáis	fuerais	fueseis
		sean	fueran	fuesen
tendré	tendría	tenga	tuviera	tuviese
tendrás	tendrías	tengas	tuvieras	tuvieses
tendrás	tendría	tenga	tuviera	tuviese
tendremos	tendríamos	tengamos	tuviéramos	tuviésemos
tendréis	tendríais	tengáis	tuvierais	tuvieseis
tendrán	tendrían	tengan	tuvieran	tuviesen
		traiga	trajera	trajese
		traigas	tajeras	trajeses
		traiga	trajera	trajese
		traigamos	trajéramos	trajésemos
		traigáis	trajerais	trajeseis
		traigan	trajeran	trajesen
valdré	valdría	valga		
valdrás	valdrías	valgas		
valdrá	valdría	valga		
valdremos	valdríamos	valgamos		
valdréis	valdríais	valgáis		
valdrán	valdrían	valgan		

Irregular Verbs (continued)

Infinitivo	Participio presente Participio pasado	Imperativo	Indicativo		
			Presente	**Imperfecto**	**Pretérito**
venir *to come*	viniendo venido	ven venid	vengo vienes viene venimos venis vienen		vine viniste vino vinimos vinisteis vinieron
ver *to see*	viendo visto	ve ved	veo ves ve vemos veis ven	veía veías veía veíamos veíais veían	

	Indicativo			Subjuntivo	
Futuro	**Condicional**	**Presente**	**Imperfecto (-ra)**	**Imperfecto (-se)**
vendré	vendría	venga	viniera	viniese
vendrás	vendrías	vengas	vinieras	vinieses
vendrá	vendría	venga	viniera	viniese
vendremos	vendríamos	vengamos	viniéramos	viniésemos
vendréis	vendríais	vengáis	vinierais	vinieseis
vendrán	vendrían	vengan	vinieran	viniesen

APÉNDICE D

Esquema de los pronombres personales, directos, indirectos y reflexivos

Sujeto	Complemento directo	Complemento indirecto	Reflexivo	Después de preposición
yo	me	me	me	mí (yo)[3]
tú	te	te	te	ti (tú)[3]
él, ella, Ud.	lo, la[1]	le (se)[2]	se	él, ella, Ud. (sí)[4]
nosotros, nosotras	nos	nos	nos	nosotros, nosotras
vosotros, vosotras	os	os	os	vosotros, vosotras
ellos, ellas, Uds.	los, las[1]	les (se)[2]	se	ellos, ellas, Uds. (sí)[4]

1. **Le** y **les** se usan en España cuando el pronombre del complemento directo se refiere a una persona o personas masculinas.

   Conozco a José y *le* veo con frecuencia.

2. **Le** y **les** cambian a **se** antes de un pronombre de complemento directo.

   Yo *le* devuelvo *el informe* al *jefe*. Yo *se lo* devuelvo.

3. **Yo** y **tú** se usan en lugar de **mí** y **ti** después de **según, menos, salvo, excepto, incluso** y **entre.**

   Todos trabajan aquí menos *yo*.

4. **Sí** se usa cuando el objeto de la preposición es reflexivo. (*himself, herself, themselves, etc.*)

   José lo hace para *sí*. (*José does it for himself.*)

Apéndice E

Datos fundamentales de los países hispanoparlantes, el Brasil y los Estados Unidos.

País	Nombre oficial (R. = República)	Nacionalidad o ciudadanía	Capital	Otras ciudades principales (por No. de habitantes)
Argentina	R. Argentina	Argentino/a	Buenos Aires	Córdoba, Gran Rosario, Gran Mendoza, Gran La Plata, San Miguel de Tucumán, Mar del Plata
Bolivia	R. de Bolivia	Boliviano/a	La Paz (Adm.) y Sucre (Judicial)	Santa Cruz de la Sierra, Cochabamba, Oruro, Potosí, Tarija
Chile	R. de Chile	Chileno/a	Santiago	Concepción, Viña del Mar, Valparaíso, Talcahuano, Temuco, Antofagasta
Colombia	R. de Colombia	Colombiano/a	Santa Fé de Bogotá	Cali, Medellín, Barranquilla, Cartagena, Cúcuta, Bucaramanga
Costa Rica	R. de Costa Rica	Costarricense o tico/a	San José	Alajuela, Cartago, Puntarenas, Limón

Apéndice E (continued)

País	Nombre oficial (R.= República)	Nacionalidad o ciudadanía	Capital	Otras ciudades principales (por No. de habitantes)
Cuba	R. de Cuba	Cubano/a	La Habana	Santiago de Cuba, Camagüey, Holguín, Guantánamo, Santa Clara, Bayamo
Ecuador	R. del Ecuador	Ecuatoriano/a	Quito	Guayaquil, Cuenca, Machala, Portoviejo, Manta
El Salvador	R. de El Salvador	Salvadoreño/a	San Salvador	Santa Ana, San Miguel, Mejicanos, Delgado
España	Reino de España	Español/a	Madrid	Barcelona, Valencia, Sevilla, Zaragoza, Málaga, Bilbao
Guatemala	R. de Guatemala	Guatemalteco/a	Ciudad de Guatemala	Escuintla, Totonicapán, Retalhuleu
Guinea Ecuatorial	R. de Guinea Ecuatorial	Guineano/a	Malabo	Bata, Ela-Nguema, Campo Yuande
Honduras	R. de Honduras	Hondureño/a	Tegucigalpa	San Pedro Sula, Danlí, La Ceiba, Tela, El Progreso
México	Estados Unidos Mexicanos	Mexicano/a	México, D.F. (Distrito Federal)	Guadalajara, Monterrey, Puebla, León, Ciudad Juárez, Tijuana, Acapulco, Mérida
Nicaragua	R. de Nicaragua	Nicaragüense	Managua	León, Granada, Masaya, Chinandega, Matagalpa
Panamá	R. de Panamá	Panameño/a	Ciudad de Panamá	San Miguelito, Colón, David
Paraguay	R. del Paraguay	Paraguayo/a	Asunción	Ciudad del Este, San Lorenzo, Concepción, Encarnación
Perú	R. del Perú	Peruano/a	Lima	Arequipa, Trujillo, Chiclayo, Callao, Iquitos, Piura
Puerto Rico	Estado Libre Asociado de Puerto Rico	Puerto-rriqueño/a	San Juan	Bayamón, Ponce, Carolina, Caguas, Mayagüez, Arecibo
Rep. Dominicana	R. Dominicana	Dominicano/a	Santo Domingo	Santiago de los Caballeros, La Vega, San Pedro de Macorís

País	Nombre oficial (R. = República)	Nacionalidad o ciudadanía	Capital	Otras ciudades principales (por No. de habitantes)
Uruguay	R. del Uruguay	Uruguayo/a	Montevideo	Salto, Paysandú, Las Piedras, Rivera, Melo
Venezuela	R. de Venezuela	Venezolano/a	Caracas	Maracaibo, Valencia, Maracay, Barquisimeto, Petare, Barcelona
Brasil	R. Federativa do Brasil	Brasileño/a	Brasilia	São Paulo, Río de Janeiro, Belo Horizonte, Porto Alegre, Recife
EE.UU.	Estados Unidos de América	Estado-unidense (Ameri-cano/a)	Washington	Nueva York, Los Angeles, Chicago, Houston, Filadelfia, San Diego, Detroit, Dallas, Phoenix, San Antonio

[Fuentes: *The World Almanac and Book of Facts 1996 y Almanaque Mundial 1996*]

APÉNDICE F

Los sistemas de números, pesos, medidas y temperatura

En el mundo comercial hispánico, a veces se usan sistemas de números, peso, medidas y temperatura diferentes a las de los Estados Unidos. Los países hispánicos generalmente se sirven del sistema métrico para el peso y las medidas, y de la escala centígrada para medir las temperaturas. A continuación se da un resumen informativo de los sistemas numéricos y de peso, de medidas y temperaturas y de sus equivalentes y de las fórmulas de conversión estadounidenses.

MEDIDAS MÉTRICAS Y SUS EQUIVALENTES ESTADOUNIDENSES

Tipo de medida	Sigla	Nomenclatura estadounidense	Equivalente estadounidense
A) De longitud		**Linear**	
milímetro	mm	millimeter	1 mm = 0.03937 inch
centímetro	cm	centimeter	1 cm = 0.39370 inch
metro	m	meter	1 m = 39.37 inches
kilómetro	km	kilometer	1 km = 1,094 yards
			or 0.6214 mile
B) De superficie		**Area**	
metro cuadrado	m^2	square meter	1 m^2 = 1.196 square yards
área	a	are	1 a = 119.6 square yards
hectárea	ha	hectare	1 ha = 2.471 acres
C) De volumen		**Volume**	
metro cúbico	m^3	cubic meter	1 m^3 = 35.315 cubic feet
D) De capacidad		**Capacity**	
mililitro	ml	milliliter	1 ml = 0.0338 fluid ounce
litro	l	liter	1 l = 1.057 quarts
E) De peso		**Weight**	
gramo	g	gram	1 g = 0.035 ounce
kilogramo	kg	kilogram	1 kg = 2.205 pounds
quintal	q	hundredweight	1 q = 220.460 pounds
tonelada métrica	t	metric ton	1 t = 2,204.5600 pounds

PESOS Y MEDIDAS ESTADOUNIDENSES Y SUS EQUIVALENTES MÉTRICOS

U.S. Measurement	Abbreviation	Nomenclatura en español	Equivalente metrico
A) Linear		**De longitud**	
inch	in.	pulgada	1 in. = 2.540 cm
foot	ft.	pie	1 ft. = 30.480 cm
yard	yd.	yarda	1 yd. = 91.440 cm
mile	mi.	milla	1 mi. = 1,609 m
B) Area		**De superficie**	
square inch	sq. in.	pulgada cuadrada	1 sq. in. = 6.451 cm^2
square foot	sq. ft.	pie cuadrado	1 sq. ft. = 929.000 cm
square yard	sq. yd.	yarda cuadrada	1 sq. yd. = 0.836 cm^2
square mile	sq. mi.	milla cuadrada	1 sq. mi. = 2.590 km^2
acre		acre	0.405 hectáreas
C) Volume		**De volumen**	
cubic inch	cu. in.	pulgada cúbica	1 cu. in. = 16.387 cm^3
cubic foot	cu. ft.	pie cúbico	1 cu. ft. = 0.028 m^3
cubic yard	cu. yd.	yarda cúbica	1 cu. yd. = 0.765 m^3
D) Capacity		**De capacidad**	
1. Liquid	liq.	Líquido	liq.
liquid gill	gi.	cuarto de pinta	1 gi. = 0.118 litro (1)
liquid pint	pt.	pinta líquida	0.473 l
liquid quart	qt.	cuarto	0.946 l
gallon	gal.	galón	3.785 l
2. Dry		Arido	
dry pint		pinta árida	0.550 l
dry quart		cuarto árido	1.101 l
peck			8.811 l
bushel		bushel, fanega	35.239 l
E) Weight		**De peso**	
grain	gr.	grano	1 gr. = 0.0648 g
dram	dr.	dracma	1 dr. = 1.7718 g
ounce	oz.	onza	1 oz. = 28.3495 g
pound	lb.	libra	1 lb. = 453.6000 g
hundredweight	cwt.	quintal	1 cwt. = 50.8200 kg
long ton	l.t.	tonelada larga	1 l.t. = 1,016,0440 kg
short ton	s.t.	tonelada corta	1 s.t. = 907,1800 kg

CREDITS

GLOSSARY

Spanish to English

A

a alta mar out to sea 4; **a finales de** at the end of 1; **a la larga** in the long run 2; **a la vuelta** on the return; around the corner 3; **a las afueras** on the outskirts 2; **a lo largo de** along **a partir de** from 1; **a pesar de** in spite of 2; **a través de** through

abarcar to encompass; to contain 8

abastecedor *m* supplier 3

abismo abyss 3

abogado/a lawyer

abogar por to advocate 7

abrir el camino to open the way 2; **abrirse paso** to make way 3

acabar de to have just finished an action 7

acariciar to caress 2

accionado activated 5

acciones listadas listed stock 2; **acciones no listadas** over the counter stock 2; **acciones ordinarias** common stock 2; **acciones preferentes** preferred stock 2

accionista stockholder 2

acercamiento getting closer 8

acoger to be home to 7

aconsejar to advise 1

acontecer to happen

acontecimiento event 8

activo assets 1; *adj* **activo** active

actual *adj* present 4

actualmente currently 1

acudir a to go to 1

acuerdo agreement

adelanto advance 5

adjuntar to attach 5

administración management 1

adoquines cobblestones 2

aduana customs 1; **Aduana de Jurisdicción** local customs office 4

advenimiento arrival 8

advertir (ie) to warn

aerolínea airline 7

aferrarse a to cling to 6

aforador *m* customs agent responsible for inspecting merchandise 4

agencia de aduanas customs bureau 4

agente *m,f* stock broker 2; agent

agreste unspoiled 2

agua dulce fresh water 7; **agua salada** saltwater 7

aguaje landslide 5

aguardiente *m* strong alcoholic beverage

aguinaldo Christmas bonus 3

ahorrar to save

ahorro saving

aislado isolated
aislamiento isolation 5
ajetreado busy
ajo garlic 3
al + infinitivo upon + -ing form 5; **al cabo de** después de 3; **al correr los años** as the years pass(ed) 5; **al fin y al cabo** in the end 6
alarmante alarming 1
alcance *m* reach 5
alcanzar to reach; to attain 1
aleatoriamente randomly 4
alfabetismo literacy rate 6
alfiler *m* straight pin 5
allanar to level 8
almacén *m* warehouse
almacenaje *m* storage
almacenar to store 2
almenajes *m* battlements 3
alojamiento lodging 7
alojar to accommodate 7; **alojarse** to stay (*in a hotel*) 3
alquiler *m* **de autos** car rentals 7
alto mando upper management 1
alzas y bajas highs and lows 2
ama *f* **de casa** housewife 8
amante *m,f* lover 2
ámbito area 8
ametrallado bombarded 8
amistades *f* friends; friendships 8
amo/a master 8
ancho wide 1; **ancho** *m* width
andar mal de fondos to not do well financially
andinizar to make Andean 6
animar to inspire 1
ante todo first of all 3
antena parabólica satellite dish 7
antepasado ancestor 2
anuncio ad; **anuncio de trabajo** job advertisement 1
apagar to shut down 5
apenas hardly
apertura opening 8
aplicarse to apply oneself 1
aportar to bring 1
apoyar(se) to support 3

apoyo support 4
aprovechar to take advantage of
apuntar to point to, indicate 3
arancel de exportación *m* customs duty 4
arbolado has trees 2
archivar to save (a file) 5
área *f* area 8
arquitectónico architectural 5
arrecife coralino coral reef 7
arriesgado risky 2
artardecer sunset
artesanía handicrafts 2
aseo cleaning, hygiene 5
asequible affordable 7
asesino murderer 5
asesoría consulting 1
así como as well as 1; **así que** so 1
asiento seat 7; **asiento de pasillo en la fila número x** aisle seat in row number x 7; **asiento de ventanilla** window seat 7
asistir (a) to attend (*class, meeting...*) 2
asomar to show through 8
astucia intelligence 8
asunción assumption 6
asunto topic, issue 5; affair, matter
atender (a) (ie) to take care of, look after; to wait on; to serve; to pay attention 2
atracar to dock; to bring alongside 4
atrevido daring, racey 7
auge *m* rise, boom; height 3
aula universitaria *f* university classroom 1
aumentarse to increase 5
aumento increase 6
aunque although, even though 1
auxiliar *m,f* **de vuelo** flight attendant 7
aviso warning 5
ayudar to help 1
ayuntamiento town hall 5
azafata (*E*) flight attendant 7

bahía bay 2
bajar archivos to download 5
bajo los cuales under which 4
bajo mando lower management 1

balneario beach resort **2**

Banco Interamericano de Desarrollo (BID) Interamerican Development Bank **2**; **Banco Mundial** World Bank **2**

barco transoceánico ocean-going ship **4**

barrera coralina coral reef **7**

base *f* **de datos** data base **2**

baúl *m* trunk, chest **8**

becario/a scholarship recipient

beeper *m* beeper **3**

belleza beauty

beneficiar to favor **4**; **beneficiarse de** to benefit from **4**

beneficios benefits **1**

benéfico charitable **1**

bien sea from either **5**

bigote *m* moustache **1**

billete *m (E)* ticket **7**

bloque *m* **comercial** trade block **6**

boleto ticket **7**

bolsa (de valores) stock market **2**; **bolsa alcista** bull market **2**; **bolsa bajista** bear market **2**

bonaerense from Buenos Aires **8**

bono del Estado government bond, treasury bond **2**

borrachera drinking bout **7**

borrador *m* rough draft **3**

borrar to delete **5**

bosque *m* **lluvioso** rain forest; **bosque** *m* **tropical** tropical forest **7**

botones *m sing* bellhop(s) **7**

brindar to offer **5**

buceo underwater swimming **7**

bulto package **4**

busca *m* beeper **3**

cada each, every **1**

cadena network **6**; **cadena hotelera** hotel chain **7**

cadencioso rhythmical **7**

cajero automático ATM **2**

cajetín *m* **de búsqueda** search box **5**

cambiar exchange, change **2**

campaña de promoción ad campaign **2**; **campaña publicitaria** advertising campaign **6**

cárcel *f* jail **5**

carecer de to lack **1**

carga cargo **4**; **carga (el cargamento) aérea** air freight **4**; **carga al granel** bulk freight **4**; **carga marítima** ocean freight **4**

cargar to upload **5**; to load

cargo position, post **8**

carta de porte waybill **4**; **carta de pago** receipt for payment **4**

casa de cambio currency exchange office **2**

casa matriz main headquarters, main office **3**

casero domestic **5**

casi tanto como almost as much as **1**

castellanizar to make Spanish **8**

caudal *m* source **8**

celos jealousy **7**

cerrar (ie) to shut down **5**

cervantino pertaining to Cervantes **8**

Cesta de Navidad Christmas basket **3**

cheque *m* **al portador** check to the bearer **2**; **cheque en descubierto** overdrawn check **2**; **cheque sin fondos** overdrawn check **2**

chequera checkbook **2**

churros pastries *(similar to crullers or fritters)* **3**

cifra number, statistic **8**

ciudadano/a citizen **7**

clase alta/media upper/middle class **8**

clavadista diver **2**

clave *f* key; major **1**

cobertura coverage **3**

cobrar to cash; to charge **2**; to get paid **1**

código code **3**; **código cifrado** secret code **6**

colarse to cut in line **3**

colgar (ue) to hang up **3**

colmado theme restaurant **7**

colocar to place **4**

coloniaje colonial period or government **7**

comenzar (ie) la sesión to log on **5**

comercio exterior foreign trade **1**

comestibles foodstuffs **6**

comisión directiva governing board **5**

comodidad comfort **3**

cómodo comfortable

compañía company 1
compartir to share 5
comprobar (ue) to verify 4
compromiso commitment; agreement; engagement
comunidades *f Spanish regional autonomies, similar to U.S. states* 1
con antelación in advance 4; **con el fin de** with the object of 3; **con un toque del ratón** with a click of the mouse 5
concernir (ie) to concern 7
concertar (ie) to set up 1
concurso contest
conformarse con to make do with 1
confundir to confuse
congelar to freeze
conjunto whole, entirety 2
conllevar to imply; to afford 8
conocer to know someone; to be familiar with people, places, and things 1
conocer a fondo to know well
conseguir (i) to get, obtain 1
consejero/a advisor 3
consejo advice 5
consigna baggage check 7
consumo propio personal consumption 6
contar (ue) to recount 1; to count; **contar con** to have 3
contestador automático answering machine 3
continuar to resume; to continue 5
contra reembolso C.O.D. (*cash on delivery*) 4
contrarrestar to counterattack 7
contraseña baggage check 7
contratar to hire 1
contrato de tiempo completo full-time contract 1; **de jornada completa** full-time contract 1; **contrato de tiempo parcial** part-time contract 1; **contrato de media jornada** part-time contract 1
convenio agreement, pact 4
convertirse en (ie) to become 5
convivir to coexist 2
coordinador/a coordinator 4
copar el poder to come to power 5
copeo having drinks 3

corredor/a de bolsa stock broker 2; **corredora (bursátiles)** brokerage firm 2
correr to run (physically) 5
corretaje *m* brokerage 2
cortar to hang up 3; to cut
cosecha harvest 5
coser to sew
costar (ue) un ojo de la cara to cost an arm and a leg 2
costumbre *f* custom, habit 1
cotidiano daily 1
cotizar to set a price on 8
crear to create
crecer to grow 4
creciente growing 1
crecimiento growth 6
creencia belief 6
crianza raising 6
criar to raise children or animals 4; **criarse** to grow up 1
cuadro painting 7
cualquier any 1
cuantioso numerous 7
cuenta de ahorros savings account 2; **cuenta corriente** checking account 2
cuero leather
cuestión *f* topic, issue 5
cultivar to raise (*grow*) (*crops or flowers*) 4
cumbre *f* top 1; summit 8
cumplir to fulfill (*a promise, wish*)/ to perform (*a duty, orders, instructions*) 4; **cumplir... años** to turn . . . years old 4; **cumplir con** to fulfill one's obligations 4
cuota del mercado market share 6
curso de posgrado graduate course 1; **curso de subgrado** undergraduate course 1

D

dar a conocer a productos nuevos to introduce new products 6
darse cuenta (de) to realize 3
dato fact 1
de cierto modo in a way 6

de hoy of today **1**; **de las entrañas** from your gut **5**; **de prácticas** on an internship **3**; **de repente** suddenly

deber must **2**; to owe; **deber a** to be due to **4**

debido a due to **1**

décimo tenth

decir lo que se le viene a la boca to say whatever comes into one's head **3**

declararse en quiebra to go bankrupt **2**

declinación decline **6**

dejar to leave (*behind*) **1**; to allow, to drop off; **dejar de** to end habitual action **2**

deleitarse to enjoy **2**

depositar to make a deposit **2**

derribar to tear down **8**

derrotado defeated **3**

desafortunadamente unfortunately **8**

desagradar to displease **2**

desaparecer to (make) disappear **5**

desarmado taken apart **7**

desarraigo uprooting **6**

desarrollado developed **7**

desarrollarse to develop **5**

desayuno incluido breakfast included

descargar to unload **4**; to download **5**

descolgar (ue) to pick up (**phone**) **3**

descollar (ue) to excel **1**

desconfianza mistrust **5**

desconocido unknown **6**

desde... hasta from . . . to **5**

desempeñar to fulfill, carry out; to fill (*an office or function*) **8**

desempleo unemployment **1**

desencadenar to unleash **5**

desgraciadamente unfortunately **8**

despachar to send **7**

despedir (i) to fire **1**

desperdigado scattered **6**

desprenderse (de) to be released (from) **1**

destacar to stick out; to point out **1**; to stand out **7**

destino destination **7**

deuda externa foreign debt

devengar to yield, earn (*interest*) **2**

diariamente daily **2**

dicho saying **1**

dictadura dictatorship **3**

Dime con quién andas y te diré quién eres. Birds of a feather flock together. **1**

dirección *f* management **1**; address; **direcciones** instructions

dirigir to manage, direct **1**; to run (*a business, a project . . .*) **5**

disculpar to excuse, forgive **4**

discurso speech

discutir to discuss **1**

disfrazado (de) disguised (as)

disfrutar to enjoy **1**

disponibilidad availability **6**

disquero/a disc jockey **8**

divertirse (ie) 3 to have fun

divisas currency **2**

Documento de Traslado Bill of Lading **4**

dominar un idioma to speak a language fluently **1**

dotes de comunicación *f* good communication skills **1**

dueño owner

duplicarse to double **7**

durar to last **6**

echar la siesta to take a nap

edificación (low) building **7**

edificio building **3**

educar to raise, educate, rear (*children*) **4**

efectuarse to carry out; to perform **4**

eficaz efficient **5**

ejecutar (un programa) to run (*a computer program*) **5**

ejercer to practice; to exercise **3**

El tiempo lo dirá. Time will tell. **5**

electrodoméstico small appliance **6**

embarazada pregnant **5**

embeleso bliss **3**

embutidos smoked meats **3**

empaquetar to package **6**

empleado/a employee **1**

emplear to hire; to employ; to use **1**

empresa company 1; **empresa emisora** broadcasting company 6
empresarial entrepreneurial 3
empresario/a manager 1
En boca cerrada no entran moscas. Silence is golden. 3; **en cambio** on the other hand 3; **en cuanto a** with regard to 6; **en diversos lados** in different areas 1; **en esta época** in these times 5; **en regla** in order; **en segundo término** in second place 1; **en un santiamén** in a jiffy, quickly 2; **en vez de** instead of 2
encantador charming 3
encapuchar to put a hood on 5
encargado por commissioned by 2
encargar to assign; to request 3; **encargarse de** to take charge of 8
encender (ie) to turn on 5
encuesta survey 7
endeudamiento debt 2
enfermero/a nurse 4
enfrentamiento conflict 6
enfrentar to confront 1
engañoso deceptive 6
engendro unsuitable offspring 8
enjambre *m* multitude 8
enlazar to link 5
entablar diálogo to begin to talk with 4
enterarse (de) to find out (about) 6
entidad *f* **gubernamental** governmental agency 1
entorno environment, surroundings 6
entrega delivery 4
entregar to hand in 1; to hand over; **entregarse (a)** to give yourself over (to) 6
entrenar to train 4
entretenimiento entertainment 6
entrevista de trabajo job interview 1
envase *m* package (of a product) 6
envergadura prestige 8
época era 2
equivocación *f* mistake, error 1
equivocarse to be wrong 7
escala scale
escalar to climb
escanear to scan 5

escaparate *m* display window 6
escaso scarce 1
esclusa lock (of a canal) 4
escolarización education rate, schooling 6
escoltar to escort 4
esfuerzo effort 8
esperanza de vida life expectancy 6
esperar to wait 3; to hope
espinazo spinal cord 5
espontaneidad *f* spontaneity 4
esquema cronológico time-line
establecer crédito to establish credit 2
estadía stay 6
estadidad *f* statehood 7
estallar to break out
estar licenciado/a en to have a degree in 1
estatal *adj* state 3
este *m* east
este último the latter 1
estibador longshoreman, stevedore 4
estilo style 2
etapa stage 2
etiqueta label 6; **etiqueta de maleta** baggage tag 7
exigencia demand 8
exigir to demand 1
éxito success 1
expectativa expectation 4
experimentar to experience 2
exponer to display 6
extendido widespread 5
extranjero foreign 1
extraño strange 6

factura bill, invoice 3
facturar el equipaje to check one's baggage 7
fallar to fail 4
fallo error
falta de lack of
faltar to be absent; to fall short, to lack 4; **faltar a su palabra** to fail to keep one's word 4; **faltarle a uno** to be in need of 4
fe *f* faith 3
fenicio Phoenician

feria profesional/de muestras trade show **6**
fiable trustworthy **5**
ficha token **3**
finalmente finally, lastly **6**
financiar to finance **2**
firmar to sign **2**
fletar to charter (*a ship*) **4**
flojo lazy **1**
florecer to flourish **4**
flotante floating **2**
flujo flow **6**
folleto brochure
forastero alien, strange **6**
forjarse to forge oneself **5**
formatear to format **5**
formulario form **2**
foro forum **8**
fortaleza fortress **7**
fracasado failed **4**
fracasar to fail **5**
fracaso failure **1**
franquismo *era of Franco's dictatorship* **3**
frijoles beans **1**
frondoso dense (*vegetation*) **7**
frontera border **4**
fuente de ingresos source of income **4**
funcionario/a office worker **1**
fundar to found, establish
funesto deadly **5**

G

gama range, selection **3**
ganado won **4**
ganarse la vida to make a living **2**
ganga bargain **2**
gastar to spend **1**
gaucho *South American cowboy*
gemelos/as twins
genocidio genocide **5**
gerencia management **1**
girar to issue (*a check*) **2**
golpe de estado coup d'etat **5**
gozar to enjoy **3**
grabadora tape recorder **8**
grabar to record **5**

grano grain **4**
gratificar to recompense, to reward; to delight **3**
griego Greek
grieta crack **8**
gripe *f* flu
gritar to shout **5**
grosor *m* thickness **5**
gruñón grouchy
grupo alzado rebel group **6**
guardar to keep **2**; **guardar** to save (a file) **5**; **guardar cola** to stand in line **3**
guía telefónica telephone book **3**
gusto taste, individual liking **6**

H

haber realizado to have done, carried out **1**
habitación room **7**; **habitación con vista al jardín** room with garden view **7**; **habitación con vista al mar** room with ocean view **7**; **habitación equipada con aire acondicionado** air-conditioned room **7**; **habitación insonorizada** soundproofed room **7**; **habitaciones disponibles** available rooms **7**
hablar por los codos to talk a lot **3**
hacer falta to need; **hacer hincapié** to stress; **hacer la compra** to do the grocery shopping **5**; **hacer un depósito** to make a deposit **2**; **hacer una copia de seguridad/un archivo de reserva** to create a backup file **5**; **hacer una pregunta** to ask a question **2**; **hacerse** to become + change in state due to effort (doctor, American citizen . . .) **1**
hacia toward **2**
hácker hacker **5**
hasta until
hecho fact **1**
heladera refrigerator **8**
herencia inheritance
herramienta tool **5**
hipoteca mortgage **2**
historial *m* log, record **3**
hogar *m* home **8**
hombre de negocios businessman **1**
horario schedule **1**
horas extras overtime **1**

hostal *m* inexpensive hotel 7
hostelería hotel business 7
hotel *m* **de una, dos, tres, cuatro o cinco estrellas** one/two/three/four or five star hotel 7; **hotel en primera línea de playa** oceanfront hotel 7
hoy en día nowadays 4
hule rubber 8

I

Iberia Spanish airline 3
idóneo ideal 8
igualmente... que just as . . . as
imán *m* magnet 2
imponer to impose 8
importar to import; to matter 4; **importarle a uno** to care about 4
imprescindible essential 2
impreso form 2; **impreso** printed
imprimir to inject 1; to print
Impuesto de Valor Agregado (IVA en México) Value Added Tax 3; **Impuesto de Valor Añadido (IVA en España)** Value Added Tax 3; **impuestos** taxes; **impuestos de aduana** customs taxes 3; **impuestos de aeropuerto** *(E)* airport taxes 7
incremento increase 1
índice *m* index; level
industria lechera dairy industry 5
infante/a *m* prince/princess 3
infiel unfaithful 5
informática computer science 1
informe *m* report 1
ingresar to make a deposit 2
ingresos earnings
instalar to set up 5
instrucciones *f* instructions, directions 7
integrarse to join 1
intentar to attempt, to try to 6
intento attempt 4
internauta *m, f* internaut, cybernaut 5
intérprete *m, f* singer, performer 6; interpreter
inundación flood 5
inusitado unusual 8
invasor *m* invader 7

inventorio almacenado warehoused inventory 5
inverosímil unimaginable 5
inversión investment 2
inversionista investor 2
invertir (ie) to invest 2
involucrarse en to get involved with 1
ir a la bancarrota to go bankrupt 2; **ir al grano** to cut to the chase 5; **irse de vacaciones** to go on vacation 7
Islas Malvinas Faulkland Islands (Argentina) 5

J

jactarse (de) to boast (of)
jefe/a boss 1
jerarquía hierarchy 8
joya jewel 2
juerga nocturna nightlife 7
junto con along with 2

L

La Pampa *extended plains in Argentina*
laboral pertaining to work or labor 1
lana wool
lanzamiento launching 6
lavandero/a laundryman/laundress 8
lema *m* slogan, motto 6
levantar las barreras arancelarias to lift tariff barriers 4
leyenda legend 7
libreta de cheques checkbook 2
licenciados/as college graduates 1
licenciatura college degree 1
líder *m* leader 4
liderazgo leadership
limeño/a from Lima (Perú)
liquidación de impuestos payment of taxes 4
llamada a cobro revertido collect call 3
llamar de nuevo to call back 3
llanos plains 5
llegada arrival 7
llegar a ser to become + change in state due to continuous effort 7
llenar to fill out 2

llevar to carry; to take along; to transport; to wear **1**; **llevar un negocio** to run a business **1**; **llevar a cabo** to carry out **2**

lo que a su vez which in turn **1**; **lo que se traduce en** which translates into **1**

loco crazy **5**

logotipo logo **6**

lograr to achieve

los demás the others, remaining **1**

luchar to fight **5**

lucir to look, appear; to show off **1**

lujoso luxurious **7**

luna de miel honeymoon **7**

machismo male chauvinism **8**

madera wood

madre patria mother country **5**

madurez *f* maturity **6**

malvisto frowned upon **5**

mandatario official **8**

mando management **1**

manejo handling **5**

maniobra operation, maneuver **8**

mantener(se) to support (*financially*); to maintain **3**; **mantenerse informado** to stay informed **5**

mantenimiento maintenance **4**

manzanilla chamomile tea

maquinaria pesada heavy equipment **4**

marca brand **6**

marcar to dial (*a telephone*) **3**

mariposa butterfly **2**

masa laboral work force **8**

matarse to kill oneself **2**

materias primas raw materials **4**

matrícula tuition **2**

mecedora rocking chair **7**

mediante through, by means of **3**

medio ambiente environment **7**; **medio mando** middle management **1**; **medios (de comunicación)** media **1**

medir (i) to measure **6**

mejorar to improve **1**

mensualidad *f* monthly paycheck **3**

mentira lie **1**

mercado alcista bull market **2**; **mercado bajista** bear market **2**; **mercado de valores** stock market; **mercado de ensayo** test market **6**

mercancía merchandise **4**

mestizaje *m* mixing of white and Indian races **5**

meta goal **4**

meter to enter; to put in **5**

mezcla mixture, blend

mientras while

mil millones billion **1**

Ministerio de Agricultura Agriculture Department **4**; **Ministerio de Ganadería** Livestock Department **4**; **Ministerio de Hacienda** Department of Internal Revenue **4**; **Ministerio de Salud** Health Department **4**

mitad (de) *f* half (of) **1**

mito myth

molestia discomfort **4**

moneda (extranjera) (foreign) currency **2**; **monedas (sueltas)** (loose) coins **2**

montar una campaña to launch a campaign **6**

monto amount **4**

moro Moor **3**

mostrador *m* **de boletos** ticket counter **7**

mostrar (ue) to show **1**

mover(se) (ue) to move, shake; to switch positions or locations **2**

mudanza change **3**

mudarse to move, change residence **2**

muebles *m pl* **de hogar** home furnishings **5**

muelle *m* dock **4**

muestra sample **6**

mujer de negocios businesswoman **1**

mus *m Spanish card game*

música ambiental atmospheric music **7**

naciente newly established **8**

navegador *m* (web) browser **5**

navegante *m, f* (web) user **5**

negociar to negotiate **1**

negocios business **1**

netamente clearly, exactly **8**

ni... ni neither . . . nor **1**

niñera nanny, babysitter **8**

niñez *f* childhood

nipón Nipponese, Japanese

nivel *m* level **1**

no hay que olvidar one mustn't forget **1**; **no obstante** nevertheless **4**; **no sólo... sino que** not only . . . but also **2**; **No te des por vencido/a. No se dé Ud. por vencido/a.** Don't give up. **1**; **No te desanimes. No se desanime Ud.** Don't get discouraged. **1**; **no tener pelos en la lengua** to speak one's mind **3**

nombre *m* **de pila** Christian name; **nombre de soltera** maiden name **4**

nómina paycheck **3**

norte north **2**

nopal *m* cactus **1**

noticia piece of news **5**

novedoso new, novel **3**

nunca antes soñado never before dreamt of **1**

nutrido promoted **5**

obispo bishop **7**

obrero/a blue-collar worker, manual laborer **1**

ocultar to hide **6**

oculto hidden **7**

oeste *m* west

oferta y la demanda supply and demand **1**

oficina de cambio currency exchange office **2**

oficinista office worker **1**

orden *m* **de compra** purchase order **3**

orgullo pride **1**

orina urine **4**

otavaleño *indigenous group from Ecuador* **6**

otorgar to give **1**

paga payment **3**; **paga extra(ordinaria)** bonus paycheck **3**

pagar a plazos to pay in installments **2**; **pagar al contado** to pay in full **2**; **pagar con cheque** *m* to pay with a check **2**; **pagar en efectivo** to pay in cash **2**

pago payment (car, house, electric bill . . .) **3**

pañales diapers **8**

pandilla callejera street gang **1**

papel *m* role; paper

parador *m* state-run Spanish hotel **3**

parar de to stop doing an action **7**

parir un hijo to bear a child **8**

paro unemployment **1**

particular private **5**

partido (political) party **7**

parto childbirth **3**

pasodoble *m* Spanish two-step **7**

pasaje *m* **aéreo** airline ticket **5**

pasajero passenger **7**

pasar to spend (time) **1**; **pasar por** to go through **1**; **pasar** to forward **5**; **pasarlo bien** to have fun **3**

pase *m* **de abordar** boarding pass **7**

pasmoso awesome, astonishing **7**

patear la puerta to kick down the door **5**

patrón/ona boss **1**

peaje *m* toll **4**

pedido purchase order **3**

pedir (i) to ask for **1**; **pedir cambio** to ask for change **2**; **pedir prestado** to borrow **2**

pelotero baseball player **1**

pensar (+ inf) (ie) to intend **6**; **pensar en (+ inf)** to think about doing something **6**

pensión boarding house **7**; **pensión completa** room and board **7**

perder (ie) de vista to lose sight of **3**

perfil *m* profile **1**

perseguir (i) to persecute **5**

personaje *m* character **6**

personal *m* personnel **1**

pertenecer to belong **3**

pesca fishing **2**

pese a in spite of **8**

peso weight **4**

picar el interés de to pique the interest or curiosity of **6**

pintoresco picturesque **3**

pirata informático/a hacker **5**

piratear to hack **5**

plagar to plague **8**

plan *m* **de mercadeo** marketing plan **6**; **plan de viajero frecuente** frequent flyer plan **7**

planificar to plan **5**

planilla form 2
plaza hotel bed 7; seat; main square
plazo de pago (fijo) (fixed) term of payment 2
pluvioso rainy 7
poblado village 7
pobretón impoverished 3
pobreza poverty
poder adquisitivo purchasing power 6; **poder comprador** purchasing power 1
polémico controversial 4
política policy 3
ponerse to become/turn + change in character or attitude (embarrassed, red, angry . . .) 7; **ponerse al día** to bring oneself up to date 5
por ende therefore, consequently 8; **por ley** by law 3; **por otro lado** on the other hand 1; **por su cuenta** on one's own
portada front page, cover 6
porte *m* postage, shipping costs 4
porteador *m* carrier 4
porvenir *m* future 6
poseer to possess 1
postergado passed over 3
potenciar to make possible, increase possibilities of 3
practicar el alpinismo to mountain climb
predilecto favorite 5
prefijo area code 3
preguntar to ask a question 2; **preguntar por** to inquire about something or someone 2
prensa press 6
prestar to lend 2
presupuesto budget
pretender to try 4
primo hermano first cousin 5
principal main 2
privacidad *f* privacy 4
probar (ue) to try, to sample 6; **probarse** to try on (clothing) 6
Producto Nacional Bruto (PNB) Gross National Product (GNP) 4
proeza realizada accomplishment 1
profesionalizar to make professional 4
promedio average
promover (ue) to promote 1

propaganda advertising 6
propiciar to propose
propio one's own 1
proveedor *m* supplier 3
provenir de to come from 1
prueba trial 6
público objetivo target market 6
pueblo town 2
puente *m* long weekend
puerta de acceso gateway 7; **puerta de llegada** arrival gate 7; **puerta de salida** departure gate 7
puerto port 4
punto de embarque point of origin 4; **punto de registro** check-in counter 7
puntualizar to point out; to give a detailed account 1
puro cigar 7; *adj* pure

quechua indigenous language of Peru 6
quedar to be located; make plans to meet 4; **quedar en** to agree on 4; **quedarle** to have remaining 4; **quedarse obsoleto** to become obsolete 5
quehaceres domésticos household chores 8
queja complaint
quemar to burn 7
quina quinine 3
quincenal every 15 days

ráfaga burst (*of fire*) 8
rapidez *f* speed 5
rasgo trait 3
rastro path 7
reabastacerse de combustible to refuel 4
realizar to carry out, do 3
rebasar to exceed 7
recado message 3
recámara sencilla single room 7; **recámara doble** double room 7; **recámara triple** triple room 7; **recámara cuádruple** quadruple room 7
recargar to reload 5

recepción y despedida en el aeropuerto airport
   pick up and drop off **7**
receptor *m* beeper **3**
receta recipe
rechazar to reject **8**
reclamar to claim **5**
recopilar to compile **1**
recordar (ue) to remember **5**
recorrido trip **7**
red *f* network
reforzar (ue) to strengthen **4**
regla gubernamental government
   regulation **6**
rehén *m* hostage
reivindicar to vindicate **5**
rellenar to fill out **1**
remesa shipment **6**
remitente *m* the shipper **4**
remolcador *m* tugboat **4**
remontarse a to go back to **2**
remunerado paid **1**
rendimiento performance **5**
renglón *m* line **7**
rentable profitable
repartir to divide; to hand out **3**
reseña book review **1**
responder (a) to respond (to) **1**
resquebrajarse to crack, split **8**
restringir to restrict **6**
resumir to summarize **5**
retirar to take out **2**
retransmitir to forward **5**
retraso delay
retrato portrait
reunión *f* meeting **1**
revés *m* setback **1**
riesgo risk **5**
rodear to surround **2**
ron *m* **añejo** aged rum **7**

S

saber to know facts, information; to know how
   to do something **1**
sabor *m* taste **2**

sacar to take out **2**; **sacar una carrera** to get a
   degree **1**; **sacar un tema** to bring up a
   subject **5**
sala de juntas de directorio board meeting
   room **1**
salario monthly or annual salary **3**
saldo balance **2**
salida departure **7**; outlet
salir to exit **5**; **salir (con)** to go out (with) **1**;
   salir (de) to leave **1**; **salir a** to go out to **7**;
   salir ganando to come out ahead **5**; **salir para**
   to leave for, to head for **7**; **salirse con la suya**
   to get one's way **1**
saltar to jump **5**
sangre *f* blood **4**
saquear to plunder **7**
se trata de it is about; it is a question
   of **6**
sea cual sea whatever **2**
secador *m* **de pelo** hair dryer **7**
secuestrar to kidnap
según according to
seguro safe; certain **5**
sello stamp
selva jungle
sensible sensitive **4**
sentar (ie) las bases to set the foundation **8**
sentido sense **1**
sentir (ie) to regret, to be sorry **2**; **sentirse** to
   feel **3**
sequía drought **5**
ser digno (de) to be worthy **7**
ser *m* **humano** human being **5**
sibarito sumptuous **2**
siderurgía iron and steel industry **8**
siglo century **2**
significado significance **4**
similitud *f* similarity
sin duda without a doubt **1**; **sin escala** direct,
   without layovers/stopovers **7**; **sin falta** without fail **2**
sinnúmero infinite amount **6**
situado located **3**
soberanía sovereignty **4**
sobresalir to stand out **8**

sociedad *f* **anónima (S.A.)** stock company, corporation (Inc.) **3**; **sociedad limitada (S.L.)** partnership company (Ltd.) **3**
socio partner; **socio comercial** trading partner **4**
soez crude **7**
soler (ue) usually (+ *infinitive*) **3**
solicitar un puesto de trabajo to apply for a job **1**
solicitud *f* application **1**
solucionar to solve **1**
solventar to settle, to pay; to solve
solvente financially solvent **2**
son *m* sound **7**
sonar (ue) to ring **3**
soportar to bear, endure, put up with **3**
sorprendente surprising **5**
sorteo raffle
subrayar to underline
subversivo/a subversive **5**
sucursal *f* branch (*of a bank or company*) **2**
sueldo salary; hourly, daily pay **3**; **sueldo base** base salary **3**
superar to exceed; to overcome
suplidor *m* supplier **3**
suponer to account for **1**
surgir to arise **3**

T

talla en caoba mahogany carving **7**
taller *m* workshop **1**
talonario checkbook **2**
tamaño size
tan so; **tanto... como** as. . . as
tanguería tango bar **5**
tanto... igual que as. . . as
tara defect **6**
tarifa rate **3**; fee **4**
tarjeta de embarque boarding pass **7**; **tarjeta de visita** business card **1**
tasa number, rate **1**
tasa de interés interest rate **2**; **tasas de aeropuerto** airport taxes **7**
techo de cristal glass ceiling **8**
tele en color color TV **7**

teléfono directo direct access telephone **7**; **teléfono inalámbrico** cordless telephone **3**; **teléfono móvil** cellular telephone **3**
telemercadeo telemarketing **6**
telenovela soap opera **6**
tema *m* topic, issue **5**
temer to fear **2**
temor fear
temporada season; period of time **3**; **temporada alta** high season **7**; **temporada baja** low season **7**
tenedor holder, bearer **2**; **tenedores de acciones** stockholders **2**
tener algo que ver con to have something to do with **1**; **tener buen tiempo** to have good weather **3**; **tener éxito** to be successful **1**; **tener ganas de** to feel like **3**; **tener intención de** to have the intention **6**
terapista *m,f* therapist **4**
tercio third
terminar la sesión to log off **5**
término term **4**
terremoto earthquake **5**
terreno territory **8**
tesorero/a treasurer **5**
tipo de cambio rate of exchange **2**
titubeante indecisive **8**
titulación *f* college degree **1**
titulares *m* headlines **6**
título college degree **1**
tomar to take (*bus, train, etc*), to drink **1**; **tomar en cuenta** to take into account **1**
tópico cliché **5**
tortilla *(A)* thin flat corn cake **1**; *(E)* omelet **2**
trabajar en equipo to work in a team **1**
traducción translation **8**
trámite *m* form-filling transaction, procedure **3**; **trámites** steps **7**
transporte *m* **aéreo** air transportation **4**; **transporte ferrovial** train transportation **4**; **transporte de contenedores** container shipping **4**; **transporte fluvial** river transportation **4**; **transporte marítimo** sea transportation **4**; **transporte terrestre** transportation by land **4**
trasladar to move, transfer **3**

traslado transfer; shuttle **7**

traspasar(se) to move, relocate (*a company, store . . .*) **2**

traspaso transfer

tratado treaty **4**; **Tratado de Libre Comercio (TLC)** NAFTA **6**

tratar to treat **4**

trayectoria trajectory, path, course **6**

trazarse to plot; to trace; to define one's borders

trenza braid **6**

tripulación *f* flight crew **7**

turno diurno day shift **1**; **turno nocturno** night shift **1**; **turnos de servicio** shifts **3**

U

ubicado located **8**

ubicar to locate **5**

últimamente lately **6**

una vez once, as soon as **5**

único only **4**

unidad *f* **de tiempo compartido** time share **7**

usuario user

V

vacaciones *f,pl* **retribuidas** paid vacation(s) **1**

vago lazy **1**

valer la pena to be worth it **1**

valores *m* values **1**

ventaja advantage **7**

ventanilla cashier's window **2**

vía marítima shipping route **4**

vidriera display window **6**

vinculado connected, bound together **7**

vista view **3**

vocablo word **8**

voley-playa beachball facility **7**

volver (ue) a llamar to call back **3**

volverse (ue) to become/go + permanent change in character or attitude (*crazy, deaf . . .*) **7**

vuelo de ida one-way flight **7**; **vuelo de ida y vuelta** round-trip flight **7**; **vuelo diario** daily flight **7**; **vuelo directo** direct flight **7**; **vuelo semanal** weekly flight **7**; **vuelo sin escala** non-stop flight **7**

Y

yugo yoke **7**

Z

zócalo main square (México)

zona area **1**

zona libre de impuestos duty-free zone **4**

zozobra unrest **6**

INDEX